LE NAZI PARFAIT

Martin Davidson

LE NAZI PARFAIT

traduit de l'anglais par Anne Hervouët

Éditions Jacob-Duvernet

Pour Alexandre et Louis

Ma la notte resurge, e oramai
è da partir, chè tutto avern veduto.
(Mais la nuit renaît, et désormais
il faut partir, car nous avons tout vu.)

Dante. L'Enfer
Chant XXXIV

Sommaire

Préface

Nous avons passé 35 ans, ma sœur et moi dans l'ombre d'une question restée sans réponse. Qu'avait fait Bruno Langbehn, notre grand-père allemand, pendant la guerre ? Quand nous étions petits, nous ne savions pas comment formuler cette question. En grandissant et en comprenant mieux les choses, nous n'arrivions toujours pas à aborder le sujet. Nous savions que cette question était là, mais comme chaque membre de notre famille, nous tournions autour du pot. Le sujet devint tabou.

Lorsque la réponse surgit au début des années 1990, elle prouva que dans un monde plein de sombres secrets de familles, le nôtre n'avait rien perdu de son pouvoir d'attraction. Pendant les dix années suivantes, j'eus beau enfouir profondément en moi cette réponse, elle me tarauda jusqu'à en devenir insupportable. Il fallait que je sache tout. Je débordais de curiosité. Je tremblais aussi. Que découvrirais-je ? Voulais-je vraiment savoir ? Une fois lancé, il n'y avait plus moyen de faire machine arrière. J'avais décidé une fois pour toutes de connaître la vérité sur mon grand-père.

Bruno n'a sans doute pas participé aux actes les plus noirs, les plus atroces des nazis. Il y en a eu tellement de plus abominables que lui. Il n'a pas dirigé de camp. Il n'a pas été un instigateur de l'Holocauste non plus, ni un bourreau comme Höss ou Eichmann. Néanmoins, il a participé à l'élaboration de ce mal. Il en a été l'un des maillons indispensables.

Ce sont des hommes comme Bruno qui ont propulsé le mouvement, de sa création à sa maturité. Ils l'ont soutenu. Ils lui ont permis de vivre longtemps après l'époque où il aurait dû disparaître, là où il était né, dans les caves à bière de Munich. Ils ont pris soin de l'ancrer dans les esprits d'un grand nombre, beaucoup plus que la poignée de cinglés du début du mouvement. Bruno et ses copains, les adhérents de la première heure, lui ont donné l'énergie et la violence dont il avait besoin pour renverser tous les obstacles jusqu'à accéder au pouvoir. Ils ont formé l'ossature du système de terreur appliquée tout au long du Troisième *Reich*. Ils étaient en première ligne pour conduire l'Allemagne à la guerre qu'ils considéraient comme le projet le plus important et l'expression parfaite des valeurs nazies.

Bruno, qui se déclarait militant nazi, n'a jamais agi sous la contrainte, ni par opportunisme. Il était guidé par une profonde conviction. Jamais son engagement envers le nazisme ne vacilla. Ce fut un jusqu'au-boutiste dans sa conception du monde nazi. Un inconditionnel du génie d'Hitler, incapable d'émettre la moindre réserve sur les conséquences que subissaient les populations européennes. Ce n'est que lorsque Bruno eut besoin de se protéger qu'il fut forcé de renoncer au nazisme.

Le récit de la vie de Bruno serait incomplet si on ne le confrontait pas à ses croyances, si on ne s'interrogeait pas sur les valeurs qui l'avaient tant inspiré, celles qu'il s'était préparé à soutenir, qu'il aiderait à réaliser jusque dans la guerre. Le nazisme parvint presque à détruire tout ce qui était libéral, décent et humain, ces valeurs qu'il jugeait faibles et corrompues. Bruno portait fièrement ses uniformes. Il était persuadé qu'ils incarnaient une vérité supérieure, plus forte et plus héroïque que les valeurs démodées que prônait le monde civilisé.

Bruno fut un nazi particulier. Cela ne l'empêche pas d'appartenir à la catégorie de ceux dont on raconte rarement l'histoire. On sait beaucoup de choses sur les hommes de confiance d'Hitler, sur les hauts dirigeants nazis aussi, et même sur la tendance à adhérer ou non au mouvement. Ce sont tous ces agents, ces volontaires, ces chefs qui ont fonctionné comme de généreux donateurs. Ils étaient là dès l'origine. Ils ont joué un rôle crucial à chaque moment critique. Ils étaient là à la fin et même bien après. On ne peut pas concevoir l'histoire nazie sans eux. Bruno avait l'intention de devenir un nazi aussi respectable et digne de confiance que possible. Là, au moins, il a réussi son parcours.

Ce n'est pas difficile de comprendre pourquoi les générations suivantes ont choisi de se taire plutôt que d'affronter ces hommes. Qui a envie de baigner dans un secret aussi toxique que celui-là, surtout lorsqu'il est planté aussi profondément dans le cœur d'une famille ? J'ai eu du mal à écrire ce livre comme j'ai eu du mal à accepter cette histoire. Pourtant, c'était important de le faire. Il m'a beaucoup appris.

Bruno ne s'est jamais repenti. Tous ceux qui l'ont connu savent qu'il estimait ne pas avoir de comptes à rendre. Sa cause avait échoué, mais il ne fut pas le dernier à profiter des bienfaits du boom de l'économie allemande de l'après-guerre. Il ne voyait aucune raison de justifier ses actes et encore moins de se repentir. Pourquoi l'aurait-il fait ? Il n'y avait eu ni sacrifice ni sanction. Il ne fut privé que du droit de se vanter en public d'avoir été un homme important grâce au Troisième *Reich*, sauf dans le cercle privé de ses camarades de guerre, ses *Kriegskameraden*. Il vécut jusqu'à 85 ans. Il eut le temps de voir s'effondrer le mur de Berlin et l'URSS se dissoudre.

Ce livre a pour intention de contrarier la certitude de Bruno de ne pas avoir eu à s'expliquer sur ses actes. Il explore, même de manière posthume, la façon dont Bruno a évité les conséquences matérielles ou morales d'une longue carrière nazie. Je me suis interrogé sur ce que Bruno avait fait, sur les raisons qui l'avaient poussé à agir de la sorte. Par quoi était-il motivé ? Pourquoi croyait-il dans le nazisme d'une manière aussi fanatique ? Quelle voix suffisamment forte l'attira tant dans le national-socialisme ? Quelle sorte d'homme peut considérer qu'Adolf Hitler ait pu apporter la réponse à ses rêves politiques ? La vie de Bruno contient un avertissement historique. Pas simplement contre des crimes, mais contre le désir absolu qui l'a poussé à rejoindre le mouvement nazi et l'a convaincu de travailler sans relâche à son service.

Ce livre n'est ni une biographie classique, ni une étude de cas. En menant mes recherches, j'ai dû revoir toutes mes opinions sur le nazisme, réévaluer aussi la place qu'occupait Bruno à l'intérieur de ce système. J'ai extrapolé les faits lorsque j'avais besoin d'établir un lien entre ce que je savais et ce que j'ignorais. J'ai suivi sa carrière de nazi pendant près d'un quart de siècle. J'ai essayé de comprendre ce qui avait motivé chacune de ses décisions.

Les événements qui ont marqué sa carrière suivent une ligne directrice. Je les ai associés aux souvenirs que je gardais de lui. Ils m'ont aidé à retracer son parcours depuis le fanatisme de son adolescence jusqu'au Troisième *Reich* dont il a été l'un des acteurs.

Ce qui m'a aidé, c'est que Bruno n'était ni modeste, ni énigmatique. Il ne faisait pas mystère de ses opinions. Il fallait y voir le panache d'un vieil égocentrique et les derniers reliefs de la plus grande aventure de sa vie : ses années d'activisme nazi. Il a traversé des décennies, convaincu qu'il détenait LA vérité. Il ne s'en départit jamais totalement.

À une époque où la télévision, les livres et les magazines foisonnent d'histoires de familles, je sais que j'appartiens à une génération qui se considère comme redevable de la vie de ses grands-parents. Nous n'arrêtons pas de parler de leurs expériences. Nous en ressentons une vive émotion, alors qu'eux-mêmes restaient tout à fait modestes et réservés. D'une manière générale, nous éprouvons une sorte de fierté rétrospective, mais aussi, maintenant qu'ils sont morts, une plus grande reconnaissance que celle qu'on leur a témoigné de leur vivant, pour ce qu'ils ont fait. Rien de tel évidemment dans mon cas. Il n'y a aucune autosatisfaction. Je réalise simplement qu'à peine cinquante-quatre ans séparent nos dates de naissance respectives. Dieu merci, nos mondes ne peuvent être plus différents.

Bruno était obligé de garder le silence sur son passé. Cela le contrariait vivement. Il ne le faisait pas par modestie, mais parce qu'il y était contraint. Au lendemain de la guerre, il fallait éviter de se faire remarquer au risque de se faire arrêter et, plus tard, parce que les Allemands avaient choisi de tourner la page. Voici toutes les pièces que j'ai pu rassembler pour reconstituer aussi bien que possible sa carrière de nazi et le chemin qu'a emprunté une génération d'Allemands nés au début du XXe siècle. Au moins une partie de la vie de Bruno apparaît au grand jour. Elle y a trouvé sa place. Il le fallait.

I. Enterrement à Berlin

Édimbourg et Berlin 1960 – 1984

C'est une image si douce. C'est moi. J'ai l'air tout content. J'étouffe un gros rire de bébé. J'agite mes petits bras potelés. Derrière, la mer dessine un large arrondi. Nous sommes sur une plage d'Écosse, à une heure de voiture à l'est d'Édimbourg où je suis né et où j'ai grandi. Il fait beau et chaud. C'est le jour idéal pour une escapade au bord de la mer avec une caméra super-8 toute neuve. Un homme d'une cinquantaine d'années me tient dans ses bras. Il sourit. Il a l'air tellement heureux de jouer son rôle dans cette scène familiale. Cet homme, c'est mon grand-père. Il est allemand. Il a l'air très fier de son premier petit-fils. Il a un drôle de visage : cheveux coupés court, grandes oreilles, nez proéminent, regard grave, sourire découvrant légèrement les dents. Sinon, il a l'air tout à fait gentil, peut-être un peu sévère, mais franc, pas gêné du tout de se faire caresser la joue par un bébé qui gazouille. Nous sommes en août 1961. J'ai neuf mois.

Au cours des trente ans qui vont suivre, on va m'apprendre – comme à tous ceux qui ont des parents ou grands-parents d'origine allemande – que l'Allemagne est autre chose que le nazisme. On va me dire que cette période allant de l'accession au pouvoir d'Hitler jusqu'à la fin de la Seconde Guerre mondiale était une vaste folie et ne représentait pas toute l'histoire allemande. Je me suis fait violence pour me passionner pour la cour de Frédéric le Grand ou les fonctions du Chancelier Willy Brandt. J'ai fait de mon mieux pour éviter de réduire le sens du mot Allemagne à un synonyme de Troisième *Reich*. Et puis, en 1992, j'ai réalisé que je n'avais pas le choix.

Bruno Langbehn, mon grand-père, l'homme qu'on voit sur ce petit film en super-8, venait de mourir à l'âge de 85 ans. C'est seulement dans les semaines qui suivirent sa mort que je découvris que « Papa », comme l'appelait ma mère, n'avait pas été un simple dentiste allemand traversant les décennies tumultueuses du cauchemar nazi.

Bien sûr, j'avais toujours eu des doutes et les années passant j'avais donné des coups de canif dans la carapace fabriquée pour taire la réalité sur sa vie avant 1945. J'avais essayé de soutirer des informations à ma mère, mais ce n'est que lorsqu'il mourut qu'elle se sentit enfin capable de m'avouer la vérité, ou du moins, un petit bout de la vérité.

Je n'ai pas connu mon autre grand-père. Il était écossais. Je sais qu'il a fait la Première Guerre mondiale dans les tranchées avec les *Seaforth Highlanders*. Par miracle, il avait réussi à survivre, contrairement à la plupart de ses camarades ou même de son frère aîné. À son retour en Écosse, il avait décidé de ne plus se consacrer, chaque jour, qu'à la pêche au saumon et à réduire son handicap au golf. Il lui fallait donc un travail qui ne le priverait pas de ses cannes à pêche ni de son pantalon de golf. Il ouvrit un cinéma dans les Highlands, à Dingwall, sa ville natale, dans le comté du Ross-shire. Il ne travailla que la nuit. Mon père grandit dans la pénombre de ce cinéma, collectionnant les affiches, traînant dans la salle de projection pendant la guerre, le Mac Paradiso.

Toutes ces journées plongé jusqu'aux cuisses dans les eaux glaciales des Highlands eurent raison de mon grand-père Davidson. Il mourut des années avant ma naissance. Je ne saurai jamais rien de plus sur lui, hormis ce que mon père a bien voulu m'en dire. Je n'ai aucune idée de l'homme qu'il était physiquement ni de la manière dont il s'exprimait. Je ne sais rien de son caractère non plus, en dehors de ce que j'ai pu en apprendre à travers les anecdotes familiales.

En revanche, ma sœur Vanessa et moi-même avons bien connu notre grand-père allemand. Nous avions avec Bruno une relation à la fois proche et complexe. Nos vies étaient liées. Nous avons grandi en croyant savoir quel genre d'homme il était. Aujourd'hui encore, j'arrive à me souvenir de lui physiquement. Je me rappelle aussi son caractère et la façon dont il se tenait. Pourtant, j'ai beau garder un souvenir précis de lui, une grande part de Bruno m'échappe. Cela ne vient pas du temps qui passe ni du flou inévitable de la mémoire. Nous avons toujours senti qu'il évoluait dans une sorte de mystère qui n'avait rien à voir avec l'amnésie collective d'une génération. Non, c'était bien un mystère, un écran de fumée construit délibérément.

Il n'était pas difficile de savoir pourquoi. Il suffisait de savoir où il était né : en Prusse, en 1906. Cela revêtait déjà une certaine signification. Il n'avait pas pu atteindre l'âge adulte sans plonger dans les ténèbres du nazisme. Pour lui, comme pour tous les Allemands de sa génération, cela supposait une multitude de questions. Qu'avait-il fait ? Quel genre d'homme avait-il été ? Que savait-il ? Bruno ne faisait rien pour rejeter ces questions. Au contraire, il les suscitait. De tous les membres de ma famille allemande, c'était celui qui se repentait le moins. Même après 70 ans, il se rebiffait encore avec la vigueur de quelqu'un ayant passé sa vie entière à se quereller, affirmant ses opinions avec force, sans accepter le moindre compromis. Sur la vie, la politique, la nature humaine, les folies du monde… Il m'a toujours étonné. Pour moi, aucun Allemand n'affichait autant que lui son esprit va-t-en-guerre. C'était aussi un homme dont les convictions sur notre époque encourageait ses proches à se poser des questions sur son passé.

Mais songer à son passé, c'était le maximum autorisé. En parler, ou même se contenter de poser des questions, n'était pas conseillé à la maison. Ma mère refusait catégoriquement de se laisser entraîner dans nos spéculations. Elle les détournait, les éludait dès qu'elles surgissaient. Nous étions des enfants et nous abordions des sujets que nous ne pouvions pas comprendre. Le sujet était clos. Nous avons donc grandi avec de gigantesques lacunes sur l'histoire de notre grand-père. Cela nous torturait, sans compter que le reste de la famille manifestait une certaine défiance à son égard, si bien qu'il devenait encore plus mystérieux. Notre grand-père était une zone interdite.

Si, enfant, je n'ai pas été curieux du passé de mes aînés allemands, les gens qui m'entouraient, eux, l'étaient. En Grande-Bretagne, dans les années 1960 et 1970, la Seconde Guerre mondiale tenait encore une place importante dans les esprits. Elle ne s'était terminée que quinze ans avant ma naissance. Comme toute ma génération, j'aurais pu ignorer ce qu'ils avaient subi durant cette période, mais je comparais les nazis aux Daleks du *Docteur Who*[1]. Je croyais savoir à quoi ils ressemblaient, comment ils parlaient, comment ils

(1) Célébrissime série TV britannique de science fiction. Les Daleks sont des extraterrestres.

se comportaient. Les vaincre avait été le plus grand triomphe du XXe siècle !

Ils étaient grands et blonds. Ils portaient souvent des cicatrices. Ils claquaient des talons et tenaient leurs cigarettes avec une mimique sadique. Ils ne parlaient pas, ils aboyaient, même s'ils proféraient parfois leurs menaces d'un ton tranquille, déterminé. Ils choisissaient alors soigneusement chacun de leurs mots. C'était pour mieux vous menacer d'une fin cruelle. La plupart du temps, ils hurlaient, particulièrement lorsqu'ils étaient furieux et ils me semblaient toujours furieux. Alors ils criaient au téléphone, écrasaient le poing sur leur bureau. Ils adoptaient une attitude onctueuse envers les jolies femmes. Elles avaient un mouvement de recul, l'air embarrassé lorsqu'ils leur faisaient le baisemain. Je savais tout cela, parce qu'il ne s'écoulait pas une semaine sans que la télévision ne diffuse un film sur la Seconde Guerre mondiale. Ce thème était décliné à l'infini dans les BD et dans les cours de récréation. Comme tous les enfants de mon âge, je ne ratais aucun film. Nous adorions nous prendre pour un pilote de *Spitfire,* un membre d'un commando dans le maquis ou un officier buvant à petites gorgées du chocolat sur le pont d'un destroyer voguant dans l'Atlantique. J'étais peut-être à moitié allemand mais je n'avais aucun doute sur l'identité des héros. Chaque *Messerschmitt* abattu, chaque navire allemand coulé, chaque soldat de la *Wehrmacht* vaincu était un triomphe qu'il fallait célébrer. Les nazis, c'étaient eux. Une frontière infranchissable les séparaient de nous, pas seulement des Britanniques mais de tout le genre humain. Pourtant, je n'arrivais toujours pas à voir l'image de mon grand-père se refléter dans ces portraits.

Il n'était pas envisageable que ma famille allemande et surtout mon grand-père aient pu être un seul instant du mauvais côté. J'étais petit et je ne pouvais pas le comparer à ces « Boches » grimaçants, aux allures de robots, aux « têtes carrées ». Dans tous les films, ils jouaient le même rôle : ils symbolisaient l'arrogance et la cruauté que le courage de Tommy, le fameux soldat anglais, venait adoucir. Il aurait fallu que mon grand-père soit incroyablement mauvais pour avoir été de ceux-là. À mes yeux, c'était une évidence. Son histoire était moins dramatique que la vérité historique. Les films semblaient confirmer ce que je pensais. Au fils des ans, on présenta une nouvelle génération d'Allemands de la Seconde Guerre mondiale. On adopta un point de vue beaucoup moins déplaisant, moins en sens unique. Ce n'étaient plus des idiots ou des psychopathes, mais des officiers en conflit avec eux-mêmes. En général, ils s'étaient éloignés du régime nazi et avaient sombré dans la désillusion. Le plus ambigu de tous ces films fut *Das Boot* qui mettait en scène un capitaine interprété par Jürgen Prochnow. C'était l'exemple ultime. Cet homme n'aimait pas les nazis et le pouvoir en place. Son seul souci était de remplir sa mission et de ramener ses hommes vivants. Mon grand-père s'était peut-être conduit ainsi. Inutile de préciser que ma mère se sentait beaucoup plus à l'aise avec ces portraits plus complexes et plus ambigus des Allemands pendant la guerre. Il semblait donc possible de porter l'uniforme allemand sans être pour autant un nazi fanatique.

Mais à douze ans, cela commença à me gêner d'avoir une mère allemande. Il m'arrivait souvent de m'énerver. Lorsque je parlais aux parents de mes camarades d'école et leur expliquais que Berlin était notre destination préférée pour les vacances, mon cœur battait toujours un peu plus vite. Personne ne disait jamais rien, mais je devinais leurs pensées. Évidemment, mes copains étaient beaucoup moins réservés.

Pour eux, c'était évident. Dans la cour, ils m'humiliaient avec leur *Sieg Heil* ! Ils décidèrent que tous les membres de ma mystérieuse famille allemande avaient été des soldats nazis connaissant personnellement Hitler. Ils en ricanaient. J'avais honte. Pourtant, je ne me souviens pas avoir trouvé un seul de ces jeux particulièrement traumatisant. J'étais grand, bon en sport. Par conséquent, je n'étais pas la banale tête de Turc de la cour de récréation. De toute façon, ce n'était pas comme si j'avais porté un nom allemand. Mais il suffisait à mes copains de venir chez nous pour constater que finalement, je n'étais pas 100 % britannique non plus. Quiconque rencontrait ma mère, du fait de son accent, s'apercevait rapidement qu'elle était allemande.

Elle était arrivée à Édimbourg en 1958 pour apprendre l'anglais. Elle y avait rencontré mon père, l'avait épousé et n'en repartit plus jamais. Elle n'a jamais caché ses origines ni cherché à les faire oublier. Elle a conservé son passeport allemand et toujours maintenu des liens avec l'Allemagne. Elle s'y rendait souvent et y entretenait des relations familiales et amicales. Plus tard, elle enseigna à l'école où j'étais élève. Elle fut un excellent professeur et fit découvrir à ses élèves une foule de sujets autres que le Troisième *Reich*.

Si mon expérience de la Seconde Guerre mondiale se limitait aux films, ce n'était pas le cas de ma mère. Elle avait vécu la guerre alors qu'elle était bien plus jeune que moi. De temps en temps, elle y faisait allusion en replongeant dans ses souvenirs d'enfant. Je n'étais qu'un petit écolier naïf, mais je me dressais sur ma chaise, ébahi. Elle nous faisait revivre ces moments passés à trembler, réfugiée dans les abris berlinois pendant les raids de la RAF qui pilonnait la ville toutes les nuits. Les décombres, les sirènes, les blessés… Ensuite, il y avait eu Prague où elle habitait à la fin de la guerre. Le cauchemar de l'effondrement du Front de l'Est, l'élan de la revanche, le carnage célébrant la capitulation allemande, les exécutions sommaires, les cadavres jonchant les rues, les châtiments abominables… Elle avait tout vécu, installée aux premières loges. Ce ne sont pas des souvenirs que l'on ravive facilement. Plus elle éprouvait de gêne à en parler, moins nous arrivions à calmer la sensation qu'une famille entière n'avait pas pu vivre toutes ces années-là sans avoir quelque chose à cacher.

Tous les ans jusqu'à mes vingt ans ou presque, nous nous rendions dans cette Allemagne aux plaies encore béantes, encore affligée par cette histoire douloureuse. Nous y restions jusqu'à cinq semaines d'affilée. Comparée à Édimbourg, Berlin était une ville immense et moderne, faisant souvent la Une de l'actualité internationale.

Nous y rendre, c'était nous immerger dans la Guerre froide avec cette sensation de plonger au cœur de l'Histoire. En général, nous allions en voiture jusqu'à Harwich. De là, nous prenions le *ferry* de nuit. Ensuite, nous traversions les Pays-Bas et l'Allemagne de l'Ouest. Nous n'avions pas passé Hanovre qu'un profond silence s'installait dans la voiture. La tension montait. Ma mère allumait sa première cigarette, la seule qu'elle fumerait pendant tout le voyage. Devant nous, la frontière terrifiante attendait.

La « zone » – c'était le nom qu'on lui donnait – signifiait qu'il nous faudrait passer quatre heures au purgatoire de la Guerre froide. Elle se trouvait à Helmstedt, où nous passions de l'Allemagne de l'Ouest vers l'Allemagne de l'Est. Nous subissions de multiples vérifications de passeports. La voiture était entièrement fouillée. C'était interminable. Des soldats est-Allemands passaient la tête à l'intérieur de la voiture. Leur peau était complètement vérolée. Ils nous hurlaient une liste d'armes, exigeant de savoir si nous faisions de la contrebande : revolvers, fusils, semi-automatiques, mitrailleuses, grenades... Des noms à vous faire frémir. Il y avait les miroirs à double face, les chiens, les fils barbelés... On sentait que la plus légère irrégularité, la moindre bizarrerie, pouvaient se solder par un prix très lourd à payer. Ce fut ma première rencontre avec l'ennemi, en chair et en os. Ces gens ne nous aimaient pas et ils ne voulaient pas que nous visitions Berlin-Ouest, cette épine enfoncée dans la chair de l'Allemagne de l'Est. Notre malaise n'était rien comparé à celui de ma mère. Son corps se raidissait. Elle s'abîmait dans un silence buté, refusant de se laisser agresser par ces hommes aux accents est-allemands du secteur soviétique. Son attitude les provoquait. Pourtant, je savais qu'au-delà du mépris spectaculaire qu'elle affichait, se nichait une peur réelle dont les origines remontaient bien avant ma naissance, à une histoire qui m'échappait.

Après la frontière, Berlin se trouvait encore à quatre heures de route. Nous en avions des frissons car nous empruntions l'une de ces grandes autoroutes construites par Hitler. En roulant sur l'asphalte des années trente, nous ressentions physiquement dans quel genre de ville nous nous rendions. Enfin, arrivés aux abords de Berlin, il nous fallait traverser une autre « zone », la réplique de la précédente, aussi désagréable, et revivre les mêmes appréhensions.

Passé cette zone, nous étions de retour dans le giron sécurisant de l'Europe de l'Ouest, dans le secteur allié, à Berlin-Ouest. Il ne restait plus qu'à rouler dans un vacarme effroyable le long de l'*Avus*, l'ancien circuit automobile, puis rejoindre le Messerdam, passer à notre gauche le Funkturm, la mini-Tour Eiffel de Berlin. Nous y étions ! C'était le Kaiserdamm, ce grand boulevard qui divisait Berlin en deux. Aux feux, après avoir tourné à gauche, nous nous garions sur une place. Enfin, nous sortions de la voiture et marchions jusqu'au porche gris. Nous étions arrivés. Pour les semaines à venir, ce serait notre maison, l'appartement que Thusnelda, notre grand-mère – Mutti ainsi que ma sœur et moi l'appelions – partageait avec son fox-terrier, Pippi.

Elle nous accueillait à la porte d'entrée de son appartement. Un large sourire éclairait son visage. Elle nous prenait dans ses bras et nous nous faufilions comme des anguilles pour esquiver ses inévitables baisers. En quelques heures, nous avions retrouvé le foyer chaleureux, familier. Nous commencions par nous rendre dans la salle de séjour. Là, nous pillions consciencieusement le cabinet tout en miroirs qui recélait un véritable trésor : des animaux en massepain et des tablettes de *Kinder Schokolade*. Prendre le petit-déjeuner chez Mutti, cela voulait dire *Brötchen*, des petits pains fourrés à la confiture de cerise, que nous achetions tous les jours dans une boulangerie de l'autre côté du Kaiserdamm. On nous envoyait promener le chien jusqu'au vendeur de cigarettes. Nous rentrions avec les éternels paquets de *Milde Sorte* que Thusnelda-Mutti a fumé à la chaîne toute sa vie.

Ce n'était pas seulement les dimensions de Berlin-Ouest ni son effervescence cosmopolite que j'aimais, c'était aussi son bourdonnement légèrement inquiétant. La ville tout entière exhalait l'odeur âcre de la Guerre froide et de la guerre qui l'avait précédée. Nous n'étions que des enfants, mais le Mur, Checkpoint Charlie, les panneaux *Sie verlassen jetzt den amerikanischen Sektor*[2], et tout le reste, nous étaient familiers. Nous les aimions d'une manière un peu morbide. Pour nous, ils signifiaient que notre famille allemande, quoi qu'elle ait pu faire, avait certainement vécu une époque intéressante à Berlin.

---

(2) Vous quittez le secteur américain.

Nous nous rendions régulièrement dans un autre appartement. Nulle part ailleurs que dans ce lieu absolument fabuleux du vieux Berlin, nous ne pouvions mieux nous sentir imprégnés du passé. Cet appartement appartenait à la doyenne de la famille, mon arrière-grand-mère, la belle-mère de Bruno. Dentiste comme lui, elle exerçait toujours son métier à 70 ans passés. Elle s'appelait Ida Pahnke-Lietzner. Elle était aussi redoutable que le nom qu'elle portait. Prussienne jusqu'au bout des ongles, elle exerçait son matriarcat sur toute la famille. Elle avait beau habiter à trente secondes de chez ma grand-mère Thusnelda, des décennies les séparaient. Si la ville ne renvoyait qu'un murmure distant de son histoire, l'appartement d'Ida, lui, transformait cet écho en un hurlement.

C'était le genre d'appartement qu'on ne trouve que dans les grandes villes européennes. L'entrée de l'immeuble se composait d'un hall en marbre. Nous nous reflétions à l'infini dans les miroirs accrochés de part et d'autre des murs. Il fallait emprunter un ascenseur dont les portes en métal claquaient dans un bruit mat. L'appartement se trouvait au premier étage, fermé par une porte cossue. Nous pénétrions alors dans une vaste entrée d'où un long couloir sombre menait aux pièces de réception. Le salon faisait également office de salle d'attente. Ida y disposait tout son matériel dentaire, auquel elle ajoutait des rangées de mâchoires et des magazines pour calmer les patients qui attendaient d'être reçus.

L'atmosphère était calfeutrée. Tous les bruits extérieurs étaient étouffés par des murs épais recouverts de dizaines de tapis persans car il y en avait trop pour les poser au sol. Tout autour, elle avait accroché des huiles, les fruits de son autre passion. Le Graf Spee, un grand navire de guerre, dominait fièrement le salon. Le parquet qui craquait, les panneaux de bois foncé, les larges doubles fenêtres qui dominaient le Kaiserdamm dans sa largeur, indiquaient clairement quel comportement nous devions adopter : attitude guindée, politesse exemplaire. Nous continuions notre avancée vers le cœur de l'appartement. Nous y étions. Derrière les imposantes portes coulissantes se trouvait le *Herrenzimmer*[3]. Ida, notre arrière-grand-mère, allait nous recevoir.

Nous nous asseyions nerveusement dans cet antre du passé. La vitrine Biedermaier, avec sa collection de vins, de liqueurs, de flûtes, de verres, le cuir noir de la pièce et les canapés en velours rappelaient le passé de Berlin. Ce n'était pas l'appartement dans lequel elle avait vécu avant ou pendant la guerre – celui-ci se trouvait à quelques kilomètres à l'ouest – mais cela aurait très bien pu l'être. Ce qui nous troublait le plus, c'était la façon dont elle faisait attendre ses patients, jusqu'à ce qu'elle ait fini sa conversation avec nous. Ma mère adoptait un air souffreteux et je me disais que sa grand-mère n'était pas le genre de personne avec laquelle on plaisantait. Je subodorais qu'elle avait appris très jeune cette leçon.

Même si nous ne prenions pas le temps d'explorer tous les recoins de Berlin, cette ville avait une allure résolument moderne avec ses magasins, ses néons et ses bâtiments récents. Son passé surgissait à chaque coin de rue : le blindé russe T34 posé sur un socle près de la Porte de Brandenburg, les traces de tirs sur les murs de certains bâtiments, Teufelsberg, une colline artificielle construite avec les décombres des bombardements – la rumeur voulait qu'elle ait été le centre de toutes sortes d'activités d'espionnage britannique – et par-dessus

(3) Pièce réservée aux hommes. Fumoir.

tout, la zone de la mort. La zone la plus large longeant le Mur qui séparait Berlin-Est de Berlin-Ouest. Seuls les chiens de garde pouvaient parcourir cette bande de terre vierge. Autrefois, elle avait abrité la demeure la plus importante du Berlin nazi, la chancellerie d'Hitler et son bunker souterrain. Il n'en restait plus qu'un monticule. On finit par l'aplanir en 1989, à la chute du Mur. Parallèlement à tout ce qui rendait nos vacances aussi plaisantes à Berlin – les magnifiques lacs de Grünewald, la Nouvelle Galerie nationale, l'architecture de Mies Van Der Rohe qui dominait la ville, le grand magasin Ka De We dont nous aimions les dimensions imposantes – de toute évidence, la ville cachait aussi un aspect plus sombre. Nous n'étions que des enfants, mais nous le savions.

Berlin abritait d'autres traces de la famille, des noms, des personnes toujours en vie, mais qu'on ne nous présenta jamais. Ewald, par exemple, le beau-frère de Bruno et l'oncle de ma mère, rejeté par la famille après avoir fait un enfant à une domestique. C'était clair, rien ne pouvait stopper l'arrière-grand-mère Ida dans sa quête du succès familial. Elle n'était pas du genre à pardonner les faiblesses ou les erreurs. On parlait plus souvent et avec affection du vieux monsieur, *der alte Herr*, son second mari – le premier avait été tué au cours de la Guerre de 1914-1918. Il avait fait carrière dans l'armée et était devenu chef de bataillon à la fin de la Seconde Guerre mondiale. C'était un officier de la vieille école dont on disait qu'il s'était battu honorablement. Ma mère parlait toujours de lui avec tendresse. Elle témoignait de son respect pour lui, ce qu'elle n'a jamais fait pour son propre père qui avait une personnalité autrement plus complexe.

Personne dans cette famille ne pouvait égaler le mystérieux et légendaire Bruno. Cette impression s'était renforcée par son absence soudaine. Une année, il ne fut tout simplement plus là. Il nous fallut du temps pour comprendre pourquoi. Ma grand-mère avait divorcé parce qu'il l'avait quittée pour celle qui avait été un temps sa meilleure amie. C'était une façon étrange de la remercier d'avoir gardé la famille unie durant toutes ces années. Ma mère avait pris fait et cause pour ma grand-mère. En représailles, il avait coupé les ponts. Des années plus tard, nous renouâmes, mais il y avait eu une cassure et ses visites prirent l'allure d'incidents diplomatiques majeurs. Il ne pouvait pas entrer et sortir de nos vies d'enfants ou d'adultes, sans comprendre que ma mère trouvait vraiment pénible de le rencontrer. Elle lui en voulait toujours d'avoir traité ainsi ma grand-mère.

Il nous rendit visite à l'été 1976, en pleine canicule. J'avais quinze ans. C'était la première fois que nous le voyions en bons termes depuis son divorce. Pour moi, ce serait l'occasion de me faire une opinion sur lui. Cette visite ne pourrait en rien être différente de notre précédente rencontre à Berlin, presque dix ans auparavant. La scène se passa dans un endroit complètement incongru : pendant un match de cricket à l'école. J'imagine que le décor l'amusait. Le contraste entre le monde dans lequel j'étais élevé et celui de ma mère me saisit lorsque je traversai le terrain, vêtu de mon pantalon blanc, pour le saluer. Je remarquai immédiatement combien il avait changé physiquement. La dernière fois que je l'avais vu, il était grand, du genre dégingandé même. Je l'étais moi aussi. Mais de toute évidence, l'homme qui marchait auprès de ma mère était un vieux monsieur qui se déplaçait lentement à l'aide d'une canne, les jambes courbées, le visage souligné par un incroyable double menton. J'étais bien plus inquiet de le rencontrer que lui-même ne l'était de me revoir. Il me tapota le dos. Son visage s'éclaira d'un large sourire et s'étonna avec force de ce que j'avais grandi. J'étais décontenancé par son panache. Sa fougue et son entrain communicatifs effacèrent d'un trait cette nervosité que j'avais ressentie au cours de ces dix dernières années.

Les dix jours suivants, il afficha le même panache. Ce n'était pas un homme à perdre son temps en plaisanteries et bavardages. Je me souviens avoir été conquis par son côté bon vivant, son besoin de vivre à l'intérieur du groupe. Nous l'avions à peine accueilli qu'il nous régalait déjà, ma sœur et moi, d'histoires sur ses récents voyages aux États-Unis. Les anecdotes dont il les nourrissait prouvaient qu'un seul séjour avait fait de lui l'expert incontournable de tout ce qui touchait à l'Amérique. Plus tard, je réalisai que cela signifiait obligatoirement qu'il avait rempli une demande de visa. Je voudrais bien savoir comment il avait fait pour répondre à la question : « Avez-vous jamais appartenu au Parti nazi ou à la SS ? » C'est une question que l'on trouve toujours dans les formulaires.

Ce qui l'enchantait le plus, c'était sa capacité à ne pas se laisser impressionner. Il avait survolé le Grand Canyon dans un avion de tourisme et avait dormi durant tout le trajet. Il se délecta de l'incrédulité qu'il avait suscitée chez ma sœur et moi-même. Nous étions incapables de comprendre qu'on puisse manifester un tel détachement.

Ce qui me frappait le plus dans son attitude, ce n'était pas son empressement de jouer un rôle, ni l'originalité, ni même la candeur de sa bonne foi. C'était à quel point il semblait ne détenir aucun secret. C'était vraiment ce à quoi je m'attendais le moins de sa part. Il n'avait rien d'un homme recroquevillé sur lui-même, rien d'un homme effacé. C'était un homme grand, dans tous les sens du terme. Alourdi et voûté, il ne dépassait plus 1 m 80 mais on ne pouvait cependant pas l'ignorer, entre son teint rougeaud, son visage déterminé, sa tignasse blanche qui s'agitait et ses cravates de mauvais goût. C'était un personnage haut en couleur. Son incorrigible côté m'as-tu-vu et son panache ressortaient d'autant plus que dans les années 1970, les habitants d'Édimbourg menaient une vie sage et terne. Jamais il ne chercha à ressembler aux autres, à se fondre dans la foule ni à passer inaperçu. C'était un personnage charismatique et il le savait. Je reconnais que si je ne le trouvais pas sympathique, il exerçait néanmoins un vrai magnétisme. C'était là que se trouvait sa plus grande habileté à se dissimuler.

Ce soir-là, il nous emmena, Vanessa et moi, dîner à son hôtel. Il se mit en devoir de nous faire goûter tous les alcools et liqueurs disposés sur une étagère. Il connaissait d'avance le résultat. Quand nous sommes rentrés à la maison, nous étions complètement ivres, ce qui lui valut un sermon de ma mère. Il n'éprouvait aucun remords et s'en félicitait. Il ressentait un réel désir à semer le désordre. C'était évident. Il se moquait de ma mère, indignée de nous voir dans cet état. Il venait de signer un acte cynique et hypocrite, surtout quand on savait comment il avait élevé ma mère. Il avait dirigé son adolescence d'une main de fer, multipliant les interdictions. Il l'empêchait d'écouter du jazz à la radio, de rencontrer les garçons de l'école, de porter des vêtements à la mode, sans parler de tout ce qu'il jugeait trop risqué pour elle.

Parfois, il commençait à jouer un jeu un peu plus dangereux. Je réalisais alors que nous nous égarions dans une zone interdite quand il évoquait ouvertement le passé. Ce n'était pas pour réfléchir et encore moins pour se repentir. Non, ce n'était pas sa façon de faire. C'était pour me tourmenter, me torturer et se vanter. Je me souviens. J'avais alors une vingtaine d'années. Il me servait un cognac bien tassé, m'offrait un cigare encore plus impressionnant et me faisait asseoir. Là, il me mettait sur la voie, laissant tomber dans la conversation une série d'allusions à peine voilées et des remarques énigmatiques. Aujourd'hui, je réalise qu'elles servaient en fait à m'appâter.

Il prenait de longues inspirations en se penchant vers moi et murmurant *Mahteen*, en écorchant mon prénom avec son accent allemand, comme s'il me promettait un instant d'intimité qui prenait l'allure d'une conspiration. Puis, il commençait à parler avec un ton sarcastique. Tantôt, cela concernait l'Histoire : « Tu sais, tout ce qu'on voulait, c'était un empire, nous aussi, comme celui de votre Churchill. » C'était la première fois que je découvrais la rengaine, désormais familière, de la justification allemande : la quête du Lebensraum, « l'espace vital », née selon lui de cette même impulsion qui avait poussé les Anglais à planter l'*Union Jack* à travers le monde aux XVIIIe et XIXe siècles. D'autres allusions étaient beaucoup moins claires. On aurait dit des remarques banales, sincères. Elles trahissaient néanmoins un aspect plus sombre. Ainsi, il me donna un enregistrement de la *Rhapsodie hongroise* de Liszt. Des années plus tard, je découvris qu'il s'agissait de la fanfare préférée des hauts dirigeants nazis. Au temps du nazisme triomphant, on la passait juste avant les actualités au cinéma ou alors avant les annonces importantes à la radio. Il aimait la culture hongroise, me disait-il. Il la trouvait magnifique. C'était sa préférée. Là encore, il me fallut des années pour commencer à me demander : « Et quand diable étais-tu en Hongrie ? »

Puis, il me racontait comment il se distrayait. Il aimait regarder le foot, disait-il, mais il préférait de loin rencontrer ses *Kriegskameraden*, ses camarades de guerre, autour de leur *Stammtisch* habituelle, cette table que de nombreuses brasseries allemandes réservent aux clients qui cherchent un endroit où se retrouver régulièrement, prendre un repas ou un verre en ressassant leurs souvenirs. Le mot *Krieg*, la guerre, s'agitait devant moi. Ce n'était même pas moi qui le prononçais.

Pendant des années, on m'avait appris à être prudent, discret, à respecter les règles. Cet homme qui était la raison de tous ces secrets familiaux m'enfermait dans un dilemme. J'avais l'impression qu'il me tenait un langage clair tout en brandissant son épée au-dessus de ma tête. Laissait-il entendre qu'à présent le sujet n'était plus tabou ? Il paracheva son effet en m'offrant un autre cadeau : mille marks. « On a tous besoin d'aide quand on commence dans la vie, me dit-il. Moi aussi, on m'a aidé quand j'ai dû recommencer. » Recommencer ? Tu veux dire comme en 1945 ? Mais au lieu de saisir la balle au bond, je me contentai de rester assis, étourdi par l'alcool et la fumée de cigarettes. Je ne répondis rien. Jamais je ne me levai. Jamais je ne réussis à réagir au piquant des provocations qu'il me présentait sur un plateau. Je ne faisais que bégayer, cherchant à retourner sur un terrain plus sûr.

Pourquoi ai-je trouvé si difficile de lui poser des questions, tout simplement ? Je n'étais pas idiot. Je voyais bien ce qu'il faisait. À la limite, il désespérait de me voir aborder le sujet. Si j'avais fait ce qu'il voulait, je suis sûr qu'il m'aurait tout dit. Il m'aurait au moins donné sa version. Tout raconté. Où il était allé. Ce qu'il avait vu. Ce qu'il avait fait. Quel homme important il avait été. Mais je ne le faisais pas. Probablement parce qu'au plus profond de moi-même je ne voulais pas savoir. Je sais au moins qu'il ne cherchait pas à me recruter comme confident. Il me traitait comme un repoussoir contre lequel il aurait mené un combat. Comme il aurait aimé mettre sens dessus-dessous mes scrupules, mes convictions libérales et mon côté ventre-mou, démolir toutes mes protestations et mes désaccords. Il n'aurait fait qu'une bouchée de moi et je n'avais aucune envie de me laisser entraîner dans son jeu, quel qu'il soit.

Il y avait une autre raison, plus profonde. Que ferais-je de ce savoir, une fois qu'il l'aurait partagé avec moi ? Que ressentirais-je, pas simplement à son égard, mais aussi, et c'est ce qui m'importait le plus, envers moi-même ? C'est une chose de rencontrer l'un des plus grands prédateurs du XXe siècle à travers le témoignage des autres, les lectures, les photos ou les films. C'en est une autre, très différente, d'accepter qu'une petite part de ce phénomène diabolique trouve sa place à l'intérieur de sa propre famille. Dominer chaque chose en y apposant la marque du silence n'est pas un petit péché universel d'infidélité, de faiblesse ou de boisson, mais un secret qui plonge au cœur même des ténèbres. J'étais tout simplement incapable de faire preuve d'une telle maîtrise. C'est pourquoi je me contentais d'acquiescer et de garder le silence. Je cherchais en fait à me débarrasser de ce que Bruno essayait de me dire jusqu'au jour où je réussirais à trouver ce que je pourrais en faire. C'était lui qui parlait. Moi, j'écoutais. Je ne suis jamais allé plus loin. Je n'en sus jamais davantage sur l'homme qu'il fut ni sur les actes qu'il commit vingt ans avant ma naissance. Le découvrirais-je un jour ?

Berlin, New York et Londres 1992 – 1993

Puis arriva le moment inévitable où son personnage tout entier occupa le devant de la scène. Bruno était mourant. Cet homme qui, à plusieurs reprises, était entré et sorti de la vie de ses petits-enfants, s'apprêtait à les quitter pour de bon. C'était au printemps 1992 et ma mère, ma sœur et moi traversions en voiture le centre de Berlin pour lui rendre visite. Il avait 85 ans. Un cancer généralisé le rongeait. Je réalisai avec stupéfaction que je ne l'avais pas vu depuis six ans. Je me demandai s'il y aurait six années de plus.

Nous arrivâmes chez lui pour découvrir qu'il n'était pas là. De sa chaise roulante, Gisela, sa concubine, expliqua à ma mère que sa santé s'était détériorée. Il était à l'hôpital. Nous nous assîmes et nous discutâmes avec elle. Elle avait toujours été d'un naturel doux. Au milieu de nos plaisanteries, nous en arrivâmes presque à oublier qu'il ne reviendrait jamais.

Le lendemain, ma mère alla le voir à l'hôpital. Il était mourant. Pouvions-nous lui rendre visite ? Non, nous répondit-elle. Il lui avait demandé expressément de ne pas nous emmener. Nous étions consternés. Cela prenait un tour dramatique. Et pourquoi ? Il n'en a pas envie, nous expliqua ma mère. Ce n'était pas le moment de protester. Nous acceptâmes, sans doute un peu soulagés de nous épargner une scène sinistre dans une chambre d'hôpital. Cela me laissa du temps pour réfléchir lorsque je réalisai l'ampleur de ce qu'il allait emporter dans sa tombe. Je n'obtiendrais jamais la levée totale du voile. Je pensai assez égoïstement que j'y avais droit, même si cela faisait des années que nous ne lui avions plus parlé. Lui disparu, tout ce qu'il en resterait serait une série de paroles décousues à vous en rendre fou. Cela commençait par l'expérience de la guerre que je tenais de ma mère, à Berlin d'abord, en Tchécoslovaquie ensuite. C'était là qu'ils s'étaient tous fait capturer par les Soviétiques. Il y avait d'autres pièces, d'autres morceaux à ce puzzle. Ils seraient ajoutés plus tard. Bruno, nous raconta-t-on, ne traversa jamais la RDA en voiture. Il la survolait « pour éviter de se faire arrêter par les communistes ». Nous apprîmes aussi que Gisela avait été l'une des danseuses-gymnastes qui avaient ouvert les Jeux olympiques de Berlin en 1936. En dehors de cela, rien. Le silence.

Une semaine après la mort de Bruno, j'étais au téléphone avec ma mère. Elle était pensive. Nous commençâmes à parler de Bruno. Elle se mit à me raconter ses souvenirs de la guerre. Je les avais déjà tous entendus à maintes reprises, mais cette fois, elle les revivait avec une intensité inhabituelle. Je poussai plus loin, lui posant de plus en plus de questions sur sa vie à Berlin et à Prague. Qu'avait-elle vu ? À quoi cela ressemblait-il ? Qu'en pensait-elle maintenant ? Elle n'arrêtait pas de parler, alors qu'en temps normal, elle aurait délicatement mis fin à notre conversation. Tout à coup, enfin, je posai LA question. Elle jaillit. Ma mère allait enfin briser le silence qui avait entouré mon grand-père. « Quel genre de soldat emmène sa famille avec lui quand il est affecté à l'étranger ? Qu'est-ce qui justifiait le fait que vous ayez été à Prague avec lui ? » Elle n'a pas répondu. « Allez, lui ai-je dit, cela ne veut rien dire. Il ne pouvait pas être civil, certainement pas à la fin de la guerre alors qu'ils enrôlaient les adolescents et les vieux. Et s'il était simple soldat, pourquoi tes sœurs et toi, vous étiez là-bas, à Prague, avec lui ? Les familles restent à la maison. Elles ne voyagent pas avec l'armée. Qu'est-ce qu'il fabriquait là-bas ? » Elle ne répondait toujours pas, alors je poursuivis : « Il n'était pas dans l'armée, n'est ce pas ? » Alors, enfin débarrassée de sa présence, elle me fit cet aveu fatidique : « Non, tu as raison. Il n'y était pas. Il était dans la SS. »

Et moi qui fanfaronnais sans idée préconçue ! Rien ne m'avait préparé à l'écho sifflant de ces deux lettres minuscules murmurées au téléphone. Le SS Bruno Langbehn, mon grand-père, le dentiste berlinois à la retraite, l'homme qui m'avait pris dans ses bras quand j'étais tout petit, celui qui m'avait généreusement offert des montres, des appareils photos, des cigares quand j'étais adolescent, qui m'avait entraîné dans des conversations houleuses quand j'étais jeune adulte, cet homme-là avait été officier dans la SS. On nous l'avait caché pendant toutes ces années. Enfin, je savais. J'avais sondé ma mère. Je l'avais harcelée. Et maintenant, j'avais ma réponse.

Tout ce que j'avais pressenti, tout ce qui m'avait paru sombre, signifiaient qu'il devait y avoir bien plus dans ce passé que ce que ma mère me laissait entrevoir. Malgré tous mes doutes, je n'avais tout bonnement jamais réalisé que cet homme agressif, ce réactionnaire, avait été dans la SS. « Tout ce dont je me souviens, a ajouté ma mère, c'est qu'il était *Hauptsturmführer*. Et il n'avait rien à voir avec les camps ; ça, je le sais. » Je raccrochai. Mon cœur battait la chamade. Tout ce qui résonnait à mes oreilles, c'étaient ces deux bouts de phrases : « *Hauptsturmführer* » et « rien à voir avec les camps ». Je n'avais aucune idée de ce qu'était un *Hauptsturmführer*, mais c'était la certitude désespérée de ma mère de ce qu'il n'avait pas fait qui me frappa le plus. Eh bien, ai-je pensé à propos de ma mère, tu as l'air drôlement sûre de toi, là. J'espère vraiment que tu as raison.

Résoudre le premier de ces mystères fut assez facile. Le lendemain, je trouvai une liste des grades de la SS dans l'appendice d'un livre d'histoire. Je parcourus la liste du doigt jusqu'à ce que j'arrive sur le mot. Le grade de *Hauptsturmführer* équivalait à celui de capitaine. Cela n'avait pas l'air d'être un grade très élevé. Cela ne donnait pas l'image d'un officier supérieur occupé à diriger les opérations. Mais comme je n'avais aucune idée de la façon dont fonctionnaient les grades et l'ancienneté dans la SS, je n'avais aucune réponse à la question suivante : quels privilèges Bruno pouvait-il obtenir en occupant un rang apparemment modeste ? Je savais que, d'une manière ou d'une autre, ce deuxième mystère exigerait une enquête beaucoup plus approfondie pour trouver une réponse. Jusqu'où faudrait-il aller ? J'étais inquiet. Quelle sorte d'officier de la SS avait-il été ? Qu'avait-il fait en réalité ? J'avais à peine eu le temps de m'imprégner de ces questions que mes illusions s'envolèrent.

Oxford – 2005

Je mûrissais. Je suppose que Bruno et l'histoire de sa carrière dans la SS, celle qu'on ne nous avait jamais racontée, auraient pu lentement s'effacer dans les brumes du passé. Après avoir appris la vérité, je la ressassai pendant des mois. Comme il était mort, j'avais l'impression qu'il n'y aurait pas grand-chose de plus à découvrir. Je réalisai aussi que je ne comprenais pas vraiment ce qui avait motivé les choix de Bruno et de ses semblables. C'est à cette époque que je suis devenu réalisateur de documentaires à la BBC. Je fis une série de films sur les nazis, plus précisément sur ceux qui s'étaient battus après la guerre, ce qui justifiait leur aveuglement pour le régime. L'un d'eux était consacré à Albert Speer, l'architecte et ami d'Hitler, l'autre à Leni Riefenstahl, une femme certes pleine de talents, mais totalement impliquée dans le régime. J'avais été attiré plus spécialement par eux car ils avaient réussi à se réinventer un personnage. Ils avaient pratiquement réussi à présenter leur complicité morale et intellectuelle avec le nazisme, au pire comme une participation ambiguë, au mieux comme une banale erreur de jugement. Leur culpabilité et leur responsabilité me fascinaient parce qu'elles se manifestaient d'une manière complexe, comme elles passionnaient les historiens et les écrivains avec lesquels je collaborais. Gitta Sereny, Ian Buruma et Hugh Trevor-Roper, par exemple. Ils en avaient tous fait leur sujet d'étude. Chacun avait publié des travaux majeurs dans ce domaine. Ils avaient exploré le système nazi puis exposé le résultat de leurs recherches. Inévitablement, je songeais à Bruno.

En 1946, le monde entier découvrit les protagonistes du régime nazi au cours des procès de Nuremberg. Cette atmosphère macabre ressurgit quinze ans plus tard lorsqu'Adolf Eichmann fut capturé. Mais tous ces anonymes qui firent tourner les rouages du régime, ces inconnus qui exécutaient les tâches qui leur étaient attribuées avec une persévérance diabolique, ce sont eux qui transformèrent la rhétorique nazie en actes. Et ce sont eux aussi, en majorité, que l'Histoire n'a pas démasqués. Nous savons qu'ils étaient là. Les historiens nous révèlent chaque jour davantage la réalité de ce qu'ils ont commis, mais nous ne savons toujours pas qui ils étaient, ni ce qu'ils ressentaient, sans parler de leurs motivations.

Par conséquent, l'histoire des choix de Bruno, depuis son entrée dans l'âge adulte jusqu'à 1945, représente beaucoup plus qu'un simple épisode qui s'insérerait dans le passé d'une famille. Au contraire, elle éclaire tout un pan de la vie d'une nation. Les décisions qui ont transformé un jeune dentiste de Berlin, jeune diplômé, en un porte-drapeau ambitieux, impliqué dans le régime nazi, sont le reflet de toute l'Allemagne.

Sur une photo de Bruno datant de 1931, on le voit, grand, dégingandé, trop jeune encore pour avoir pris du galon et incarner l'homme important qu'il fut plus tard. Sa femme est debout près de lui. Ils regardent tous les deux vers la lumière, empreints d'une légère incertitude. Ils ont envie de plaire. C'est un personnage façon Monsieur Hulot partant jouer ce fameux match de tennis. Vous avez l'impression que ce n'est pas l'homme dont le fort tempérament s'imposait dès qu'il entrait dans une pièce. Comparez cette photo au portrait de famille réalisé en 1941. Je les ai trouvées parmi les rares clichés que possédait ma mère de cette période. Elle les gardait dans un gros album photos. Un album lourd dont les pages sont séparées les unes des autres par un épais papier de soie. Quand nous étions petits, ma sœur et moi, nous connaissions bien la plupart de ces photos. Plus tard, je réaliserai avec stupeur que j'avais regardé cette photo à maintes reprises, sans jamais identifier l'uniforme. Comme il n'était pas noir et qu'il n'arborait pas le symbole SS, j'avais toujours imaginé que c'était l'uniforme de l'armée régulière. Aujourd'hui, je sais qu'il n'en était rien.

Si l'uniforme de Bruno est difficile à identifier, la façon dont il le porte ne l'est pas. Bruno affiche l'air du partisan convaincu. Sa femme regarde fixement quelque chose à mi-distance. Elle a le regard vif. Ses cheveux blonds bien coiffés, façon walkyrie, brillent et ondulent légèrement. Elle ne ressemble plus du tout à la jeune femme mal attifée d'il y a dix ans. Pourtant, c'est Bruno qui a le plus changé. Il s'est même métamorphosé. Il s'est débarrassé de tout son manque d'assurance. Il ne trahit aucune trace de doute, d'ambiguïté ou d'hésitation. C'est un homme capable de vous remettre à votre place d'un coup d'œil. Il transpire la maîtrise de lui-même. Il a l'avenir entre les mains. Cela se voit.

Une fois cette photo prise, qu'ont-ils fait le reste de cette journée de juillet, alors que l'Allemagne avait mis l'Europe à genoux ? Qu'ont-ils décidé en quittant le studio et en marchant dans la rue berlinoise où le studio se trouvait ? Est-ce que les deux petites filles, ma mère et ma tante, surmontèrent leur gêne manifeste sur cette photo, soulagées de ne pas l'avoir gâchée ? Les passants se tenaient-ils, sans même s'en rendre compte, d'un seul côté du trottoir pour les laisser passer ? Lui, cet homme qui porte à son col les insignes SS aux trois damiers. Elle, cette femme impérieuse, sa femme, qui rayonne en donnant le bras à l'une des incontestables étoiles du Régime. Est-ce qu'il s'est esquivé pour retourner au bureau ? Est-elle rentrée chez eux avec le sentiment que tout était parfait ? Des petites filles magnifiques, en bonne santé, un mari qui travaille dans l'organisation la plus importante du Régime, une patrie en route vers une grandeur incommensurable...

Dix ans séparent les deux photos. Il a suffi d'une décennie pour transformer ces jeunes mariés maigrichons et un peu gauches en un couple glacial qui pose, rayonnant, pour le *Reich* qui durera un millénaire. Tout Allemand était forcément devenu un autre homme. Il était évident que la nation elle-même avait changé. Je savais que j'allais devoir découvrir qui étaient vraiment cet homme et cette femme.

Pourtant, cette question me hantait toujours. Voulions-nous vraiment en savoir plus ? Nous n'avions pas la moindre idée de ce qu'il avait fait. Ma mère nous disait qu'elle n'en savait absolument rien et nous la croyions. Elle était beaucoup trop jeune pendant la guerre pour qu'on lui fasse ce genre de confidences. Après la guerre, elle avait fait tout son possible pour oublier.

SS. Ces lettres sont crues, brutales, choquantes. Sans ambiguïté. Sans circonstances atténuantes possibles. Elles ouvrent le champ à d'atroces possibilités, qui commencent au simple criminel et s'étendent à l'infini. Elles peuvent tout dire. Elles vont du simple bureaucrate qui recopiait les notes les plus pernicieuses jamais couchées sur le papier aux actes les plus inimaginables. J'avais gobé ce point de vue naïf qui affirmait que la SS ne regroupait que des psychopathes ou des sadiques. C'était faux. Je réalisais maintenant que la vérité était tout autre, bouleversante. Des gens comme mon grand-père avaient rejoint la SS ; des bourgeois qui avaient fait des études et avaient un métier. Autrement dit, des gens comme vous et moi. Je mesurais que je ne savais pas grand-chose de la SS, ni de la montée de l'Allemagne nazie, hormis les grandes dates et les grandes lignes. Une double exploration m'attendait.

Je m'intéresserais particulièrement à l'histoire des années qui avaient façonné mon grand-père. Je voulais mettre une carrière sur ce visage, en découvrant ce qu'il avait fait dans la SS. Je voulais aussi faire le chemin inverse, c'est-à-dire coller une réalité sur cette carrière, en m'informant davantage sur la SS dans ses grandes lignes. Quel genre d'hommes cette organisation attirait-elle ? Comment y adhéraient-ils ? Bruno avait-il un profil classique ? Quel rôle des hommes comme lui jouèrent-ils au cours des décennies qui s'étendaient de l'idéologie à son application puis au génocide ?

L'histoire de la carrière de Bruno pourrait éclairer la question la plus terrifiante du siècle dernier : pourquoi ces gens ont-ils agi ainsi ? Pourquoi ont-ils été si peu nombreux à le regretter ? Il faut aussi ajouter une dimension personnelle. Mon propre sang allemand devait affronter une autre question : « Et moi, qu'aurais-je fait ? » Un jour, j'ai demandé à ma mère si elle pensait qu'il dormait bien la nuit. « Oh, oui ! me répondit-elle. Ce n'était pas le genre d'homme à faire des cauchemars. »

Pour nous autres, c'était différent, curieux, mais nous, sa famille, étions les héritiers de ses secrets. C'était nous, pas lui, qui taisions nos pensées. Sans le vouloir, nous étions devenus les complices de ses secrets. Pour briser la tension qu'exerçait toujours la puissance de cette personnalité, même dix ans après sa mort, il fallait que je découvre la vérité. Chacun s'était progressivement muré dans le silence pour dissimuler la réalité de son existence. Il fallait faire tomber ce mur pour réussir à nous débarrasser de lui. À jamais.

II. Le CV SS

C'est grâce à une histoire qu'on racontait souvent dans la famille que je savais comment la guerre s'était terminée pour Bruno. C'était une histoire horrible. Une histoire à vous glacer le sang.

Mon grand-père passe la dernière année de la guerre à Prague. Lorsque la ville tombe, il fait partie d'un groupe d'une douzaine d'Allemands encerclé par des Tchèques, bien décidés à se venger. Ils extirpent Bruno et ses camarades d'une cave et les font s'agenouiller sur le bord d'un trottoir. Un résistant tchèque sort son pistolet. Il tue le premier d'entre eux d'une balle dans la nuque. Puis le deuxième. Puis le troisième. J'ai toujours vu dans cette histoire l'exemple atroce de la terreur habituelle lorsqu'une guerre s'enfonce dans l'anarchie et la vengeance. Mon grand-père se trouve au mauvais endroit au mauvais moment, victime d'un déferlement de violence incontrôlable. C'est en tout cas ce que je pensais lorsque je croyais que c'était un civil ou un simple soldat. La scène de l'officier SS qui attend de se faire descendre d'une balle dans la nuque prenait à présent un tour différent. Elle devenait plus compréhensible, même si elle relevait de la justice expéditive.

Pour Bruno, tout aurait dû se terminer ce jour-là, à cet endroit-là. Mais c'est alors qu'un événement extraordinaire se produit. Il ne reste que Bruno et un autre Allemand à abattre. Un officier soviétique surgit et ordonne aux résistants tchèques de cesser immédiatement. « Ça suffit les exécutions ! Ça suffit ce carnage ! » hurle-t-il. Les exécutions s'arrêtent. On remet debout les deux hommes, mon grand-père et l'autre soldat. On leur fait enjamber les corps et on les emmène. Ils chancèlent, ils sont hagards. Mais ils sont en vie. Douze nazis. Pour dix d'entre eux, leur route s'est arrêtée à Prague. Pas pour Bruno. Il a une chance incroyable, miraculeuse. Il pourra vivre ses 47 dernières années sans être particulièrement inquiété par les conséquences des 39 premières. Ma mère n'avait pas grand-chose à ajouter aux bribes de cet épisode qu'elle m'avait déjà raconté. Elle était beaucoup trop jeune à l'époque pour se souvenir de détails plus précis. Puis traumatisée par toutes ces années de guerre, elle n'avait pas ressenti le moindre désir d'en savoir plus sur le passé nazi de son père. Elle gardait jalousement son ignorance. Et à la question « Pourquoi Bruno est-il devenu un SS ? », elle n'avait aucune réponse, pas plus que nous, et se contentait de suppositions. Elle n'avait jamais dû en parler avec lui.

Si jamais nous devions en découvrir davantage sur mon grand-père, ce serait en nous plongeant dans des documents officiels, en retrouvant des traces écrites, si tant est qu'il en existât encore. Rencontrer des témoins encore en vie était illusoire. La plupart aurait dépassé le cap des cent ans. Nous allions donc devoir nous débrouiller seuls, en comptant sur le soin qu'ont toujours pris les Allemands à tout archiver. Des montagnes de documents avaient été brûlés dans les derniers jours de la guerre, mais il devait y avoir encore des archives concernant les membres de la SS.

Je savais quand et où Bruno était né : le 27 juillet 1906 à Perleberg, une ville située à environ 150 kilomètres au nord-ouest de Berlin. Je connaissais son grade : *Hauptsturmführer*, capitaine. Je ne savais rien d'autre. Mais c'était un début.

Le bureau principal des archives se trouve à Berlin. Il s'agit du Centre de documentation qui fait partie du gigantesque *Bundesarchiv*, les Archives fédérales. Les Américains les ont dirigées de 1945 à 1992, en prenant soin d'éviter qu'aucun document ne soit détruit. Ce sont ces mêmes archives qui ont fourni des preuves capitales lors des nombreux procès menés en Allemagne, notamment au cours du plus célèbre d'entre eux, celui de Nuremberg. Des années plus tard, les historiens ont pu avoir accès à ces archives, véritable mine d'informations sur l'Allemagne nazie.

En 1989, après un demi-siècle d'administration américaine, les archives ont été rendues aux Allemands. Les États-Unis ont pris soin d'en conserver des copies, sous forme de microfiches, dans le Maryland, juste à côté de Washington. Pas un document du Centre de documentation de Berlin ne manque. Nous leur écrivîmes, inquiets de ce que ces archives allaient peut-être nous révéler sur le passé de notre grand-père.

Notre principale préoccupation était de savoir s'il existait un document attestant que Bruno Langbehn avait bien appartenu à la SS. Et si tel était le cas, à quelle unité il était attaché. Il nous suffit de deux coups de téléphone pour obtenir une réponse. Un archiviste nous promit de chercher la trace de Bruno dans le *Dienstalterliste*, l'annuaire de l'armée, le *Who's who* des officiers SS. La SS publiait cet annuaire à intervalles réguliers, de 1934 à la fin de la guerre. On y trouve les noms, les dates de naissance, les distinctions honorifiques et autres décorations, les matricules et les unités.

L'archiviste fit les recherches promises. Le nom de Bruno Langbehn, né le 27 juillet 1906 y était inscrit, en lettres gothiques soigneusement dessinées. Nous nous y attendions.

Désormais, nous possédions son numéro d'adhérent à la SS et la date à laquelle il avait été nommé officier, le 11 septembre 1937, seulement quelques jours avant la naissance de ma mère. Ce n'est pas tout, précisa notre archiviste. Le *Dienstalterliste* révèle que Bruno a reçu deux distinctions honorifiques du Parti nazi, pas n'importe lesquelles. La première s'appelle la Médaille d'or du parti, la *Goldenes Parteiabzeichnis.* Cet insigne, le plus prestigieux du parti, était remis aux membres précieux, ceux dont le numéro d'inscription ne dépasse pas 100 000. Autrement dit, aux plus anciens comme Bruno qui s'était converti au nazisme dès le début. En regardant de plus près la photo de famille, nous découvrîmes qu'il portait effectivement la médaille d'or du parti, une petite croix gammée accrochée à la poche gauche sur la poitrine. J'avais toujours cru que Bruno n'avait pas eu plus de liens avec le Régime que des millions d'autres Allemands. Mais la silhouette qui émergeait de ces nouvelles informations était tout autre. C'était celle d'un homme engagé dans le parti dès le début. Un homme dont les convictions nazies ne faisaient plus aucun doute.

La médaille d'or ne fut pas sa seule distinction. Il en reçut une autre plus inquiétante, plus définitive dans son adhésion au Troisième *Reich*, réservée aux seuls officiers SS : la *Totenkopf ring*, la tête de mort. Une médaille ornée d'un crâne sculpté et d'autres signes runiques. Hormis le poignard SS d'Himmler et le *Luger* d'Heydrich, aucun autre objet sculpté n'atteint un tel degré d'obsession et de diabolisme parmi tous les accessoires nazis que l'on peut trouver auprès des collectionneurs frénétiques sur Internet. Himmler, le chef de la SS, remettait personnellement ce symbole.

Restait à savoir dans quelle unité Bruno avait servi. Ce fut la dernière information à nous parvenir. Celle que nous redoutions le plus. Elle allait orienter toutes nos recherches et nous aiderait à avoir une idée plus précise du nazi qu'avait été mon grand-père.

La SS n'était pas formée d'un seul bloc. C'était une organisation comprenant un nombre ahurissant d'activités. Certaines étaient militaires, d'autres pas. Elle attirait quantité d'hommes, de ceux qui dirigeaient les camps de concentration à ceux qui ne voyaient que le prestige de l'uniforme. L'unité à laquelle Bruno était attaché se révéla d'un tout autre genre. Pour lui, ni camp, ni régiment de cavalerie, mais le *Sicherdienst*, le service de sécurité au SD-Hauptamt, le siège principal de la SD. Un vétéran SS que ma sœur avait réussi à retrouver nous recommanda une grande prudence dans notre manière de procéder : « *Ach, die SD, die waren sehr böse Buhen !* », « Ah, la SD, ceux-là, c'était vraiment des sales types ! »...

Une semaine plus tard, une photocopie de la page contenant nos recherches arriva. Elle avait été tirée du *Dienstalterliste,* l'annuaire complet de la SS, cet État dans l'État. Les Archives me l'avaient adressée afin que je la voie de mes propres yeux. C'était clair. Il suffit de regarder le frontispice qui annonce fièrement que les SS n'ont qu'un *Führer*, Adolf Hitler. L'annuaire s'ouvre sur la liste de tous les services régionaux de la SS et de leurs adresses postales abrégées. Suit le guide de toutes les icônes ornant les décorations que la SS remettait à ses membres : des médailles de sport aux croix de fer militaires de trois catégories différentes, en passant par les premiers insignes du parti, comme la médaille d'or de l'honneur.

Puis nous arrivâmes à la liste des hommes eux-mêmes. Une liste bâtie sur huit colonnes. C'est là que l'on découvre le nom de Bruno, inscrit en caractères gothiques. Je laissai mon regard parcourir la page, curieux de tous les autres noms, des dates de naissance, concentrées pour la grande majorité sur les premières années du siècle, même si certaines remontent au XIXe siècle.

Les détails confirmaient tout ce qu'on nous avait dit au téléphone. Bruno avait été nommé sous-lieutenant, *Untersturmführer*, en septembre 1937. Pour trouver son numéro d'inscription au parti, il faut se reporter à l'une des deux colonnes : celle de gauche pour tous les numéros inférieurs à 1,8 million ; celle de droite pour les numéros supérieurs. Immédiatement, on s'aperçoit que Bruno possède l'un des numéros les plus anciens du parti. Un numéro si petit, parmi des dizaines de milliers d'autres, que cela lui a valu le privilège d'être imprimé en gras : 36 931. Évidemment, plus le numéro est petit, plus son propriétaire a adhéré tôt au parti. Cela signifie que Bruno avait dû adhérer bien avant 1933, l'année où Hitler accédait au pouvoir. À l'époque, Bruno n'a que 20 ou 21 ans. Loin d'être une sorte de lubie tardive, sa carrière de SS est le fruit de nombreuses années d'activisme au sein du Parti nazi. Son adhésion remonte aux années les plus fragiles de la République de Weimar, une époque où l'histoire de l'Allemagne étranglée par les vainqueurs de la guerre de 1914-1918 n'inspirait à ses hommes que colère et dégoût. Avec les années, son ressentiment grandit, ses convictions se radicalisent. Le paroxysme sera atteint lorsque Bruno intégrera non seulement la SS mais aussi la SD, la branche la plus élitiste. L'homme qui vous regarde fixement sur la photo de couverture, avec ses cheveux rasés et le col de sa veste constellé de losanges, est un homme arrivé à la moitié d'une carrière qu'il effectue au sein même du système nazi.

Il est impossible de lui accorder les circonstances atténuantes. Il n'est plus assez jeune. Il a dépassé la trentaine quand la guerre éclate. C'est un homme mûr. Il n'a pas été appelé. Il a lui-même choisi sa voie, sans contrainte. À aucun moment, il n'a été un simple spectateur. Au contraire, il incarne le modèle de l'activiste, du militant engagé depuis longtemps, l'homme aux convictions profondes. Pour nous, cela devint une évidence lorsque nous découvîmes l'intégralité du dossier du *Bundesarchiv* que les Archives du Maryland ont conservé. En réalité, elles possèdent 25 pages, bien plus que l'unique page du *Dienstalterliste*. Cependant, la plupart ont été en grande partie détruites par le feu, soit volontairement, soit, ce qui est plus probable, lors des bombardements. Elles sont presque toutes illisibles. Notre seul recours consistait donc à revenir à notre première source, le Centre de documentation de Berlin. Nous savions que nous aurions accès à des photocopies plutôt qu'à des microfiches floues et, par conséquent, plus faciles à lire. Quelques semaines plus tard, l'enveloppe arriva. Cette fois, à notre grand soulagement, le contenu était vraiment plus clair. Cette pile de papiers comprenait diverses informations qui n'avaient pas été transmises aux archives américaines. Encore une fois, le feu n'était pas passé loin. Il avait failli tout réduire en cendres. Il n'empêche, devant nous s'étalait la correspondance datée de 1937 qui, en l'espace de six mois, allait voir l'accession de Bruno à la place qu'il convoitait dans la SS.

Cette correspondance est une suite d'évaluations, de questionnaires, d'états de service, de déclarations sur l'honneur et de références. Tous ces papiers concernent la demande d'intégration de Bruno à la SS. Cinquante années durant, la vraie vie du jeune Bruno avait été tenue secrète. La voilà qui, enfin, se révélait à nous, dans toute sa lumière crue, sous l'encre noire de caractères s'estompant parfois sur le papier blanc. C'était fascinant parce qu'il ne s'agissait pas de documents écrits après la guerre, Bruno n'ayant eu aucune possibilité de les falsifier, de les trier ou de les retoucher. Ces documents retracent sa carrière nazie. Il les a remplis et rassemblés dans le but de se faire une place dans le premier cercle du nazisme. Dans chacune de ces lignes, chacun de ces mots, Bruno apparaît comme l'homme qu'il a toujours rêvé d'être.

Parmi les documents, il y en avait un que je voulais plus particulièrement consulter. C'était le *Lebenslauf* de Bruno, son CV. Tous les candidats à la SS en rédigeaient un, de leur propre main. Ils y précisaient les moments importants de leur éducation et cherchaient à convaincre les SS de les recruter.

La façon dont ils étaient remplis mérite de s'y arrêter. Il ne s'agissait pas de répondre d'un seul mot à des questions classiques. Il fallait fournir une réponse détaillée. On ne se contentait pas de transmettre une information, on défendait son cas. J'avais déjà entendu parler de ces questionnaires, mais je n'en avais encore jamais lus. Cela me glaçait de penser que ce document aurait pu être altéré ou détruit par les flammes dans la folie de l'après-guerre. Mais nous l'avions entre les mains, sous les yeux. Et il était en bon état. Deux pages de format A4. Un jeune dentiste allemand de 30 ans les a couvertes de son écriture en pattes de mouche à un moment décisif de sa vie professionnelle et politique. Il y justifie les raisons pour lesquelles la SS devrait l'intégrer. Nous finîmes par décrypter 80 % de ce document. Le lire fut révélé un moment extraordinaire. Je dissipais enfin le nuage d'ignorance qui avait à jamais assombri sa vie depuis la guerre. À travers ses confessions, je découvris le cheminement d'une pensée, celle qu'il fallait suivre pour intégrer la SS.

À première vue, le ton et le contenu semblent neutres, plutôt décevants. Même si Bruno décrit sa vie, le ton reste impersonnel. Bien sûr, c'est une lettre de candidature plutôt qu'un témoignage politique. Elle n'exprime pas de comportement ni ne révèle de slogan politique, hormis la formule finale *Heil Hitler.* En aucune façon, Bruno n'éprouve le besoin d'affirmer son soutien à l'idéal nazi. On n'y lit rien qui ressemble au plaidoyer tourmenté, presque hystérique des *Témoignages d'Abel*[1] par exemple. Bruno a travaillé dur pour adopter un ton particulier, celui d'un homme déterminé à ce qu'on le prenne au sérieux, convaincu qu'il possède les qualifications requises. Pour lui, s'exprimer franchement est l'attitude la plus appropriée. Il espère que sa vie et son implication dans le mouvement parleront pour lui.

Au-delà du jargon administratif, des signes indiquent que ce n'est pas une candidature adressée à n'importe quelle structure. Des allusions révèlent quel type de candidats la SS recherchait. Bruno comprend parfaitement ce que cela signifie.

Il commence par ses origines familiales, information très utile, sachant combien les autres membres de la famille semblent en savoir peu sur les leurs : « Je suis le fils de Max Langbehn, officier de justice, et de Hedwig, son épouse,

---

(1) Un recueil d'essais qui ont été commandés, recueillis et étudiés par un sociologue américain des années 1930, nommé Theodore Abel. Voyageant à travers l'Allemagne nazie en 1934, il a l'idée de demander aux Allemands eux-mêmes d'expliquer le national-socialisme à tous ceux dans le monde qui s'interrogeaient. Abel organisa un concours. La condition était que le témoin devait avoir rejoint volontairement le parti avant 1928. Conservées maintenant par l'Université de Stanford, 581 réponses ont été étudiées par deux chercheurs : Abel lui-même, dans un livre publié en 1938 (*Why Hitler Came into Power*, réédition 1986, inédit en français) et plus tard , avec une méthode plus systématique et statistique, par Peter Merkl, avec deux livres publiés dans les années 1980 (*The Making of a Stormtrooper*, inédit en français).

née Röhl, décédée. Je suis né le 27 juillet 1906 à Perleberg, une ville située dans l'ouest du district de Prignitz. » Nous détenions la première indication sur le métier de son père, sorte de magistrat, de fonctionnaire de justice, en tout cas exerçant dans le domaine de la loi ou de l'ordre. Hedwig, la mère de Bruno, est morte au début des années 1930. Puis Bruno en arrive à son propre cas. Très vite, il souligne à quel point lui et son épouse sont de race pure : « Ma femme et moi-même sommes aryens, protestants, irréprochables. Notre patrimoine héréditaire est sain. Nous sommes des citoyens du Troisième *Reich*. Nous avons une petite fille âgée d'un an… »

La seule question de la nationalité comporte une rubrique entière. Le mot « allemand » ne suffit pas. Bruno doit faire partie de la bonne catégorie d'Allemands : aryen, profondément aryen, le produit de générations d'aryens irréprochables, *unbescholten*. Il ne fallait pas se contenter de cocher une case, il fallait plaider sa cause. Vous étiez coupable jusqu'à ce que vous ayez prouvé votre innocence ! L'attention égale qu'il porte à la dénomination de sa religion et à sa fille d'un an qu'il mentionne d'une façon tout à fait incongrue montre qu'il a totalement assimilé ce type de raisonnement. Il faut aussi y voir une source de fierté plutôt qu'une adhésion passive.

Les paragraphes suivants sont beaucoup moins détaillés. Bruno présente son parcours, de la fin de ses études scolaires à son premier poste : « J'ai achevé ma formation scolaire en [… – texte illisible]. Au lycée Leibniz de Charlottenburg. Après une courte expérience d'employé de bureau, je me suis inscrit en dentaire à l'hiver 1925-1926. J'ai terminé mes études à l'été 1928. J'ai été reçu à l'examen pratique avec la mention bien et à l'examen de dentaire avec la mention très bien ».

Dans l'Allemagne d'avant-guerre, il y avait une grande différence entre *Dentist* et *Zahnarzt.* Ce dernier révélait une qualification médicale et nécessitait un diplôme universitaire. Un *Dentist* signifiait une qualification plus technique. La formation était plus courte, davantage axée sur la pratique, le statut était moins prestigieux. Parce qu'il manque d'argent ou parce qu'il n'a pas les capacités requises, Bruno choisit la plus courte des deux voies, celle qui plus tard lui fera côtoyer des collègues moins bien formés mais néanmoins ambitieux et dotés d'une intelligence pratique. Ses années d'études et son entrée dans le monde du travail semblent se dérouler sans encombre. Il exerce d'abord comme apprenti puis assistant pendant les années tumultueuses précédant l'arrivée au pouvoir d'Hitler. Il commence ses études sous la République de Weimar et les termine sous le Troisième *Reich.* Quoi de plus enivrant pour un jeune nazi ambitieux d'avoir grandi et atteint sa maturité d'homme en même temps que le régime parvient à son apogée ?

Jusqu'à cette étape de sa vie, nous avons l'impression de parcourir le CV d'un jeune dentiste impatient plutôt que celui d'un homme aspirant à devenir officier dans la SS. « Après quatre ans comme assistant, j'ai été reçu à mes examens d'État en février 1934. Je dirige mon propre cabinet depuis le 1er avril 1934 à Charlottenburg. Mon diplôme m'autorise à soigner des patients affiliés à de multiples régimes de santé ou à des œuvres de bienfaisance. » Outre les révélations sur sa race qui, de toute façon, sont obligatoires, rien jusqu'à présent ne peut alerter celui qui découvre ce document qu'il a été rédigé par un nazi jusqu'au-boutiste. Toutefois, tout s'éclaircit dans la partie suivante. Bruno y explique son parcours politique : « Pendant à peu près un mois, j'ai été membre de la *Jungbund*, l'Union de la Jeunesse allemande. Mais cela ne me plaisait pas. Plus tard, j'ai adhéré au Parti allemand de la liberté. Mais ce n'est qu'en 1924 avec le *Frontbann* de Charlottenburg que mes attentes ont été comblées. Je suis resté au *Frontbann* de Charlottenburg et j'ai adhéré au NSDAP et à la SA, le 17 mai 1926. Au temps du combat (Kampfzeit), j'ai été grièvement blessé plusieurs fois. Je n'ai jamais été condamné. »

Apparemment, il fait un lien entre la politique et la violence. Une déclaration sur l'honneur datée du 6 mars 1932 rapporte dans le détail l'un de ces incidents. Bruno s'est fait attaquer par trois communistes armés de gourdins. Il a pris un coup à la tête et a été légèrement blessé au torse. Mais son activisme politique ne semble pas lui avoir porté préjudice professionnellement. Il termine ses études et commence ses quatre années d'apprentissage tout en continuant à militer dans les rangs de la SA. Il mène ses deux vies en parallèle lorsqu'il est promu « *Banndentist* », dentiste du bataillon. En 1934, alors que le parti contrôle toute l'Allemagne, il est prêt à franchir une nouvelle étape : « Le 4 août 1934, le SA *Obergruppenführer* Von Jagow m'a nommé au jury d'honneur de la SA (*Ehrengericht*) ».

Plus rien désormais ne peut arrêter son ascension. Une avalanche de décorations et de succès l'atteste. Cela commence par ses deux décorations, or et argent, les insignes dont il a rêvé dès ses premiers pas avec la SA. « J'ai reçu l'insigne d'or du parti ; mon numéro d'adhérent est le 36 931. Je porte aussi l'insigne *Gau* en argent, numéro 33. » Il consacre tous ses loisirs au parti. On devine chez lui ce désir de fréquenter d'autres hommes avec lesquels il partage les mêmes convictions : « Avant la prise de pouvoir, j'ai intégré l'association nationale-socialiste des professionnels du tourisme aux côtés de quelques camarades du parti qui sont aussi des collègues. »

Bruno le dentiste travaille dur pour se faire une place au soleil en intégrant des organisations professionnelles ou plus officielles. Il se sent vraiment trop à l'étroit dans ce monde de la chirurgie dentaire privée et parvient à collaborer avec presque toutes les mutuelles de santé et tous les services dentaires de l'administration : « En février 1935, le colonel Schäffter, membre du parti, colonel dans la SS et doyen des dentistes du *Reich*, m'a nommé au jury d'honneur des contrôleurs des assurances maladies. Le 1er octobre de la même année, j'ai également été nommé sous-directeur au service régional de l'ordre des dentistes du *Reich* au sein de la plus importante organisation régionale, à Berlin, et je suis devenu membre honoraire de l'association. De plus, je me suis vu confier les charges suivantes : membre du bureau central des réclamations au siège de la compagnie d'assurance à Berlin, directeur suppléant de la branche du service assurance santé du *Reich*, directeur régional du DAF, le Front allemand des travailleurs, directeur du service d'arbitrage des litiges de paiement d'actes dentaires, expert auprès du Bureau central de la santé du peuple à Berlin. »

En tant que dentiste, Bruno s'implique de plus en plus dans la bureaucratie qui caractérise le Troisième *Reich* : un véritable jargon est utilisé pour se référer à des titres qui s'enchevêtrent dans un chaos d'organisations tentaculaires. Il se trouve vite très à l'aise dans l'art de s'attirer les bonnes grâces de ses patrons. Il apprend à tirer le meilleur d'une situation guère prometteuse, à savoir être *Dentist* et non pas un très respectueux *Zahnarzt*.

Avril 1935 marque un tournant décisif lorsque Bruno est finalement nommé officier, lieutenant plus précisément,

Sturmführer. Il se voit confier le commandement de vingt à trente hommes. Il aurait pu être promu plus tôt et plus rapidement s'il avait été plus âgé. De toute façon, il n'atteindra jamais un grade très élevé. Mais il attire l'attention de ses supérieurs. Le général Dietrich Von Jagow, qui le fait nommer au jury d'honneur, est un homme qui compte au sein du commandement de la SA à Berlin. Pour Bruno, cela a dû être une véritable prouesse que de réussir à gagner son soutien. C'est pourquoi il mentionne son nom dans son *Lebenslauf*. À l'aube de ses 30 ans, Bruno est parfaitement installé dans le réseau professionnel majeur du Troisième *Reich*. Certes, il utilise les avant-postes nazis à l'écart du pouvoir, où se mêlent étroitement la politique et la médecine, mais ils sont au cœur de la construction de la nouvelle Allemagne. Après deux pages d'autopromotion, il termine sur une information que l'on trouve dans les CV du monde entier, du plus jeune au plus âgé : il possède un permis de conduire, en règle… « *Ich besitze Führerschein I und II Klasse.* »

En examinant minutieusement sa démarche, Bruno semble avoir fait des choix sensés. D'une intelligence au-dessus de la moyenne, « *überdurchchnitt* », il fait preuve « d'énergie » et se concentre sur son but, « *zielbewusst* ». Son profil racial est presque parfait, de prédominance nordique, « *vorwiegend nordisch* ». C'est un homme ouvert, honnête et droit, « *offen, ehrlich und aufrecht* ». Il n'a pas de défauts particuliers. Il est objectif dans sa façon de voir les choses, sa « *Lebensauffassung* ». Ajoutés à la ferveur d'un engagement de longue date dans le parti et aux garanties raciales et politiques qu'il apporte, ces traits de caractère prouvent que Bruno est davantage qu'un « vieux combattant » : il incarne le profil parfait, l'idéal SS. Pour une organisation qui n'admet pas de plus grande vertu que de pouvoir accomplir les tâches exigées, quelles qu'elles soient, Bruno présente toutes les capacités requises. Il rassure.

Même s'il n'a qu'une vingtaine d'années quand il adhère au mouvement, cela fait de Bruno un « *alter Kämpfer* », un « combattant de la vieille garde ». On lui remet une décoration tout à fait honorifique, l'insigne chargé des symboles du nazisme. Toutefois, cet insigne ne suffit pas à lui seul. La SS se vantait de recruter des gens qui lui seraient utiles plutôt que de se contenter de récompenser une longue fidélité. Mais il ne cause pas de tort à Bruno non plus. Ce sont les mots d'un *Oberführer* SS qui lui accorde sa première promotion, en novembre 1939. Le sous-lieutenant Bruno Langbehn devient lieutenant. Il passe de *Unter* à *Obersturmführer* : « Une promotion est accordée à Langbehn, sous-lieutenant dans la SS, en raison de ses longues années d'implication dans le mouvement et du travail qu'il a jusqu'à présent accompli pour la SD… »

En réalité, Bruno est jugé apte à intégrer la SS car ce qu'il peut offrir à l'organisation revêt un intérêt particulier. Il réussit à convaincre sans difficulté les responsables SS. Il affirme qu'il est bien plus qu'un simple militant chevronné. Les commentaires au sujet de ses opinions politiques sont élogieux car Bruno est un nazi convaincu, « *überzeugt* ». Une expression se détache plus particulièrement : ce n'est ni le mot idéologie, ni même celui de politique, mais « conception du monde », « *Weltanschauung* ». Une expression qui va bien au-delà d'une simple idée politique, d'un banal ordre du jour car le national-socialisme était une idéologie qui entendait englober tous les aspects de la vie, chaque pan de la société, de la naissance à la mort de chaque Allemand pour l'édification du futur empire. La SS soumet cette enquête à Bruno non pas pour savoir s'il présente toutes les garanties politiques mais plutôt pour vérifier jusqu'à quel point il pourra contribuer au dessein qu'elle poursuit : intégrer cette conception du monde et s'y conformer pour construire la nouvelle Allemagne.

Cette liasse de documents froissés, à moitié déchirés, datant de 1937, représente l'aboutissement d'un apprentissage ininterrompu de la politique du Troisième *Reich* dont le programme reste volontairement obscur. La génération suivante, ma mère et ses sœurs, jouera son rôle dans le processus de dissimulation et de déni. Elles se garderont bien de poser les bonnes questions. On leur répétera inlassablement qu'elles ne peuvent pas comprendre les enjeux. Elles rentreront plus ou moins dans le rang, sans éprouver de honte. Pas seulement pour ce qu'a pu faire ou ne pas faire Bruno. Cela ira bien au-delà. Elles réagiront contre la réalité du passé de leur père. Elles seront révulsées de savoir qu'apparemment lui et des milliers d'autres ont été de parfaits nazis, serviteurs dévoués d'une idéologie nourrie par l'antisémitisme. Un jour, j'ai demandé à ma mère si elle avait eu l'impression de vivre dans une famille importante. « Oh, oui ! me répondit-elle. Papa était un homme important. »

Le national-socialisme était une politique qui entendait assouvir les instincts les plus bas en exploitant les frustrations de chacun. Il a formé, aiguisé, justifié les convictions de Bruno. Son implication dans le nazisme est un parcours long, compliqué qui trouve sa source dans l'humiliation de la Première Guerre mondiale, sentiment qui ne cessera de prendre de l'ampleur jusqu'en 1945. Combattre pour le national-socialisme sera le plus grand privilège de sa vie. Se le faire rappeler, c'est à quoi les membres de notre famille voudront échapper. Ils auront raison. Ils passeront des années à effacer les preuves, à cacher l'implication de Bruno dans le nazisme. Et moi, j'allais en quelque sorte le « re-nazifier ». Ce serait une expérience difficile à vivre.

Tout ce que j'avais à faire, c'était me plonger dans cet amas de documents, de noms, de dates, de formulaires qui, ajoutés les uns aux autres, forment l'ossature d'une carrière nazie. Le CV de mon grand-père couvre deux périodes distinctes : la montée du nazisme et, avec elle, les premiers ralliements. Puis, la création de la SS dont les membres, mus par une idéologie commune, réalisaient le programme d'Hitler. Avoir vécu ces deux périodes témoigne d'une expérience nazie aussi complète qu'il est possible d'imaginer. Une expérience qui s'étale des balbutiements du mouvement au dernier jour du Régime. La vie de Bruno a été intimement liée à chaque événement majeur du Troisième *Reich*. Il appartiendra à presque toutes les institutions nazies : la *Jungbund*, le *Frontbann*, la SS, la SD, la DAF, le monde de la médecine nazie, l'administration civile nazie, la *Wehrmacht*. De l'ivresse des débuts triomphants aux ultimes combats sur le front de l'est, ses fonctions en feront un acteur privilégié du régime nazi, à tous les niveaux, qu'il s'agisse de sa politique sociale ou raciale et plus particulièrement de la « Question juive ». Le programme de cette politique fut réalisé dans sa totalité pendant la guerre. Une seule carrière, trois uniformes : brun pour la SA, noir pour la SS, gris pour la *Wehrmacht*. Pendant toutes ces années, il sera dentiste, soldat, espion. Il s'impliquera dans la mise en œuvre de la politique, au service du Troisième *Reich*. Cela durera aussi longtemps que possible. Très peu d'hommes du même âge pourront prétendre à une carrière aussi engagée pendant 22 ans dans le mouvement jusque dans ces activités les plus variées. Il sera membre des sections d'assaut, combattant, idéologue, rouage du dessein politique, guerrier biologique, partisan, soldat, espion, mouchard, bureaucrate, arbitre de la politique sociale. En un mot, le nazi parfait.

Pour reconstruire la carrière de Bruno, nous ne pouvions pas nous contenter d'assembler les fragments de sa biographie. Il nous faudrait la replacer entièrement dans son contexte historique. Le Troisième *Reich* était un système unique en son genre. Il se caractérisait par des actes commis par des hommes qui réagissaient à un contexte historique particulier. Partout où mes recherches me portaient, je voyais se dégager trois constantes dans la carrière du nazi parfait qu'était Bruno. Elles en dictaient profondément l'évolution.

La première, c'était Hitler en personne. Bruno se dévoue entièrement, avec une sorte d'obsession, à son maître. Hitler était l'auteur et l'instigateur du Troisième *Reich*. Sa présence mobilise l'esprit de Bruno. Dès l'origine, il s'identifie au combat que mène son *Führer* pour s'emparer de l'Allemagne dans un premier temps, puis de toute l'Europe. Venait ensuite la conception du monde tel qu'il devait être aux yeux des nazis, leur *Weltanschauung*. Le corps de leur doctrine dépassait la simple dictature fasciste. Elle a jeté les fondements de crimes dépassant l'entendement. Le troisième, c'était le noyau dur des fanatiques, des gens comme Bruno, des hommes et des femmes qui, dès le début, lestèrent l'organisation du Troisième *Reich* en instaurant une politique de terreur : la SA, la SS, la *Gestapo* et la SD. Tous étaient des nazis actifs. Plus tard, l'ensemble du régime se construira autour d'eux.

Bruno a bâti sa carrière en suivant ce modèle. Hitler avançait implacablement, mû par sa conception du monde. Il a guidé ses partisans fanatiques qui, de leur côté, ont fait progresser le mouvement. Une dynamique de haine avait vu le jour, reliant Hitler à sa base et la base à Hitler. Elle les propulsait dans un mouvement permanent. Pour faire fonctionner cette dynamique, il fallait nourrir la haine des juifs et se vouer corps et âme à la grandeur de la future Allemagne. Deux faces de la même médaille. L'histoire de Bruno s'est tissée à l'aide de trois fils : Hitler, l'idéologie, le fanatisme individuel. De ces trois fils jaillirent les multiples facettes du nihilisme définissant le Troisième *Reich*.

Je commençai à réaliser que je devrais mener une recherche approfondie à la fois sur mon grand-père et sur le Troisième *Reich*. Comprendre l'un serait probablement comprendre l'autre. J'avais maintenant une piste. Il était temps de voir où elle allait me mener.

III. Pères et fils
1906 – 1922

Je l'avais compris. Bruno ne devient pas un nazi fanatique, il l'est dès ses premiers pas dans la vie. Il n'est pas une de ces « Violettes de mars[1] », un de ces arrivistes qui adhérèrent au parti en 1933 pour satisfaire leurs ambitions, pour grimper plus haut et plus vite. Dès l'origine du mouvement, Bruno est un idéologue. Son ascension se confond avec celle du nazisme ; elle commence avec lui et finira dans l'effondrement du *Reich*. Sa loyauté plonge ses racines jusqu'aux origines du parti. Elle sera absolue. Il me fallut peu de temps pour comprendre que l'enfance de Bruno expliquait son engagement. Elle seule peut donner un sens à ses choix. Son enfance et son adolescence forgent l'homme et surtout le nazi qu'il deviendra.

Bruno n'est pas un cas isolé. On peut considérer que toute sa génération a été conditionnée de la même façon. Cette génération à laquelle appartenaient presque tous les militants les plus ardents du national-socialisme et dont la ferveur sans bornes a donné l'idée aux historiens de les ranger dans ce qu'ils ont appelé « La génération inconditionnelle ». On y trouve Joseph Goebbels, né en 1897 ; Heinrich Himmler, né en 1900 ; Reinhard Heydrich, né en 1904

(1) Ainsi étaient qualifiés, à cette époque, en Allemagne, les opportunistes.

– tous deux chefs de la SS ; Albert Speer, l'architecte d'Hitler, né en 1905 ; Adolf Eichmann, l'un des principaux initiateurs de la « Solution finale », né en 1906. On peut encore citer la cinéaste Leni Riefenstahl, née en 1902, qui fixa sur la pellicule l'éclat diabolique du nazisme. Presque toutes les grandes figures associées au triomphe d'Hitler et des nazis sont nées dans les dix premières années du XXe siècle. Bruno, né en 1906, en fait partie.

Ce fut difficile de trouver quels événements marquèrent la petite enfance de Bruno. Son CV révèle l'identité de ses parents et l'on n'y apprend guère que leur nom : Max et Hedwig Langbehn. Les filles de Bruno ne cédaient pas. Elles maintenaient qu'elles ne pouvaient pas nous aider. « Nous ne les avons pas connus et papa n'y a jamais fait allusion, » insistaient-elles. Elles affirmaient avec véhémence que même lorsqu'elles étaient petites, leurs grands-parents ne jouaient aucun rôle dans leurs vies.

Sans la moindre anecdote familiale, le CV SS, ce *Lebenslauf*, restait notre seule source d'informations. Nous n'avions rien d'autre sur quoi nous appuyer. Nous savions que Bruno était né à Perleberg, une petite ville prussienne du nord-est de l'Allemagne. Que son père, Max Langbehn, était employé soit dans la fonction publique, soit dans la police comme inspecteur de justice (*Justiz Inspekteur*). On y découvre aussi que Bruno est fils unique. C'est clairement indiqué.

Je n'avais encore jamais entendu parler de Perleberg. Nous ne savions absolument pas ce que Bruno et ses parents avaient pu y faire ni quelle vie ils avaient pu y mener. En nous aidant d'une carte, nous découvrîmes qu'après 1945, la ville avait été happée par l'Allemagne de l'Est. Tout séjour éventuel était alors impossible. Cependant, les choses avaient changé. Ma sœur Vanessa et moi-même pouvions désormais aller visiter cette ville. À peine avions-nous réservé nos billets d'avion qu'un événement extraordinaire se produisit. Une lettre que personne n'attendait atterrit dans la boîte aux lettres de ma mère.

Cette lettre provenait de Perleberg. Elle avait été envoyée à ma mère, héritière directe de Bruno. Visiblement, sans rien dire à ses filles, mon grand-père avait écrit à sa ville natale après la chute du Mur pour s'inquiéter de ce qu'était devenue la maison de ses parents. Après la réunification des deux Allemagne en 1990, comme des milliers d'Allemands, il avait pensé qu'on pourrait lui restituer cette maison qu'il avait cru perdue à jamais. L'affaire avait nécessité plusieurs années d'enquête, expliquait l'auteur du courrier qui se réfugiait derrière un vocabulaire juridique. La conclusion était claire. On ne nous devait rien. La vieille maison des Langbehn était la propriété de ses actuels occupants. L'affaire était close.

Indifférents à cet héritage dont nous avions jusqu'alors ignoré l'existence, Vanessa et moi étions davantage excités par notre découverte. La lettre dévoilait une information à laquelle nous ne nous attendions pas du tout. Bruno avait dû fournir des preuves pour justifier sa demande. Il avait dû apporter des détails sur sa famille, des dates, des noms, des professions. Il était remonté sur deux générations. Cela dépassait largement le champ de nos découvertes sur son enfance. Nous avions par exemple la date de naissance de Max Langbehn, personnage totalement flou jusqu'alors.

Né le 13 février 1881, cet arrière grand-père avait donc 27 ans à la naissance de Bruno. Le document précisait également sa profession pendant la guerre, des années avant qu'il ne devienne « *justiz Inspekteur* ». Désormais, nous pouvions nous faire une idée du monde dans lequel Bruno était né. Rien ne pouvait mieux nous éclairer.

Max Langbehn était « *Kasernen Wachtmeister* », une sorte de soldat de première classe à la fois militaire et policier. Traduite littéralement, l'expression signifie « surveillant de caserne ».

Je n'avais jamais soupçonné que Bruno, enfant, ait pu avoir un lien quelconque avec l'armée et encore moins qu'il ait pu grandir en son sein. Il fallait nous rendre à Perleberg. Nous devions trouver cette mystérieuse caserne.

Perleberg est une ville de taille moyenne. La grand-place est assez jolie avec ses maisons à pignons et leurs fenêtres typiques d'une ville prospère du nord de la Hanse. Elle date du XIIIe siècle et garde les traces de la guerre de Trente ans. Perlebeg s'enorgueillit d'avoir vu naître la soprano Lotte Lehman et la fête chaque année avec pompe. Mais cela ne suffit pas à la sortir de son anonymat provincial. Elle se trouve trop loin de l'autoroute qui relie Hambourg à Berlin. D'ailleurs, elle est loin de tout et plutôt austère. Cependant, puisque nous avions poussé notre voyage aussi loin, nous étions décidés à trouver l'adresse de la maison des Langbehn.

Nous finîmes par la trouver, en bordure de la ville. La rue avait gardé son nom et les maisons leurs numéros. Mais la maison de nos ancêtres avait été divisée en appartements. La couche de peinture recouvrant la façade depuis la chute du Mur brillait encore. La maison n'était peut-être plus la même, mais on devinait facilement à quoi elle avait pu ressembler. Elle se situait à l'entrée d'un vaste terrain semé de gigantesques bâtiments, vides, en briques rouges et jaunes. On aurait dit des entrepôts. Le portail était ouvert. Nous entrâmes et nous déambulâmes dans cet endroit triste et désert. Rien, apparemment, n'avait changé.

Seul le croassement des corneilles perchées haut dans les arbres en cette saison hivernale venait troubler le silence. C'était sûrement la caserne à laquelle la lettre faisait allusion. Nous parcourûmes des terrains de manœuvres déserts, longeâmes des écuries et des dortoirs. Nous passâmes devant ce qui avait dû autrefois être le quartier général du régiment. Les murs portaient l'empreinte du passé. Ils en renvoyaient l'écho. C'était donc là que les Langbehn vivaient et travaillaient. C'était dans ce lieu que mon grand-père avait grandi. Nous avions trouvé le premier maillon de la chaîne.

L'office de tourisme de la ville nous fournit davantage de détails. Oui, la caserne avait été un établissement militaire de première importance. Son histoire était longue et presque ininterrompue. La caserne avait fonctionné jusqu'à la moitié des années 1990. Pendant plus de deux siècles, elle avait abrité des soldats allemands. Les hussards prussiens en avaient été les premiers locataires avant les hommes de la *Reichswehr*, l'armée allemande des années précédant l'arrivée au pouvoir des nazis. Puis, ce fut la *Wehrmacht* et, après la fin de la guerre les soldats de l'ex-RDA. Enfin, plus récemment, cette caserne de Perlebeg avait abrité les troupes de l'Otan de la *Bundeswehr*. Chaque épisode de l'histoire allemande du XXe siècle avait traversé ces bâtiments en y laissant sa trace. La plus indélébile de toutes datait de la Première Guerre mondiale.

L'essentiel, c'était que le père de Bruno y ait travaillé. C'est là qu'il exerce ses fonctions de *Kasernen Wachtmeister*. C'est un poste clé. Une caserne de cette taille est un symbole de fierté nationale pour la ville qui l'abrite comme pour ceux qui la dirigent. Max ne se serait jamais vu confier ce rôle de surveillant s'il n'avait pas partagé corps et âme l'idéal militaire prussien. Sa famille occupe l'ancien corps de garde de la caserne. Cela convient parfaitement à son statut. Max est un rouage essentiel de la garnison. Il est privilégié.

En 1906, Max Langbehn doit avoir le sentiment que tout dans sa vie commence à porter ses fruits. Cette année-là, le programme d'agrandissement de la caserne est lancé. Sa capacité va doubler pour accueillir l'armée toujours plus nombreuse de l'empereur Guillaume Ier, le *Kaiser* Wilhem. C'est aussi cette année-là que naît Bruno, en juillet. Un jour, Max lui fera entrer dans la tête ses opinions sur l'armée. Il lui expliquera son génie. Il lui dira à quel point elle est importante pour l'Allemagne. Pour l'instant, Max garde précieusement pour lui toutes ses opinions.

Comme la plupart des enfants prussiens, Bruno aimerait bien jouer au petit soldat. Mais contrairement aux autres, il grandit alors que gronde la guerre la plus grande, la plus enivrante que l'on puisse imaginer. Tous les jours, des centaines de soldats allemands parmi les mieux entraînés se rassemblent, marchent, font leurs exercices sur le pas de sa porte. Fils unique, Bruno grandit dans l'ombre d'un régiment de jeunes recrues qui remplacent les frères et sœurs qu'il n'aura pas. Son enfance tout entière renvoie l'écho des bottes qui claquent sur le pavé, des colonnes qui défilent, des adjudants qui hurlent, des manœuvres incessantes.

Bruno observe la scène qui se déroule devant lui. Il s'exalte. Il en retient toutes les leçons. Elles le marquent profondément. La caserne de Perleberg se situe peut-être à l'écart du monde mais, en termes de traditions prussiennes, elle peut difficilement en occuper davantage le cœur. C'est l'endroit idéal pour endoctriner un jeune garçon à l'esprit vif, lui inculquer l'idée de la grandeur de la guerre. Et des soldats. En tant que *Wachtmeister*, Max se consacre en partie à transmettre à ses hommes les valeurs fondamentales de la Prusse. Je doute que Bruno échappe à ses leçons. Le résultat est une éducation dépourvue d'affection. Il baigne dans la morale du sacrifice que partagent des fiers-à-bras. Il plonge dans une atmosphère de camaraderie masculine. Il en restera marqué toute sa vie.

La Prusse avait toujours excellé à former des soldats depuis que Frédéric le Grand avait rêvé de faire de ce petit duché du nord de l'Europe une puissance continentale. Depuis cette époque, la Prusse était devenue le symbole de la puissance militaire, n'ayant de cesse d'utiliser son armée pour devenir l'égal de ses rivaux impériaux : l'Empire austro-hongrois, la France et même l'Angleterre. L'esprit militaire coulait dans les veines des Prussiens. La Croix de fer devint plus tard leur emblème le plus fort. Cela leur valut ce mot piquant de Voltaire : « Là où des États ont une armée, l'armée prussienne a un État. »

L'école primaire dispense à Bruno un enseignement dominé par les leçons que la Prusse a tirées de son passé militaire. Le chauvinisme des instituteurs est de notoriété nationale. Les victoires militaires des guerres napoléoniennes, Waterloo incluse, et celle récente sur la France lors du conflit franco-prussien permirent à l'Allemagne moderne de se construire en 1871. L'armée contribua largement à la naissance de la nation allemande. Pendant les trente années suivantes, celles de Bismarck, puis de l'Empereur Guillaume II, dont le militarisme variait en fonction de ses humeurs, un géant économique et industriel émergea. Il fournit aux ambitions militaires allemandes du charbon, de l'acier et un armement imposant, dépassant les productions britannique, française, ou même américaine. Chaque fois que la Prusse quittait ses casernes pour partir à la guerre, elle revenait dans un pays plus puissant que celui qu'elle avait laissé. La caserne de Perleberg incarnait l'aspiration nationale à devenir une grande puissance européenne.

Le jour de notre visite, la caserne dégageait toujours cette puissance. Nous étions curieux de découvrir Perleberg. Cependant, rien ne nous avait préparés à ce qu'une part de la vie de Bruno soit évoquée avec une telle clarté. Elle avait été cachée si longtemps, avec tant de soin.

Ni ma mère ni ma tante ne pouvaient nous éclairer sur les personnalités de Max et Hedwig. Toutefois, nous ne pouvions pas vraiment prétendre ne rien savoir d'eux. Une personne pouvait nous éclairer. Elle avait été largement informée sur les parents de Bruno et l'enfance qu'il avait eue. C'était Gisela, la concubine de Bruno. C'est elle qui nous légua les quelques photos que nous possédons sur les parents de Bruno. Elles remontent à la fin des années 1920. L'une d'entre elles illustre une scène champêtre à Berlin. Max et Hedwig sont assis dans un pré. Ils paraissent détendus, l'air un peu arrogant. Pas vraiment distants mais sûrs d'eux. On ne devinerait jamais qu'Hedwig, qui a tout d'une « grande dame », est en fait la fille d'un couvreur. Grâce à sa carrière militaire, puis à ses fonctions dans l'administration judiciaire, Max a gravi les échelons de l'échelle sociale, échappant à ses origines modestes. Ils en sont fiers, lui et Hedwig. Sur cette photo, Max a l'air du parfait autocrate. Il aime les cravates criardes. Il prend une pose qui révèle un homme aux idées arrêtées. Il n'a pas l'habitude qu'on s'oppose à lui.

Gisela laissait parfois échapper des remarques bizarres sur le passé de Bruno. C'était beaucoup plus inquiétant que cette photo. Max, avait-elle confié à Vanessa, était un *pater familias* sombre, impérieux. Gisela avait été plus particulièrement troublée par la relation que Bruno et sa mère entretenaient. Sa mère, une femme sinistre, impossible, lui refuse tout contact physique. Cela perturbe le développement émotionnel de Bruno. Gisela en était convaincue. Il s'imprègne des convictions d'un père autoritaire et de la dureté d'une mère trop distante. Max et Hedwig sont des parents inflexibles. Ce comportement et leur passion pour le prestige militaire auront forcément des conséquences sur le caractère de Bruno. Toutefois, les événements à venir joueront un rôle encore plus déterminant dans la construction de sa personnalité. Ce sont eux qui en feront un nazi embryonnaire. La Première Guerre mondiale dominera sa vie, comme celle de toute sa génération.

À l'exception d'un cadeau plutôt surprenant qu'il m'avait fait – j'en reçus d'autres par la suite – il ne restait rien qui puisse nous indiquer comment Bruno avait réagi à la guerre. Pas de journal intime, pas de lettres, pas de commentaires. Aucun document nous révélant ce que Bruno avait pensé ou fait lorsqu'il était adolescent. Il me faudrait tout déduire en fonction de ses actes futurs. Il agit souvent de la même manière que presque tous les nazis de la première heure. On cite souvent la Première Guerre mondiale et les années qui suivirent pour justifier leurs futures opinions politiques. Les témoignages contemporains m'aidèrent à trouver une explication. Parmi eux, les témoignages de la collection d'Abel, rédigés par des hommes qui avaient à peu près l'âge de Bruno. Ils fournirent un écho au tumulte qui s'était sûrement déchaîné dans l'esprit de Bruno aussi.

Des historiens ont affirmé que ces hommes, encore plus que les vétérans des tranchées, furent les partisans les plus radicaux du nazisme. À la veille de la Seconde Guerre mondiale, Sebastian Haffner, journaliste exilé, écrivit, sarcastique : « Le [nazisme] trouve ses origines dans l'expérience de la guerre. Ce n'est pas l'expérience des soldats allemands sur le front, mais celle des petits écoliers allemands à la maison... C'est facile à comprendre. Les hommes qui ont subi les affres de la guerre ont tendance à la considérer différemment... La véritable génération nazie s'est formée autour de ceux qui sont nés entre 1900 et 1910, qui ont vécu la guerre comme un grand jeu et que les réalités ont épargnés[2]. » C'est une telle évidence dans les souvenirs nazis : la guerre reste l'expérience originelle du parcours qu'ils empruntent pour aller vers ce qui est juste. Bruno est l'un de ces hommes.

Mais, à douze ou treize ans, à quoi ressemble la guerre que Bruno traverse ? Qui est basé à Perleberg ? À quel régiment son père appartient-il ? De quelle façon participent-ils à la guerre ? Sur place, l'employé des archives nous transmit l'information dont nous avions besoin. Il nous retraça l'histoire du régiment. Elle avait été racontée par un certain Hans Rosenthal. La caserne datait bien du XVIIIe siècle, de 1772 exactement. Elle avait fonctionné pendant plus de deux cents ans. En 1899, elle avait accueilli le régiment d'artillerie Feld N39 – artillerie montée FAR39. C'était le régiment de Max.

Avant même que la guerre n'éclate, Bruno, le petit garçon de huit ans, sent que la tension monte. C'est l'attente fiévreuse. La ferveur patriotique s'intensifie. L'Europe tout entière se préparait au conflit. Le 1er août 1914, à 17 h 45, l'ordre de mobilisation fut donné. Bruno a peut-être l'impression que tout a été organisé pour lui, cet enfant solitaire qui perd rien des yeux, qui grandit à la lisière de ce grand complexe militaire. L'excitation battait son plein. On jouait

(2) Sebastian Haffner, *Defying Hitler : A Memoir.*

de la fanfare. On prononçait des discours. On défilait. Les adultes trépignaient d'impatience. À quoi peuvent servir des soldats qui se contentent de défiler, de cirer leurs bottes ou graisser leur fusil ? Tôt dans la matinée du 3 août, le premier détachement monta dans le train. Un immense convoi embarquant des chevaux, des hommes et des pièces d'artillerie s'ébranla vers l'ouest. Le premier transport atteignit Aachen, à la frontière belge, où il rejoignit la 11e brigade d'infanterie dirigée par le général de division Von Wachter avant de prendre la direction de Verviers, de l'autre côté de la frontière.

Bruno serait un petit Allemand de huit ans drôlement seul s'il n'était pas saisi par cette fièvre martiale. La grande majorité des garçons de son âge le sont. Un nazi, né en 1905, écrivit plus tard : « Une époque passionnante s'ouvrit pour nous, les garçons. Tout le monde se transforma en soldat et nous dévalisâmes les cuisines et les caves pour offrir des cadeaux aux troupes qui partaient. Puis arrivèrent les premières victoires. Une fête suivait l'autre[3]. » Comme ses camarades militaires, Max considère que cette époque est décisive pour l'Allemagne.

Cela commença par un débordement de joie en 1914. Une humeur plus sombre lui succéda lorsque la guerre s'enlisa dans les tranchées et la boue : « Les choses se calmèrent progressivement. Nous, les jeunes, réalisâmes que nous ne jouions pas aux petits soldats. » Au printemps 1915, le régiment de Max subit de lourdes pertes. Il s'était battu à Tirlemont, Mons, Andecy, Montceaux, Vailly et Arras, avant d'être déplacé en Serbie à la fin de l'année et renvoyé en

(3) Peter Merkl, *Political Violence under the Swastika : 581 Early Nazis, Princeton.*

France en 1916. Il participa à la bataille de Verdun. Après une courte période de répit, près de Reims, entre le 25 juin et le 8 août, le régiment prit part aux combats de la Somme.

Au pays, les jeunes garçons se trouvèrent rapidement de nouveaux héros, des guerriers allemands d'un genre nouveau à idolâtrer. Les sections d'assaut du général Ludendorff, des unités d'élite réputées pour leur courage, leur agressivité et leur sens de l'initiative. Ces hommes venaient d'inventer une tactique. Ils ne combattaient plus de loin, avec des barrages d'artillerie, en tirant à l'aveugle à la mitrailleuse, mais tout près, seuls. Ils bondissaient dans les tranchées ennemies et se battaient au corps à corps. Rien ne pouvait faire bouillonner davantage l'imagination d'un jeune garçon que les histoires que l'on raconte sur ces héros, armés de grenades et de casques d'acier différents. Une histoire d'amour naissait. Elle allait faire du soldat de la section d'assaut une icône puissante. Cela durerait des décennies. Apparemment, cette tactique était efficace, rapide, décisive. Ces unités causaient des ravages dans les rangs alliés. Elles laissaient l'infanterie finir le travail derrrière elles.

L'année suivante, en 1917, le succès des Allemands à l'est vaut une récompense à Bruno et ses camarades. On leur offre une grande fête dans la cour de récréation. Bruno n'a pas à connaître les complexités du Traité de Brest-Litovsk. Il suffisait de savoir que les immenses terres de l'est qui englobaient la Pologne et la majeure partie de l'Ukraine, appartenaient maintenant aux armées conquérantes de l'Allemagne. Dans le régiment 39, ils étaient nombreux à connaître le Front de l'est où ils avaient combattu pendant des mois, en Roumanie. La guerre n'avait plus qu'à se terminer à l'ouest et elle serait finie. L'Allemagne aurait pris possession d'immenses terres pour agrandir son empire. Le

Second *Reich* de l'Empereur trouverait sa place à la tête des grandes puissances européennes. On ne pouvait plus les arrêter. Les Allemands, pas seulement les enfants, s'autorisèrent à penser qu'il fallait y voir le signe précurseur de la victoire finale.

Pour Max aussi, l'année 1917 est cruciale. Pleine d'émotions. Au début de la guerre, on l'a jugé trop vieux pour l'envoyer sur le front. Le nombre de blessés change la donne. Il faut à tout prix trouver des renforts. Les plus âgés des soldats du régiment sont sur le départ. Finalement, le tour de Max arrive. Il monte dans le train avec sa troupe. Il voit sa femme et son fils lui envoyer un dernier au revoir de la main. Ils pleurent sans aucun doute. De fierté et de peur. Le Régiment 39 s'était battu en Belgique, en France et en Serbie dans le troisième corps d'armée jusqu'en septembre 1916. On l'avait alors rattaché à la 187e division d'infanterie. Puis, au début de l'année 1917, le régiment fut rattaché à la 228e division d'infanterie et fut de retour dans les tranchées françaises. Cette fois, Max prend part aux combats, à peine une semaine après avoir quitté Perleberg. Le QG est installé à Verdun.

Au début de l'année 1918, les sections d'assaut intensifièrent leurs attaques. Par trois fois, elles remportèrent un tel succès que, le 23 mars, on donna un jour de congé à tous les écoliers allemands, dont Bruno, pour fêter la « victoire ». La tactique avait fonctionné à merveille. Mais ces succès ne se révélèrent ni assez puissants ni suffisamment soutenus pour réussir à contrer les centaines de milliers de soldats américains arrivés en renfort sur le front. Les troupes américaines se déversaient en un flot continu. Les États-Unis venaient officiellement d'entrer en guerre. Dès lors, l'équilibre des forces bascula inexorablement en faveur des alliés.

Bruno et ses petits camarades n'ont aucune idée de l'effondrement qui se profile. La fin surgit avec une vitesse effroyable. On aurait dit qu'une vague submergeait le front allemand, mais aussi Perleberg, avant même que quiconque n'ait eu le temps de réagir. D'un seul coup, chacun des rêves les plus fous se brisa.

À l'automne 1918, la machine de guerre allemande donna ses premiers signes de faiblesse. Max et son régiment sont toujours basés en France. Ils sont sur le point de se faire renverser. Ils ont cru que les actes héroïques individuels suffiraient à leur assurer la victoire. Mais les facteurs décisifs de ce conflit étaient ailleurs. C'étaient la logistique, la technologie, le nombre de soldats. Aux alentours de novembre, il restait une seule issue possible. L'armée allemande était vaincue, saisie de stupeur par cette défaite impensable.

Le triomphalisme prématuré s'envola. Dans toute l'Allemagne, les familles réagissaient à la nouvelle. Le fils d'un épicier, né en 1908, raconta : « Je n'oublierai jamais le jour où mon père est rentré à la maison pour apporter la terrible nouvelle… Ce grand gars, ce costaud… il était en larmes. C'est la seule fois de ma vie où je l'ai vu pleurer. Nous, ses enfants, nous étions complètement démunis en face de ce torrent de larmes[4]… » Perleberg était traumatisée. Comme toute l'Allemagne, elle sombra dans le deuil. Bruno et les enfants de son âge aussi. « Puis arriva l'effondrement. Pour nous, les garçons qui avions été soldats corps et âmes, presque tout s'effondrait[5]. »

Bruno retrouve Max le 15 décembre. Son retour a été compliqué. Il ne lui reste qu'une jambe. Il a mis du temps

---

(4) Merkl, *Political Violence.*
(5) *Idem.*

à revenir au pays et il a souffert. Il est passé par Bebra, Eisenach, Erfurt, Sangerhausen, Magdeburg, Stendal, Wittenberg. Il arrive enfin à Perleberg. Sur le quai de la gare, le conseil municipal, auquel des centaines de civils s'étaient joints, accueillit les soldats. Ils eurent droit à « toute leur reconnaissance et leur admiration ». À trois heures de l'après-midi, les deux groupes d'artillerie, conduits par le *Leutnant* Helferich et l'*Oberleutnant* Wackerzapp, traversèrent la ville pour retourner à leur caserne. Les élus, les civils dont le nombre allait grandissant ainsi que les réservistes de l'orchestre de Perleberg les accompagnaient.

Un choc les attendait. Les conseillers municipaux qui les avaient accueillis à leur descente du train avaient été démis de leurs fonctions. La gestion de la ville était maintenant aux mains d'un comité de « travailleurs » et de « soldats ». Pire encore, le groupe qui s'était formé pour attendre les dernières sections termina son discours en portant un toast, non pas au *Reich*, mais à la « nouvelle République d'Allemagne ». L'orchestre du régiment répondit en jouant « *Preussenlied* », l'hymne national prussien, aussi fort que possible. L'officier supérieur Niemann remercia le maire pour son discours. Puis, ostensiblement, il tourna le dos au nouveau conseil révolutionnaire de la ville. Il mit fin à l'événement en portant un toast à cette « chère vieille ville de Perleberg ». C'était un défi.

Comme si perdre la guerre ne suffisait pas, ce qui attend ait les soldats à leur retour en Allemagne leur parut bien pire. Il ne fallut que quelques jours au vieux *Reich* impérial pour s'effondrer sous le poids de la défaite. Lui qui était parti la fleur au fusil. Le premier à tomber fut le *Kaiser*. Contraint d'abdiquer, il s'enfuit en Hollande. Dans sa chute, il entraîna tout le système monarchique et l'aristocratie qui le soutenait.

Un gouvernement allemand fut rapidement constitué. Une démocratie remplaça la vieille monarchie. Du jamais vu dans l'histoire de l'Allemagne. La nouvelle république prit le nom de la ville dans laquelle sa constitution avait été ratifiée : Weimar, choisie parce qu'elle était suffisamment éloignée des émeutiers de Berlin. Apparemment moderne et libérale, plutôt de gauche, la République de Weimar est censée offrir un contraste qui rachèterait la Prusse de Bismarck. Des observateurs tels que le comte Harry Kessler étaient stupéfaits : « Ainsi s'achève le premier jour de la révolution qui a vu en quelques heures la chute des Hohenzollern, la dissolution de l'armée allemande et la fin du vieil ordre de la société allemande. L'un des jours les plus mémorables et les plus terrifiants de l'histoire allemande. »

Cette révolution avait peu de sympathisants. L'extrême gauche et la droite détestaient cette République de Weimar. Pour le noyau dur des bolchéviques, elle avait été vendue aux bourgeois et il fallait la renverser. Les soldats, déçus, les soutenaient, convaincus que la guerre n'a servi à rien. Pour eux, les obus et le feu des mitrailleuses avaient transformé en prolétariat de la mort les valeureux guerriers. La classe ouvrière, dominante, se radicalisa. L'image qu'on s'était faite de la guerre s'inversa.

Une vague de mutineries et de soulèvements risquait de faire sombrer l'Allemagne dans une révolution similaire à celle de 1917 en Russie. La menace militaire grondait. Fragile, l'Allemagne de l'après-guerre risquait d'être engloutie. Dès le 6 novembre 1918, Harry Kessler témoignait de la peur qu'il ressentait : « On nous dit que les mutins de la Marine ont pris Hambourg, Lübeck, Cuxhaven et Kiel. À Hambourg, les soldats ont rejoint les marins et ont formé un gouvernement bolchévique. À Berlin, les Rouges descendent des trains en provenance de Hambourg en un flot ininterrompu. On s'attend à un soulèvement dans la ville ce soir[6]. » Quelques semaines plus tard, les Spartakistes – les précurseurs des communistes allemands – envisageaient ouvertement d'établir une « République du Conseil », une *Räterrepublik*, en s'appuyant sur le modèle soviétique. Les opposants étaient consternés et même horrifiés.

Ce basculement vers l'extrême gauche provoqua une radicalisation à droite. L'Allemagne était au bord de la guerre civile. La formation d'un gouvernement démocratique se précisait. Des conseils soviétiques dans des villes comme Munich se profilaient. C'était une abomination totale pour les vétérans nationalistes et les jeunes sympathisants tels que Bruno. Incrédules au début, ils devinrent enragés. Ils ne supportaient pas de voir leur pays autrefois puissant être à genoux maintenant : « Le spectacle qui s'offrait à nous nous dégoûtait, » écrivit un vétéran bouleversé pour témoigner du traumatisme qu'il vécut au retour du Front. « Des garçons encore imberbes, des déserteurs dépravés, des prostituées, arrachaient les insignes des épaulettes de nos soldats du Front et crachaient sur leurs uniformes gris. Ils n'avaient jamais vu un champ de bataille, jamais entendu le sifflement d'une balle… et ne s'étaient jamais battus pour sauver leur peau[7]. »

Les *Témoignages de Theodore Abel* foisonnent d'histoires de vétérans, de leur orgueil blessé. L'expérience de la défaite leur laissa des plaies profondes qui ne cicatriseraient jamais : « Le 5 novembre 1918, je quittai l'hôpital de Bad Nauheim pour retrouver ma garnison… Je boitais. Je marchais à l'aide

(6) Count Harry Kessler, *Berlin in Light : The Diaries of count Harry Kessler.*
(7) Abel, *Why Hitler Came into Power.*

d'une canne. À la gare de Postdam à Berlin, une bande en uniforme m'arrêta. Ils arboraient tous un brassard rouge. Ils exigèrent que je leur rende mes insignes d'épaulettes et mes décorations. » Ce genre d'anecdotes revêtait aussi l'aspect grand guignol de l'apitoiement sur soi-même. Mais il n'empêche. C'étaient elles qui fourniraient aux nazis leurs principaux mythes fondateurs : « Je bénis encore mon ange gardien de m'avoir épargné d'assister à l'humiliation qu'on a infligée… à nos camarades blessés par ces sous-hommes qui se comportaient comme des animaux… On hurlait de rage. C'est pour cette Allemagne-là qu'on avait sacrifié nos vies et notre santé et bravé tous les tourments de l'enfer… »

Des hommes de droite comme les Langbehn, père et fils, étaient tristes. Au moins, la guerre n'avait pas ébranlé leurs convictions. Elle avait été noble et juste. Mais une question brûlante demeurait. Que s'était-il précisément passé en novembre 1918 ? À qui la faute ? Leur réponse était simple : les bolchéviques qui soutenaient Moscou ne s'étaient pas contentés de profiter de la défaite de l'Allemagne. Ils avaient tout fait pour la provoquer. L'armée n'avait pas perdu la guerre. Elle avait pris un « coup de poignard dans le dos », trahie par « des éléments sans pitié [qui] s'étaient longuement préparés à miner ce front de fer, à lui faire perdre foi dans la mère patrie et lui faire éprouver un sentiment de lassitude à combattre… Ainsi nous sommes rentrés au pays, humiliés, mais pas vaincus ». La presse ne perdit pas de temps. Elle se mit à claironner ce slogan plein de défi et en fit un mythe national : « Sortez vos étendards, écrivit le *Deutsche Zeitung*, vous les valeureux soldats ! Ce n'est pas l'ennemi qui vous a vaincus, c'est le front en ruines du pays. Ce qu'il y a de plus tragique aujourd'hui, c'est de faire croire aux Allemands qu'ils se sont battus contre eux-mêmes. »

Bruno n'est encore qu'un adolescent, mais il doit entendre des milliers de fois ce genre d'invectives et d'accusations qui alimentent surtout les milieux de l'extrême droite. Une ville de garnison comme Perleberg est une cible idéale. Tout changea en juin 1919, quand les alliés imposèrent à l'Allemagne le Traité de Versailles. La fièvre nationaliste se répandit comme une traînée de poudre. 70 millions d'Allemands s'élèvent comme un seul homme, indignés de se voir traités comme des parias, mis au banc de la Société des Nations, l'ancêtre de l'ONU. Pendant les vingt prochaines années, le sujet serait absolument inabordable. Pour les nazis, comme pour les autres.

Le Traité de Versailles donna une impulsion plus forte encore à la gauche révolutionnaire. Elle voulait prendre le contrôle de l'Allemagne. À la fin de 1919, le gouvernement de Weimar s'alarmait de plus en plus. L'agitation bolchévique gagnait. Weimar décida de passer à l'action, même si cela signifiait nécessairement une alliance avec la droite nationaliste. Mais celle-ci n'aimait pas la nouvelle République.

Les autorités de Weimar n'eurent d'autre solution que de payer les soldats allemands qui portaient toujours l'uniforme pour qu'ils participent au redressement de l'Allemagne. Nombreux furent ceux qui se réjouirent à l'idée de combattre à nouveau. Aussitôt, des groupes armés se formèrent dans les casernes et les garnisons de tout le pays sous l'autorité d'officiers charismatiques. Les sections d'assaut, les *Freikorps* étaient nées. Plus que de simples mercenaires, ces soldats vivaient de chapardages avant d'être recrutés par Weimar. Ils transformèrent leur expérience des tranchées en une nouvelle forme de solidarité nationaliste. La vie civile attendrait.

Cette fois encore, la caserne de Perleberg sert de base arrière idéale. Bruno peut y observer à l'envi les événements, d'autant que la garnison vient d'être transformée en une importante base des *Freikorps*. Le 5 avril 1919, un détachement *Stillfried* du *Freikorps* Hülsen, qui tenait son nom du général de corps d'armée Bernhard von Hülsen qui la commandait, s'installa dans la caserne. Cette force avait été créée en décembre 1918 à Berlin. À Noël de la même année et en janvier 1919, elle s'y était battue contre les insurgés communistes. Elle comptait plus de 11 000 hommes jusqu'à sa dissolution, le 15 mai 1919. Un second détachement de la *Freikorps Stillfried* la remplaça. D'après les documents, il fut « très chaleureusement » accueilli à Perleberg. Ce détachement regroupait quatre compagnies, une section de mitrailleuses, des mortiers et de l'artillerie.

Autour de la maison de Bruno, la caserne résonne à nouveau des cris des sergents qui manœuvrent et s'entraînent au maniement des armes, des bottes qui martèlent le pavé dans un bruit assourdissant. Seulement, cette fois, ils se battraient dans les rues d'Allemagne, pas en France ou en Pologne.

Ils commencèrent par abaisser le drapeau rouge qui flottait au-dessus de la mairie de Perleberg, « à la grande joie de la population ». Puis, ils organisèrent un concert en plein air sur la grand-place de la ville. Là, ils hissèrent la bannière nationaliste noire, blanche et rouge. Quelques semaines plus tard, leur mission remplie, ils quittèrent Perleberg. Après leur départ, les habitants mirent en place une unité civile de défense pour prendre le relais des militaires. Le père de Bruno se trouve certainement dans cette unité.

La guerre avait changé de terrain de bataille. D'ennemis aussi. Les rues remplaçaient les tranchées, les communistes les simples soldats. Les *Freikorps* rassemblaient les membres des comités de surveillance et déchaînaient leur violence dans les rues. Ils marchaient sous la bannière nationaliste et portaient des insignes à tête-de-mort, arborant de plus en plus souvent la croix gammée qui devint rapidement leur symbole préféré. Pendant plus de deux ans, ils se ruèrent sur la menace rouge, qu'elle soit réelle ou imaginaire. C'est ainsi que Bruno est introduit à la vie paramilitaire. Il découvre en même temps la satisfaction enivrante qu'elle procure. À treize ans, le jeune garçon s'imprègne de cette découverte comme une éponge.

À la fin de l'année 1920, le pacte diabolique signé entre le gouvernement socialiste et les *Freikorps* de l'aile droite semblait avoir payé. Les mutineries prirent fin. Les comités de travailleurs capitulèrent. La « purification par l'orage » – c'est ainsi qu'on l'appelait – semblait avoir écarté la menace bolchévique.

La droite allemande était en colère. Elle voulait écraser les Spartakistes. La grandeur du pays ne serait restaurée qu'à cette seule condition. Il faudrait effectuer une purge complète de tous ceux qu'elle considérait soit comme des étrangers, soit comme des faibles. Le vieux chauvinisme de 1914 était démodé, remplacé par un nationalisme beaucoup plus agressif, héritier direct du militarisme prussien. Une ferveur tribale, un rêve de rédemption nationale nourrissaient ce feu. Les flammes qui avaient crépité autour des hommes en uniforme, crépitaient maintenant autour du concept de l'essence ethnique de l'Allemagne. Là où les Bolchéviques parlaient de classes, les nationalistes de l'après-guerre bâtissent un édifice de mythes et de ressentiment. Son socle reposait sur le peuple, le *Volk*. Bruno le nazi aurait trouvé l'idée électrisante et très réconfortante s'il avait eu l'âge pour le faire.

Le *Volk* n'était pas encore prêt à suivre aveuglément les nationalistes pour qui l'issue désastreuse de la guerre prouvait que l'Allemagne avait été conquise de l'intérieur. Elle n'avait pas simplement souffert de la défaite militaire. Elle avait été frappée par l'absence totale de sentiment national. Seul un acte de salut national pouvait faire renaître l'Allemagne de ses cendres. Les nationalistes feraient tout pour y parvenir.

Naturellement, ils se heurtaient à un obstacle majeur. Tout ce que la victoire aurait dû rapporter était en ruines : le prestige national, le pouvoir militaire, la domination du continent. Pour la génération de Bruno, sacraliser la guerre était impératif pour s'extraire d'une réalité désastreuse. Il fallait aussi effacer les stigmates de 1918. L'âme de la nation était en jeu. Il fallait la plus puissante imagination pour la faire revivre.

Heureusement pour les nationalistes, un homme pouvait les y aider. C'était Ernst Jünger, il était ancien officier d'infanterie. L'auteur captive Bruno. Il n'a que quinze ans, mais c'est déjà un lecteur assidu qui apprécie la littérature historique. Dans les années 1980, Bruno me montrera une édition allemande du plus célèbre roman de Jünger, *Orages d'acier.* « Lis ça, » me dira-t-il. C'est le livre qu'il admirera le plus. Il partagera cette passion avec ses *Kriegskameraden.* « Le meilleur livre jamais écrit sur la guerre », ajoutera-t-il. Je le lus. C'est vrai qu'il me fit frémir. Pourtant, il me fallut des années pour en saisir l'impact.

Jünger est un auteur fascinant mais ambigu. Il avait fait partie des sections d'assaut pendant la guerre. Bruno les a beaucoup admirées. Jünger fut blessé à de nombreuses reprises et souvent décoré. Il reçut la plus prestigieuse de toutes les médailles allemandes, celle du Mérite, la *Max blaue.* Quelques mois s'étaient à peine écoulés depuis la fin de la guerre qu'il raconta ses souvenirs les plus forts de son expérience sur le Front. C'était son premier roman. Un livre époustouflant. Lorsqu'il le publia en 1920, la critique fut unanime. Elle l'acclama. C'est devenu un classique de la littérature. Le style est vivant et cru. Aujourd'hui encore, le livre peut choquer le lecteur. Pour tous ceux qui, comme moi, ont grandi au milieu des livres que les Britanniques, les Français ou même les Américains ont publiés sur la guerre, qu'il s'agisse de mémoires, de journaux intimes, de romans ou de poèmes, le contraste est saisissant. La grande majorité des publications des alliés font le tableau d'un gâchis futile, d'un sacrifice inutile et d'une folie politique. Elles débordent de sentimentalisme et de plaintes pathétiques. Plongés dans la tristesse, leurs auteurs reprochent les excès du nationalisme et d'un militarisme qui a sombré dans la folie. Cette guerre aurait dû être évitée. C'était une erreur tragique, mal conçue et mal menée au point d'en devenir criminelle.

J'héritai d'un journal intime qui renforça tout ce que j'avais pu ressentir au cours de mes précédentes lectures. C'est le journal de mon grand-oncle écossais, Algy Davidson. Il avait servi comme sous-lieutenant dans les *Seaforth Highlanders*, aux côtés de son frère Don, mon grand-père. Il avait passé la guerre dans les tranchées. Jour après jour, pendant des mois, son journal retrace sa vie sur le front. Algy se demandait pour quelles raisons il était là. Pourquoi il se battait. Il réfléchissait, plein de courage pour sa patrie, concluant qu'il fallait faire cette guerre et la gagner si c'était la seule condition pour rentrer au pays et ne plus jamais connaître de telles horreurs. Servir dans l'armée était une source de fierté, de professionnalisme et de camaraderie. Mais le prix de la souffrance et du sacrifice était si élevé qu'Algy ne céda jamais à l'illusion que la guerre avait un côté plaisant. Dans le journal écorné, aux pages jaunies rédigées à la lumière de la torche, Algy n'évoqua jamais une quelconque excitation à combattre. Jamais non plus il ne vit la nécessité d'accomplir ce que la paix ne pourrait pas assurer : « Samedi 7 avril 1917. Le temps est triste et nuageux. Il pleut. Après le déjeuner, nous allons au QG. Le commandant et l'adjudant nous donnent des conseils pour notre départ. Ils ont l'air de croire à la victoire. Je souffre d'un abcès. C'est très douloureux. Il faut que je continue, aussi joyeusement que possible. Je souhaite bonne chance au capitaine Will et aux autres officiers qui montent au Front. Ken Ross entend que son cousin du Tain a été tué. C'était un bon soldat. Il nous manquera. Que Dieu aide sa pauvre mère. Le soir, nous nous occupons de notre section. L'activité aérienne est dense. Le ciel est clair. Ils peuvent observer tout ce qu'ils veulent. La nuit, nous écrivons des lettres à nos amis avant de partir. Demain, nous remontons les lignes et nous prenons nos positions. Que Dieu nous aide dans ce combat. Qu'Il nous accorde la victoire. » Algy n'ouvrit plus jamais son journal. Il fut tué trois jours plus tard. Un soldat isolé lui tira une balle dans la tête alors qu'il retournait vers sa position. Le vrai sens de la vie pour Algy, ce n'était pas de tomber sur le champ de bataille. C'était de rentrer chez lui. Il y aurait attendu ceux qui auraient suffisamment de chance pour survivre. Ces soldats devaient se battre, mais la guerre était une aberration. Il fallait endurer l'enfer pour que la génération suivante soit épargnée.

Ce n'est pas l'avis de Jünger. Ni de ses premiers lecteurs, enthousiastes. On ne peut pas le lire sans être frappé par son refus de verser une larme sur la cruauté physique de la guerre, par sa soif de ressentir la décharge d'adrénaline au moment où l'on tue. Peut-être faut-il y voir une forme d'honnêteté. Le monde de Jünger ne peut pas être plus éloigné de celui de Wilfred Owen et de Robert Graves. Lorsqu'ils éprouvaient de la pitié, Jünger jubilait dans la cruauté. S'ils désespéraient, Jünger atteignait l'extase. Quand ils voyaient la chair et le sang, Jünger découvrait le fer et l'acier. Plutôt que les morts dont le souvenir vous hante et vous fait mal, Jünger regardait ceux qui sont tombés au Front et dont le sacrifice se consommera dans la vengeance. Plutôt que de subir la boue et les rats, Jünger foulait le sol sanctifié par le sang. Jünger, ce membre des sections d'assaut, n'est jamais plus vivant que lorsqu'il se tient debout au milieu des cadavres des hommes qu'il vient de tuer. Ses évocations intenses du combat prennent une tournure inquiétante lorsqu'il exalte la guerre pour la guerre. Nombreux furent les vétérans et plus tard les nazis qui trouvèrent à la fois puissante et impressionnante cette façon de raconter la guerre. Elle deviendrait l'un des mythes fondateurs du Troisième *Reich.* Pas étonnant que Bruno ait été tellement heureux de me donner ce livre. Ce sera une fois de plus un cadeau plein d'arrière-pensées.

Si Jünger sublime la violence, il n'évoque ni la politique ni le nationalisme. L'image qu'il renvoie de la guerre ne révèle en rien l'attrait pour l'empire ni la nécessité d'envahir des pays étrangers pour les dominer. Pour lui, la guerre n'a qu'un but : donner aux soldats l'expérience la plus forte qu'on puisse offrir aux mortels. Bruno et ses copains considèrent que la prose de Jünger est grisante, mais insuffisante. C'est le nationalisme et la politique, les empires et la conquête, qui les intéressent vraiment. Ils ne pensent pas que ce soit le cas de Jünger. Du moins pas encore, même si cela changera avec le temps. Pour le moment, ils doivent chercher leurs modèles ailleurs.

Certains prenaient les *Freikorps* en exemple. Les sections d'assaut étaient venues à bout de l'agitation communiste en y mettant une bonne dose de cruauté. Pourtant, on en voyait les limites. Pour Bruno et les nouveaux nationalistes allemands, tirer comme les *Freikorps* sur les Spartakistes était un spectacle vraiment réjouissant. Écraser les mutins aussi. À coups de gourdins. Toutefois, on ne peut pas bâtir un avenir sur ce modèle. Il est trop léger. Jünger et son style sont trop grandiloquents pour mobiliser les masses. Quant aux hommes qui composaient les *Freikorps*, ils étaient trop nihilistes, trop dégénérés, trop abrutis. Ils n'existèrent que brièvement, qu'à travers la violence des rues. Ce qui signifiait qu'aucun de ces deux modèles ne pourrait sauver l'Allemagne à lui seul.

Bruno commence à se tourner vers la politique. Il ne cherche pas l'excitation littéraire, ni à agir pour agir. Il cherche un programme de valeurs à partir desquelles un gouvernement pourra émerger et diriger le pays. Dans l'idéal, ce gouvernement associerait la ténacité et l'activisme des *Freikorps* à la passion qu'avait Jünger pour le combattant allemand. Mais il irait au-delà.

Dans toute l'Allemagne, des couches isolées se lançaient dans cette même quête. Tous leurs griefs, leur ressentiment, nés de la défaite et de la révolution commençaient à fusionner. Ces couches ne se contentaient pas de s'opposer farouchement à la République de Weimar, elles formaient l'ossature d'une Allemagne complètement nouvelle. En 1919 et 1920, des factions frappées par la misère et des groupuscules se réunirent en marge de la droite allemande. Dans le sud, Anton Drexler créa le Parti national socialiste des travailleurs. Dans le nord, Erich Ludendorff fonda le Parti de la liberté du peuple allemand. C'était une déclaration politique d'un genre nouveau. On aurait dit un retour de balancier tribal qui fonctionnait inexorablement au moment où l'adolescence de Bruno touchait à sa fin. Leur doctrine serait fondée sur un pur esprit de vengeance. Ils l'agrémenteraient d'une couche d'idéalisme racial. Avec de tels ingrédients, ils arriveraient à dominer les années à venir.

Ils attiraient car ils sombraient dans l'extrémisme pour exprimer leur haine des partis politiques rivaux et de toute la politique de Weimar. Que feraient-ils du pouvoir si jamais ils le gagnaient ? C'était difficile de le savoir. À quoi ressemblerait un gouvernement national *völkisch* ? Personne ne le savait non plus. Mais on sentait que la virulence de leur message et l'intensité de leur ferveur nationaliste étaient sans précédent. Un bouleversement profond surviendrait. Peut-être qu'en Allemagne, les extrémistes se sentaient loin du pouvoir et se languissaient de l'obtenir un jour, mais ce n'était plus le cas en Italie. Le monde avait l'occasion d'observer longuement et douloureusement l'envers du bolchévisme. Sa contrepartie à droite. Le fascisme. Le seul système politique inventé au XXe siècle. Les jeunes nationalistes allemands avaient beaucoup à apprendre. Le premier point à aborder n'était pas le moindre. Il faudrait leur enseigner comment réussir parfaitement « une forme de pouvoir absolument antidémocratique et impérialiste... comparable d'une certaine façon à celui de Lénine, mais dans le sens opposé[8]. »

Lorsqu'ils évoquaient leurs souvenirs des tranchées, les nationalistes allemands et les fascistes italiens exaltaient les mêmes valeurs : la camaraderie, le devoir, l'obéissance et le courage. Un seul souvenir les faisait pâlir, parce que la majorité y voyait l'expérience la plus forte du combat. C'était la violence. Elle seule transformait un soldat en homme d'acier. Elle seule pouvait rendre un système politique dynamique et fort. Elle devint la base d'une nouvelle religion politique.

(8) Kessler, *Diaries*.

Mais contre qui diriger cette violence ? Le monde était en effervescence. Il cherchait des objectifs à se fixer. Le concept de « l'ennemi de l'intérieur » surgit après guerre. On en connaît les conséquences dramatiques. À première vue, la réponse allait de soi. C'étaient les communistes, parce que c'étaient eux qui s'étaient soumis à un pouvoir étranger et à son idéologie. Eux aussi qui étaient descendus dans la rue avec leur drapeau rouge pour appeler à l'insurrection nationale. Mais ces Bolchéviques, que les *Freikorps* avaient si facilement mis en déroute, auraient-ils vraiment pu mettre à genoux la puissance du *Reich* allemand ? Le bolchévisme était trop récent, trop désorganisé pour être capable d'un tel acte de sabotage. La pourriture devait se trouver ailleurs.

Qui avait pu profiter le plus de l'humiliation allemande ? Qui avait exercé son influence ? Qui était suffisamment organisé pour miner le *Reich* de l'intérieur ? Qui parmi la population pouvait se faire accuser d'être l'ennemi du sentiment national ? Qui méritait le blâme ? Pour ces Allemands qui refusaient la défaite et l'humiliation, il existait une explication qui satisfaisait davantage leurs malheurs. Ils pourraient s'appuyer dessus pour bâtir une théorie. Cette explication avait été désignée pour la première fois par l'écrivain allemand Wilhem Marr à la fin du XIXe siècle : l'antisémitisme. Les nationalistes tenaient leur « explication ». Le sabotage de l'armée allemande avait été organisé par les juifs.

Nombre de combattants qui revenaient au pays affirmaient combien ils avaient été frappés par cette « vérité ». À peine rentrés, ils subissaient toutes sortes d'insultes d'ordre sexuel. Ils découvrirent un revirement de l'opinion tel qu'ils en eurent la nausée. Ils étaient les témoins d'inégalités sociales criantes. Dans ce contexte nouveau, se cachait un spectre qui tirait toutes les ficelles de ces horreurs. C'étaient les juifs. Ils en étaient convaincus. Critiquer les juifs était une attitude tellement facile à adopter. La défaite avait engendré l'auto-détestation. Ce nouvel antisémitisme prit de l'ampleur. Personne ne l'avait vu venir. Il se propulsa violemment. Trois mensonges le stimulaient. Chacun relayant l'autre.

Premier mensonge : l'argent. Il allait permettre d'établir un lien entre la Question juive et la guerre. La théorie du « coup de poignard dans le dos » que les généraux allemands aimaient tant, prit un tour malsain. Au début l'atmosphère était à la conspiration, aux chuchotements. Elle aboutit à un acte de foi malveillant. Les juifs avaient rechigné à assumer leur part dans le combat. S'ils avaient fait ce choix, c'était pour rester au pays et profiter de la guerre pour s'enrichir. Parmi de très nombreux notables allemands, le général Ludendorff fut celui qui s'enfonça le plus dans ce cliché antisémite. Ce ne fut pas le dernier. Voici ce qu'il écrivit : « Les profiteurs de guerre ont principalement été les juifs. Ils ont acquis une influence dominante dans les "usines d'armement"... ce qui leur a donné la possibilité de s'enrichir aux dépens du peuple allemand et de prendre possession de l'économie allemande. Ceci, pour accomplir l'un des buts du peuple juif : devenir puissants. »

C'était un mensonge flagrant. Des dizaines de milliers de juifs s'étaient battus avec le caporal Hitler ou le capitaine Jünger. Parmi eux, beaucoup avaient été décorés. Mais ils étaient nombreux à entendre cette « vérité ». L'image du juif qui n'avait pas combattu, qui s'était enrichi parce qu'il était resté confortablement chez lui, qui continuait de profiter de la pauvreté et du désespoir dans l'immédiat après-guerre, persista pendant des décennies dans la mémoire populaire allemande. Plus tard, Bruno inculquera cette caricature à ses filles. Ma mère se souvient qu'on lui répétait quand elle était petite qu'aucun juif n'avait pris part aux combats de l'armée allemande au cours de la Première Guerre mondiale. En réalité, on en compta 100 000, autant que la nouvelle armée imposée par la Conférence de Versailles.

Ce n'était que la première des trois principales calomnies établies contre la population juive d'Allemagne. Elle y vivait d'ailleurs en petit nombre mais était complètement assimilée.

Deuxième mensonge : la politique. Les juifs furent à la fois des ploutocrates en chapeaux haut de forme et des agents de la menace rouge. On les comptait en nombre disproportionné dans les plus grandes banques du monde. Les banques Rothschild, Warburg, Simon, Weinberg, par exemple. Ils occupaient aussi les rangs des socialistes et des communistes en Allemagne et en Russie bolchévique. Karl Marx en était la preuve.

Ces caricatures totalement contradictoires « prouvaient » que les juifs cherchaient à délivrer l'Allemagne des aspects les plus terrifiants du monde moderne dont elle était pour l'instant à la merci. Leur but était de mieux l'utiliser pour finalement la détruire. Un soldat démobilisé remarqua : « Le premier officiel qui me rendit visite fut un juif. Il parlait très vite et vantait les mérites de la révolution. Je répondis sans mâcher mes mots, mais je n'avais pas encore complètement conscience du rôle des juifs. Il me fallut des années d'enquête et, finalement, le livre de mon *Führer*, *Mein Kampf*, pour m'ouvrir les yeux. C'étaient des taupes qui travaillaient à corrompre le monde. Leurs activités étaient fatales. » Ils furent nombreux à se joindre à ce soldat pour passer des années à étudier la question. Ils trouvèrent une « récompense » à leur travail. Il s'en dégagea une intuition funeste qui échappait au marxisme : chacun des maux qui affectaient le monde pouvait être imputé aux juifs.

Pour ces antisémites-là, il n'y avait aucune contradiction à ce que les juifs soient à la fois des capitalistes et des communistes. Le système bancaire mondial et son opposé – apparent – dans le communisme n'étaient que la façade extérieure de la réalité juive.

C'était là qu'ils arrivaient à leur troisième point pour justifier leur détestation paranoïaque des juifs : une conspiration mondiale s'était établie. Elle avait pour but de contrôler les économies internationales et d'en dicter la politique, de manière souterraine. En soutenant ce point de vue, les juifs devenaient les boucs émissaires parfaits de tous les maux allemands. Une vague de délire paranoïaque déferla sans tarder. L'histoire tout entière se borna pratiquement à considérer qu'une conspiration était menée par les juifs, les francs-maçons et autres illuminés qui avaient choisi l'enfer pour mettre le monde à genoux. Ils y voyaient le secret le plus profond, le plus mystérieux qui soit. Quelques années plus tard, selon la doctrine nazie, il appartiendrait aux esprits les plus courageux et les plus fins de révéler ce secret au grand jour.

Ainsi, les juifs étaient des prédateurs financiers, des révolutionnaires gauchistes et par-dessus tout, des conspirateurs mondiaux. C'est sur ces trois calomnies antisémites que les nazis fonderaient la « Question juive ». Ce serait leur mot d'ordre ultime, celui qui justifierait de passer les vingt prochaines années à se documenter sur la « Question juive », pour finalement la « régler » par la destruction finale. La conception du monde nazie se baserait, elle aussi, sur ces trois calomnies. Aucun nazi convaincu n'en dévierait, pas plus qu'il n'en questionnerait sa véracité. En ce qui concerne mon grand-père, il adhère tôt au mouvement. La haine des juifs est le pilier de ses convictions nationalistes. C'est une théorie sur le monde absolument non négociable. Une fois qu'ils les eurent critiqués pour leur attitude pendant la guerre et qu'ils les eurent rendus responsables des conséquences de la défaite et de ses souffrances, les nazis trouvèrent parfaitement justifié le fait de persécuter les juifs d'Europe. Parallèlement, ils en firent les sujets d'une « étude » raciale et scientifique approfondie. Dans ce domaine, Bruno, officier SS, deviendra plus tard un expert fanatique.

Le jour de la signature du Traité de Versailles, le comte Kessler écrivit dans son journal : « Samedi 10 janvier 1920. L'Europe s'apprête à vivre une époque épouvantable. On dirait des nuages qui se rassemblent avant l'orage. Tout se terminera dans une explosion encore plus terrible que celle de la Première Guerre mondiale. » La Première Guerre mondiale ne s'effacerait jamais de leur mémoire. Ses séquelles seraient longues et désastreuses. Cela avait commencé par le désespoir pour se transformer en quelque chose de pire encore. Au moment où Bruno passe de l'adolescence à l'âge adulte, avec des milliers d'autres, il se goinfre de ce délire paranoïaque qui ne cesse de s'amplifier. Il peut lui aussi le nourrir de ce qui l'oppresse le plus dans le quotidien de la République de Weimar. L'ordre moral s'inverse. De Nemesis, l'indignation et la vengeance, émerge Hubris, la démesure. Les nationalistes venaient de totalement transformer le sens de la Première Guerre mondiale et les perspectives de la future Allemagne.

Toutefois, le « nationalisme » dont Bruno se nourrit de plus en plus naît d'émotions beaucoup plus destructrices que d'un patriotisme déçu. Le cauchemar du conflit de 1914-18, la cruauté avec laquelle la guerre, devenue une guerre industrielle, a été conduite, ne rendirent les vétérans ni soumis, ni dociles. Les vétérans nazis en viendraient à considérer cette guerre comme l'inévitable prix à payer pour assurer la grandeur de la future Allemagne. Cette guerre en serait le modèle phare. Nombreux seraient ceux qui finiraient par vénérer la nature et l'ampleur du carnage. Ils les considéreraient comme les fondements indispensables de la future politique allemande. La conséquence la plus dévastatrice de la guerre apparaîtrait comme une volonté absolue de destruction et de vengeance. C'est sur cette volonté qu'il faudrait bâtir un monde nouveau, quel qu'en soit le prix. Kessler constata : « Berlin est devenu le chaudron d'une sorcière dans lequel des forces opposées et des idées mijotent ensemble. L'Histoire est en cours. La question n'est pas de savoir si l'Allemagne continuera d'exister sous la forme d'un *Reich* ou d'une République démocratique, mais de savoir qui prendra le dessus. L'Est ou l'Ouest ? La guerre ou la paix ? Une vision réjouissante de l'utopie ou la monotonie quotidienne du monde ? Jamais depuis les jours sanglants de la Révolution française, l'humanité n'a autant dépendu de l'issue que trouvera cette question. »

Bruno développe de fortes ambitions. Elles se nourrissent des séquelles de la Première Guerre mondiale et des années de révolution qui l'ont suivie. Un jour, il rejoindra ces « combats de rue dans une seule ville ». Mais il ne sera pas soldat. Tout ce qu'il a vu et vécu entre 1914 et 1922, tout ce qui a fortifié sa croissance, se terminent par un échec abject. Jamais il ne s'investira, comme son père l'a fait, dans ce militarisme prussien que tous ces hommes qui ont quitté Perleberg en 1914 ont incarné. Bruno veut une toile de fond pour l'avenir. Il ne veut pas de celle du passé.

Il recherche une politique dans laquelle le courage des tranchées se mêlera au pouvoir de la mythologie allemande. L'idéologie sera suffisamment puissante pour mener l'assaut contre les ennemis politiques, surtout ceux de gauche. Elle associera l'amour de Jünger pour le monde militaire au nationalisme extrême. Elle ajoutera la brutalité des *Freikorps*. Tout ce dont Bruno a besoin, c'est un parti. Un chef qui réunira ces trois ambitions. Bruno n'est pas seul dans cette quête. Ce n'est pas le seul non plus à avoir eu une enfance pavée d'événements décisifs au point d'orienter les choix qu'il fera plus tard. Un employé de bureau, né en 1911, écrivit : « L'expérience de la guerre, de la révolution et de l'inflation vous disent tout ce que vous avez besoin de savoir. On ne nous a rien épargné. Nous avons été arrachés brutalement à notre enfance, mais on ne nous a jamais montré le juste chemin qu'il fallait emprunter. La misère, la haine, la honte, les mensonges, la guerre civile, se sont imprimés dans nos cœurs et nous ont fait grandir vite. C'est ce qui explique que nous ayons cherché. Nous avons trouvé Adolf Hitler. Ce qui nous attirait comme des aimants vers lui, c'était précisément le fait qu'il ne faisait qu'exiger de nous et qu'en retour, il ne nous promettait rien. Il n'avait besoin que de notre engagement total envers lui-même et l'Allemagne[9]. »

C'est un aimant qui va bientôt attirer Bruno dans son champ magnétique et l'y emprisonner.

(9) Merkl, *Political Violence*.

IV. L'ÉPOQUE DES SATISFACTIONS
1922 – 1926

Jusqu'à l'âge de seize ans, Bruno vit à l'écart du monde. Il n'en a qu'une expérience indirecte. Tout change en 1922. La famille Langbehn quitte Perleberg, ce trou perdu, pour s'établir au cœur de l'Histoire, dans la plus grande ville d'Allemagne, la plus instable aussi : Berlin. Les *Freikorps* ont été dissoutes à la fin de l'année 1920 et la caserne n'a plus besoin de son *Wachtmeister*. Le moment est venu pour Max de reprendre un poste dans le domaine de la loi et de l'ordre. Bruno est enchanté de découvrir qu'il s'apprête à prendre la route de la grande capitale impériale. Monsieur Personne, jeune provincial, se prépare à devenir Berlinois. La ville de Frédéric le Grand, d'Otto von Bismarck l'attend. Elle va l'avaler.

Malgré la grande pauvreté qui a sévi au début des années 1920, Berlin reste l'une des grandes capitales du monde. Elle brille par son histoire. Pour un garçon comme Bruno, fasciné par le concept de la puissance allemande, ni Munich ni Hambourg ne peuvent se comparer à Berlin. Cependant, derrière la splendeur affichée, se cache une tout autre histoire. Si Bruno veut calculer la profondeur de la ligne de faille dans la République de Weimar, alors il a bien choisi sa ville. Berlin était la ville la plus meurtrie d'Allemagne, la plus frappée par la pauvreté, la plus plongée dans le chaos. Dans le centre se trouvait le quartier du gouvernement avec ses ministères, les ambassades, les musées et les statues. Le quartier industriel s'était établi au nord et à l'est. Les taudis les plus peuplés d'Europe s'y étaient multipliés, venant troubler son atmosphère. Au sud et à l'ouest s'étendaient des banlieues à la verdure luxuriante. Les grandes villas se nichaient entre les bois et les fleuves. Le contraste était saisissant avec les bas quartiers. Dans un labyrinthe de rues mal fréquentées, s'élevaient des immeubles de cinq étages, les *Hinterhöfe*, et les *Mietkasernen*, des immeubles qui ressemblaient à des casernes et dans lesquels on pouvait louer un logement. Ils avaient été bâtis autour de cours centrales sordides. La population berlinoise y grouillait. C'était un terrain de prédilection pour l'extrême gauche comme pour l'extrême droite. Le chaos y régnait.

Le Parti communiste allemand, le KPD, régnait en maître dans la ville, même si les *Freikorps* avaient écrasé la révolution bolchévique. Berlin, la rouge ! La ville n'avait pas volé son surnom. Elle pouvait se vanter d'abriter le plus grand nombre de communistes parmi sa population, ce qui la plaçait au deuxième rang, juste après Moscou. Le *Reichstag*, le parlement de Weimar, dirigeait au-dessus du chaos. Il tentait désespérément de maîtriser l'anarchie politique et les coalitions toujours instables.

Les Langbehn ont de la chance. Selon les convenances, le contrôleur assermenté installe les siens dans une maison à Charlottenburg. C'est un quartier élégant et confortable, situé à l'ouest du centre de Berlin, relié au cœur de la ville par le grand axe est-ouest, le boulevard à six voies qui s'étend de la porte de Brandenburg à l'extrémité ouest de la ville. Ici, ni taudis, ni pavillon de banlieue. Grâce au réseau de transport berlinois en pleine modernisation, Charlottenburg se trouve à quelques minutes des quartiers du centre-ville situés autour du Unter den Linden et de Postdamer Platz, et de l'extrémité ouest du Kurfürstendamm, un quartier plus animé.

Bruno n'a sans doute pas le temps d'apprécier le décor. Peut-être n'en a-t-il même pas envie. La colère et l'agitation règnent à Berlin. Il ne peut que se heurter à une politique sectaire, même s'il veut l'éviter. En réalité, il la recherche activement. Dans le paysage politique, chaque mouvement occupait une place, même précaire, et passait son temps à organiser des meetings, des manifestations populaires et des défilés. La ville rengorgeait de groupes paramilitaires. Les communistes géraient leur idéologie marxiste et leur *Roter Frontkämpferbund* (RFK). Même au centre, le SPD avait son organisation du *Reichsbanner*. Il suffisait d'emprunter un trottoir de Berlin pour se trouver happé par une querelle, pour plonger dans la cacophonie des affiches et des gros titres toujours plus racoleurs. L'ensemble, écrivit Peter Conrad, dans *Modern Times, Modern Places : Life and Art in the Twentieth Century*, « transformait la rue en un quotidien que l'on aurait déplié à la verticale. » Plus tard, les nazis déclarèrent : « Celui qui conquiert la rue conquiert les masses et celui qui conquiert les masses conquiert l'État. »

Pour des peintres expressionnistes comme Otto Dix et George Grosz, qui se précipitaient à Berlin, on ne pouvait peindre les scènes de rues de la ville autrement qu'avec des lignes acérées pour exprimer l'angoisse et la violence potentielle. Les manières d'autrefois et la courtoisie avaient disparu depuis longtemps. Il ne restait que le chaos et il se déchaînait par vagues successives. Les écoles aussi étaient devenues des foyers d'agitation politique. C'est le cas du lycée Leibniz où Bruno termine sa scolarité. Il lui reste encore deux ans. Sebastian Haffner, le journaliste antinazi exilé, se souvenait de sa scolarité à Berlin. Parmi les adolescents de sa classe, les fanatiques, des élèves comme Bruno, réussissaient à entretenir la flamme de la haine et de l'agitation, alors que tous les autres souhaitaient l'apaisement : « Après 1920, écrivit Haffner dans *Defying Hitler*, les garçons s'intéressèrent moins à la politique. Tous les partis avaient été compromis. Le sujet perdit de son intérêt... Nous fûmes nombreux à chercher d'autres occupations : collectionner des timbres par exemple, jouer du piano, aller au théâtre... Seuls quelques-uns restèrent fidèles à la politique. Pour la première fois, je remarquai que cela concernait les plus bêtes, les plus grossiers et les moins sympathiques de mes camarades de classe. C'était curieux. Ils entrèrent dans les bonnes ligues : l'Association nationale de la Jeunesse allemande ou la Ligue de Bismarck... Peu de temps après, ils crânaient à l'école avec leurs coups-de-poing américains, leurs gros bâtons et même leurs matraques. Ils se vantaient de sortir en groupe la nuit pour coller ou arracher des affiches. Ils se mirent à utiliser un vocabulaire bien à eux. Cela les isolait. Ils commencèrent aussi à maltraiter les juifs. »

Même parmi les garçons de cet âge, un noyau dur se formait. Ce noyau se radicaliserait encore dans les années à venir. Le formulaire que Bruno remplira plus tard prouve qu'il a tout lieu d'en faire partie. Le rêve nationaliste avait envahi l'Allemagne. Il séduisit ses adhérents sans masquer son agressivité. Dans les imprimeries, les rotatives fonctionnèrent à plein régime. Les pamphlets, les brochures, les tracts et la propagande du mouvement *völkisch* devinrent aussi puissants que les matraques. Les hymnes à la gloire de la race allemande se mélangeaient aux caricatures malsaines des opposants. Ils trouvèrent un public avide parmi de jeunes excités tels que Bruno, assoiffés de se nourrir de ce genre de convictions et de bénéficier de l'élévation promise.

La littérature nazie à partir de laquelle ils échafaudèrent leurs références politiques mobilisait autant que l'enthousiasme pour les combats de rue. Théodore Abel rapporte les propos d'un jeune allemand de 15 ans, fils d'un entrepreneur[1] : « Ce jour-là, j'ai vu mes premiers manifestants nationalistes. Ils portaient un étendard qui arborait le *svastika* rouge-sang. Ils portaient aussi un portrait d'Hitler entouré de branches de pin. Leur courage et leur discernement me jetèrent un sort… Je commençai à lire la littérature *völkisch* et plus particulièrement le *Manuel de la Question juive* de Theodor Fritsch. Puis je rejoignis les rangs. Pour la première fois, je vécus des jours heureux ou amers. Pour rien au monde, je n'aurais voulu manquer cela. »

Bruno a trouvé d'autres garçons de son âge. Comme lui, ils haïssent la République de Weimar. La frustration d'avoir perdu non seulement la guerre, mais une guerre mondiale, les rend inconsolables. Ils détestent les communistes et les juifs qu'ils rendent responsables de ces échecs. En tout, ces jeunes garçons sont déchirés. Ils s'intéressent alors au nihilisme, ce qui est de mise. Ils adoptent une attitude qui se caractérise de plus en plus par le dégoût exagéré et le mépris qui endurcit le cœur. Cela crée des liens. Ils ont commencé par prendre une posture d'adolescents, mais ils évoluent vers des convictions fermes. Ils se complaisent dans cette attitude destructrice. Plus dangereux encore est leur rêve d'un sursaut national qui ne fait que se renforcer par leur fureur et leur rancune. Bruno, comme un grand nombre de ses camarades, plein de ces sentiments, se fait piéger.

---

(1) Abel Théodore, *Why Hitler Came into Power*, Cambridge, 1986.

Mais aussi irrésistible que tout cela puisse être, Bruno l'écolier doit répondre à une question pressante : quelle carrière choisir ? Dans les années 1920 en Allemagne, ce n'est pas le moment de quitter l'école sans emploi. Ses parents ne le laisseront pas négliger ses projets d'avenir. Bruno a l'esprit vif. Il est attiré par une profession qui allie compréhension scientifique et habileté manuelle. Ce seront les études dentaires. Comme il n'a ni les moyens financiers ni sans doute la patience de suivre la voie universitaire, il n'est pas question d'entamer des études de médecine. Dentaire, c'est le compromis idéal. Particulièrement parce qu'il existe en Allemagne une formation à vocation non universitaire. Le choix est astucieux. Les dentistes ne souffrent pas des vicissitudes économiques. Tout le monde a mal aux dents. Ils imposent le respect sans s'enfermer dans des tours d'ivoire. Bruno dépose sa candidature dans un collège d'enseignement supérieur technique. Il est accepté.

Cependant, Bruno n'aura pas le loisir d'abandonner longtemps la politique. En 1923, deux catastrophes frappèrent l'Allemagne de Weimar. Ce fut une aubaine pour la droite la plus radicale. Elle surveilla les événements avec une joie malveillante alors même que le gouvernement voyait sa légitimité mise à l'épreuve. Tout d'abord, au début du mois de janvier, l'armée française tant honnie envahit la vallée de la Ruhr. La rage et la honte saisirent les Allemands. La France les défiait. Elle ne se contentait pas de violer leurs frontières, elle envoyait les soldats de ses colonies occuper le cœur de l'Allemagne industrielle. Plus tard, Koppel Pinson, un historien allemand, écrivit[2] : « Cela ne fit que renforcer l'unité allemande. La fièvre nationaliste ne

(2) Peter Merkl, *The Making of a Stormtrooper.*

cessait de monter... La propagande se déchaînait... accusant les Français de mener une politique de terreur, de brutalité, de viol des frontières, de destruction, d'abus de justice, de sadisme avec la volonté de provoquer la famine et les épidémies. »

Il était urgent de réparer le tort que commettait la France. L'Allemagne n'en eut pas le temps. Elle s'effondra à nouveau. Cette fois, le responsable, c'était l'argent. Pourtant, la hausse de la monnaie allemande s'était profilée et, avec elle, la hausse du niveau de vie. La génération de Bruno aurait dû abandonner ses positions politiques radicales. Mais l'économie tout entière s'effondra, victime d'une inflation galopante. Depuis 1919, pour payer leurs dettes de guerre, les Allemands avaient fait fonctionner la planche à billets à plein régime. Les résultats catastrophiques étaient prévisibles. Avant 1914, le dollar valait à peu près quatre marks allemands. « En août 1923, le dollar s'envola pour atteindre un million de marks. Nous poussâmes un cri étouffé en découvrant la nouvelle, comme si on nous avait annoncé qu'un record spectaculaire venait d'être battu. Quinze jours plus tard, cela ne voulait plus rien dire. On aurait dit qu'une forte énergie avait été insufflée dans le million de marks. Le cours du dollar fut multiplié par dix. D'un coup, il monta à un dollar pour cent millions de marks, puis à cent [milliards]. En septembre, un million de marks ne représentait plus rien. C'est le [milliard] de marks qui devint l'unité de paiement[3]. »

Pire encore, aux alentours du mois de novembre, un dollar valait 4 000 milliards de marks. Faire ses courses impliquait d'entasser dans un landau des billets qui n'avaient

(3) Haffner, *Defying Hitler.*

plus aucune valeur. De minute en minute, on ajoutait des zéros au prix des marchandises. Avant d'avoir fini un café, le prix avait été multiplié par trois. « La maison de mes parents qui valait 38 000 marks fut vendue pour le prix d'une livre de beurre. À la banque, les économies fondirent jusqu'à ce qu'elles ne représentent pratiquement plus rien. Ce que mes parents avaient possédé toute leur vie appartenait maintenant à des étrangers et on les jeta dehors. Cela les tua de perdre tout ce qu'ils avaient mis une vie à gagner. Ils ne comprenaient pas comment une liasse de billets pouvait ne plus rien valoir[4]. » Ce fut facile de prévoir qui on allait montrer d'un doigt accusateur. « Les Bavarois qui préféraient faire du troc avec leurs produits agricoles se mirent à ricaner de l'argent, la poudre de sansonnet des juifs de Berlin[5]. »

Ces événements traumatisants ancrent davantage Bruno dans les griffes des extrémistes nationalistes. S'il a eu l'ambition d'aller à l'université, il ne l'a plus. Même si ses parents sont relativement épargnés – en tant que contrôleur assermenté, Max semble à l'abri – les économies de la famille se sont envolées. Toutefois, le mal fut profond. Les gens n'eurent pas seulement l'impression de tout perdre, ils sombrèrent aussi dans une profonde désillusion. Ce qui leur avait paru solide sonnait creux, faux. La solidité de la monnaie allemande avait été un mirage. Elle ne valait rien. Quand nous étions enfants, ma sœur et moi, Thusnelda, notre grand-mère, nous décrivait régulièrement le cauchemar que la surinflation avait provoqué. Elle nous disait à quel point les Allemands de sa génération avaient été fiers de l'inébranlable stabilité du Deutschmark après la Seconde Guerre mondiale. Dans les années 70, quand la Grande-Bretagne

(4) David Redles, *Hitler's Millennial Reich.*
(5) Peter Conrad, *Modern Time.*

était ravagée par les grandes grèves, l'inflation, les éternelles coupures de courant, elle nous envoyait des colis. Ils contenaient des denrées alimentaires de base, du sucre, du beurre... Elle était persuadée qu'elle nous protégeait de la misère qu'avaient endurée les Allemands au début des années 1920.

Les souffrances morales que l'invasion puis l'inflation avaient infligées aux Allemands eurent des conséquences encore plus graves. Elles incarnèrent toutes les accusations que les nationalistes s'acharnaient à mener contre la République de Weimar. Ils multiplièrent leurs accusations, dénoncèrent la faiblesse de la politique allemande. Ils durcirent le ton. Brisée, impuissante, l'Allemagne était le jouet de puissances étrangères malveillantes. « Ouvrez les yeux ! Regardez autour de vous ! » hurlaient-ils. Ils ne se contentèrent pas d'une violente polémique, ils en vinrent à un appel aux armes. Au moment où la vie aurait pu reprendre un cours normal et donc affaiblir le pouvoir des extrémistes, l'armée française et la surinflation avaient tout balayé. Pour Bruno, c'est une évidence : toute valeur non ancrée dans le *Volk* éternel se soumet à des forces capables de détruire le pays. Weimar ne s'en relèvera pas. Elle n'a pas une vision suffisamment large pour stopper l'hémorragie de prestige national ni pour le faire renaître par la suite. Pour Bruno et tant d'autres, le moment est venu de chercher activement une solution ailleurs que dans une politique classique. Elle se trouve auprès d' « un homme miraculeux qui pourrait réussir à rassembler tous les Allemands qui ont encore un peu de considération pour l'honneur[6]. »

En novembre 1923, une percée sembla soudain s'ouvrir parmi les nuages qui apportaient l'orage. Pour la première

(6) Abel, *Why Hitler Came into Power.*

fois, Bruno voit à peu près à quoi l'avenir ressemblera. Il attendait tant cette éclaircie qu'il se sent enivré. Des nouvelles stupéfiantes arrivaient de Berlin. Les gros titres pouvaient difficilement être plus éloquents. L'armée avait fait avorter une tentative de coup d'état militaire. En Bavière, la droite menée par Adolf Hitler, un orateur au ton acerbe, à qui des vétérans de la Première Guerre mondiale avaient apporté leur soutien, parmi lesquels le général Ludendorff, Ernst Roehm et Herman Goering, avait essayé de prendre le contrôle de lieux stratégiques à Munich pour renverser le gouvernement. Depuis 1920, ceux qu'on appelait les nazis et qui portaient un drapeau frappé du *svastika* se faisaient remarquer en Bavière. De tous les agitateurs *völkisch* du sud de l'Allemagne, c'étaient les plus agités, les plus irréductibles et les plus militants. Même si leur comportement choquait, ils n'avaient pas moins mené une insurrection armée contre l'État et ils avaient délibérément entendu lancer une révolution de droite. Bruno n'en revient pas. On dirait qu'il a été frappé par la foudre. Le moment est décisif pour lui, comme pour d'autres nazis qui rejoindront le mouvement plus tard. L'un deux témoigna : « Je me sentis électrisé au moment où, en 1923, les quotidiens annonçaient que dans le sud, à Munich, un homme du nom d'Adolf Hitler, aidé par une bande de sympathisants, avait essayé, dans un excès de zèle patriotique, de renverser l'ordre rouge et de rendre au peuple allemand son honneur[7]. »

Ce ne fut pas tant l'échec du coup d'état qui eut un véritable impact que la voix qui s'éleva du banc des accusés pendant le procès qui s'ensuivit. Cette voix renvoie en l'amplifiant l'écho de chaque pensée que Bruno a eue à propos

(7) Abel, *Why Hitler Came into Power.*

du redressement national et des forces qui s'y opposent. Pendant vingt-quatre jours, en février et en mars 1934, Adolf Hitler occupa le devant de la scène de cette farce politique, la plus scandaleuse et la plus sensationnelle qui fût. Jour après jour, Hitler argumenta contre les « criminels de novembre » pour justifier sa soi-disant rébellion dans laquelle il fallait voir l'acte ultime d'une conscience patriotique. Du tribunal, il fit un café du commerce. Du banc des accusés, un pupitre d'où il haranguait la salle. Derrière ce pupitre se tenait un homme qui s'exprimait et agissait brutalement. Avec son panache militaire, il cristallisait les frustrations des nationalistes. Il utilisait une rhétorique très nationaliste qui ne cessait de gagner du terrain, celle du « J'accuse ». Hitler terrifia des millions d'Allemands. Pour d'autres, il fut une révélation. Dans le prétoire, l'orateur captivait une grande partie de l'assemblée. Le juge était conquis. Il ne réussit pas à éviter à Hitler la peine de prison, mais il fit en sorte que la condamnation se limite à cinq ans. C'était dérisoire.

Le procès avait été enivrant, mais avec l'interdiction du Parti nazi et des groupes paramilitaires, l'enthousiasme avait été de courte durée. Toutefois, quelque chose avait changé. Les événements de Munich ont prouvé à Bruno qu'il n'est pas le seul à rechercher la satisfaction personnelle. D'autres Allemands, qui pensent comme lui, cherchent comme lui. Ils ne sont pas nombreux, mais ils partagent la même ferveur et se préparent à endurer les sacrifices nécessaires, même s'ils prolongeront leurs épreuves. Bruno ne peut pas faire moins. L'emprisonnement d'Hitler, la dissolution du parti et des milices armées ne sont qu'un contretemps. Cela ne le dissuade en rien. Il repousse avec mépris les solutions faciles. Il recherche la maturité politique dans le nationalisme le plus extrême. Même lorsque le mouvement *völkisch* vacille, il poursuit sa quête. C'est pourquoi, comme il l'expliquera plus tard dans son *Lebenslauf*, il s'écarte de la *Jungbund*, la Fédération des jeunes, qu'il juge « pas assez militante ». Ses marches à travers bois sont salutaires, mais la natation, la voile et les hymnes qu'il faut chanter pour soutenir tout ce qui symbolise l'Allemagne ne sont tout simplement pas assez révolutionnaires. Faire des feux de camp, peut-être, mais ce que Bruno veut, c'est un *Kampf* qui mobilise complètement les hommes. Bruno en a fini avec ces enfantillages. Il veut adhérer à un parti et entrer dans la cour des grands.

Comme il vit à Berlin, Bruno est attiré par un groupe dissident qui se fait davantage entendre. C'est le « Parti de la liberté ». C'est un petit parti, haineux, ouvertement antisémite. Pour les Langbehn père et fils, son principal atout, c'est son chef, le héros de la caserne de Perleberg, le général de la Première Guerre mondiale, Erich Ludendorff. Plus Bruno s'approche physiquement du cœur du pouvoir allemand, plus il est propulsé vers la politique la plus extrémiste.

Même ceci ne semble pas le satisfaire longtemps, si l'on se reporte au CV qu'il rédigera plus tard. La rhétorique du Parti de la liberté lui paraît assez combattive, mais c'est tout ce qu'elle est et qu'elle restera : une rhétorique. Ce dont Bruno rêve, c'est de pouvoir prendre les armes, de rejoindre les colonnes en marche, de porter un uniforme et de prendre l'Allemagne à la gorge, pour compenser le fait qu'il était trop jeune pour se battre pendant la vraie guerre. On dirait que la politique seule ne lui suffit pas. La satisfaction ne se trouve peut-être qu'en dehors de la politique, quelque part dans un mouvement qui s'implique davantage dans l'action contre-révolutionnaire, plutôt que dans des discours et des décisions de parti. S'il est impossible de trouver une politique capable d'inclure la violence, alors Bruno sera mieux servi par une violence qui inclura la politique. Mais où la trouver ?

En 1924, alors que la fin de sa première année de dentaire approche, Bruno trouve sa réponse en la personne d'Ernst Roehm. C'était l'un des complices d'Hitler dans le coup d'état de Munich, un combattant de la Première Guerre mondiale et un chef des *Freikorps*. On aurait dit le sosie du père de Bruno, version brute. C'était un homme dur, couvert de cicatrices, cassant, querelleur, despotique sur les terrains de manœuvre. Sous son physique porcin se cachait un organisateur né, un fanatique du nationalisme. Il répugnait à gratter la boue que la Première Guerre mondiale avait laissée sur ses hautes bottes de cavalier. Roehm était associé de près à Hitler depuis la naissance du Parti nazi. Il choisit le moment où son mentor était en prison pour réaliser le plan qu'il avait longtemps fomenté : former une organisation paramilitaire basée sur le modèle de la SA qui avait été dissoute. Elle serait beaucoup plus musclée, organisée à l'échelle nationale. Il la baptisa le *Frontbann*, le Régiment du Front, un nom on ne peut plus proche de la Première Guerre mondiale et du tumulte des années révolutionnaires qui l'avaient suivie. Il se donnait pour mission de mobiliser les extrémistes parmi les nationalistes allemands. Il en ferait une force reconnue qui agirait en marge de la loi.

Bruno adhère au *Frontbann*, cette redoutable milice absolument intraitable. Il a enfin trouvé un raccourci pour se confronter dans l'action à la République de Weimar. Cela le remplit de joie. Il a attendu si longtemps. Toute la doctrine des Partis de la Liberté et des Mouvements de la Jeunesse est écartée pour laisser place à un activisme radical, discipliné. Au *Frontbann*, tout repose sur le modèle de l'armée : son uniforme, son code de l'honneur et même sa structure avec ses régiments, ses bataillons et ses sections, Standarten, Sturme, Truppen. Ils renvoient tous en force l'écho de la jeunesse de Bruno.

Bruno est l'un des 30 000 hommes que Roehm réussit à recruter pour sa nouvelle organisation. La plupart d'entre eux reconnurent plus tard que le *Frontbann* les avait formés au Parti national socialiste. Ils ne perdirent pas de temps. Convictions en tête, ils passèrent à l'action. Cela leur donna un avant-goût inquiétant des événements à venir. Ils lancèrent une campagne mensongère qui les présenta comme des victimes. Ils la firent durer des années. « J'y étais, écrivit un jeune coursier né en 1907, un an après Bruno, lorsqu'une de nos premières victimes à Berlin... fut abattue d'un coup de pistolet par un juif sur le Kurfürstendamm[8]. »

Jusqu'à ce moment-là, je savais à quel point cela me manquait de ne pas avoir de photos de Bruno quand il était jeune. C'en était douloureux. Si jamais il avait existé des albums de photos de famille, ils avaient disparu. J'avais quasiment abandonné tout espoir de retrouver la moindre photo de Bruno à l'époque de la République de Weimar, et encore moins une photo de lui en uniforme. C'est alors que je découvris un livre que les nazis avaient publié dans les années trente en l'honneur de leurs groupes paramilitaires. C'était exactement ce à quoi je m'attendais : une fête bruyante autour de ces hommes en chemise brune, ceux qui avaient été les premiers à lever le drapeau et à envahir les rues d'Allemagne avec leurs insignes du Parti national-socialiste. Le livre était rempli d'innombrables photos de membres de la SA. On les voyait marcher dans les rues pavées, se

(8) Peter Merkl, *Political Violence.*

rassembler devant leurs tentes dans les bois, ou se tenir en rangs le long des trottoirs, tendant le bras au passage d'Hitler. La joie se lisait sur leurs visages.

Parmi ces photos, l'une d'elles retint mon attention. Un groupe du *Frontbann* de Charlottenburg, en uniforme, une photo prise à Postdam en août 1925. Une centaine d'hommes et d'adolescents ont été répartis de façon à entrer dans le cadrage. Ceux qui sont devant se penchent en arrière. Derrière, les autres sont agenouillés. Ceux du fond sont debout. Certains sourient. D'autres froncent les sourcils. On aperçoit beaucoup de cannes, de sacs à dos et même un tambour, l'instrument d'une organisation qui s'est construite pour une partie autour de la marche au pas, pour l'autre autour de la randonnée dans les bois. Ils portent tous une sorte d'uniforme qui semble surtout improvisé et peu soigné. S'il n'y avait pas l'étendard avec son grand *svastika* au milieu et les brassards frappés eux aussi du *svastika*, cette photo ne serait pas différente des autres clichés de l'époque, ceux des scouts, des associations d'excursionnistes ou de la Ligue des jeunes gardes forestiers.

À l'aide d'une loupe, il me suffit de quelques minutes pour le trouver. Il était là. Penché en arrière, au deuxième rang, juste derrière l'homme qui porte une casquette d'officier avec une visière. Trahi par ses sourcils, ses grandes oreilles, sa bouche dont les commissures s'orientent vers le bas, son air catégorique qui avait le don de nous déconcerter. Je regardais avec attention mon grand-père plein de son assurance et son air effronté. Il avait eu 20 ans quinze jours avant cette photo et je m'émerveillais de le trouver parfaitement à l'aise au milieu de ses copains, ces guerriers nationalistes. Je me demande ce qu'il pensait de cette photo. A-t-elle occupé une grande place dans sa fierté ?

Quelle satisfaction a-t-il pu en tirer lorsqu'il a découvert qu'elle occupait l'une des premières pages d'une publication nazie si importante ? Il était dans les livres d'histoire. Pas étonnant qu'il ait déclaré que le *Frontbann* avait « satisfait ses attentes ». C'est affiché sur son visage : voici un jeune homme de 20 ans infiniment heureux du dégoût qu'ils vous inspirent, lui et son adhésion au *Frontbann*, avec tout ce qu'elle implique.

Ernst Roehm avait de grandes ambitions pour sa nouvelle organisation. Il les transmit, avec toute la dureté qui le caractérisait, à ses nouvelles recrues. Bruno en fait partie. Le *Frontbann* était là pour agir en fer de lance. Il prendrait d'assaut la République de Weimar. Un jour, il ferait naître une nouvelle Allemagne. Bruno appartient à ce mouvement contre-révolutionnaire qui prend de l'ampleur. Ce qui importait par-dessus tout à Roehm, c'est que le *Frontbann* avait le champ libre pour effectuer cette mission. Hitler étant en prison, le Parti nazi en pleine déroute et les SA interdites, il y avait un vide à combler. Tout ce dont Roehm voulait s'assurer, c'était que le *Frontbann* n'enfreigne pas la loi. Aussi rassurait-il régulièrement le gouvernement qu'il était là pour maintenir son autorité et non pas pour la renverser. Il voulait être sûr que lui, Roehm, prendrait les rênes de la cause nationaliste. Malheureusement pour lui et donc pour Bruno, Hitler avait une idée très différente sur le rôle que le *Frontbann* se verrait accorder dans la lutte pour accéder au pouvoir. Se débarrasser d'Hitler n'était pas une tâche aisée à entreprendre.

Hitler était un homme fait de violence, mais c'était avant tout un animal politique. Il avait pour ambition de devenir un leader national, un nouveau Bismarck. En aucun cas, il ne se voyait ouvrir la route à un autre que lui. Le parti était son arme principale. Autrement dit, toutes les milices armées recevraient leurs ordres des hommes politiques. Le contraire n'était pas envisageable. Dans une nation qui comptait 67 millions d'habitants, avec une armée toujours loyale à l'État, le pouvoir ne s'acquérait pas uniquement par la force. Le *putsch* de la Brasserie de 1923 avait échoué, comme n'importe quel *putsch* aurait échoué dans ces circonstances-là. La route qui mènerait au pouvoir s'inscrivait à l'intérieur du cadre de la politique de Weimar, même s'il la détestait. Cela exigeait une réforme complète du parti, de manière à le rendre apte à réussir sur le plan politique là où un coup d'état militaire avait échoué par la force. Le parti était laminé. Trop désorganisé, rongé par le chaos, en proie aux dissensions permanentes, il était incapable de lutter contre l'opposition. Il n'arrivait même pas à se mettre d'accord pour que les cartes du national-socialisme ne soient délivrées qu'au siège du parti à Munich.

Tout cela allait changer. Radicalement. Il fallait centraliser l'autorité. Elle serait incontestable. La direction serait assurée par une seule et même personne. Cette personne serait Adolf Hitler. Ensuite seulement, le parti pourrait fabriquer une machine de guerre qui remporterait les élections. Elle serait d'abord capable de renverser n'importe quel obstacle qui viendrait entraver sa course vers le pouvoir. C'était là que s'annonçait la meilleure tactique d'Hitler. Les nazis n'étaient que mépris pour la démocratie, mais cela ne les empêcha pas de se placer en champions de la magouille pour triompher dans les scrutins. Bruno ne le sait pas encore. En réalité, son avenir nazi n'est pas au *Frontbann*, mais dans un Parti nazi redoutable, dominé par un Führer. Le Parti nazi qu'Hitler va mettre en place. Entre 1924 et 1926, Bruno avance vers le *Führer* et le *Führer* avance vers lui.

En février 1925, deux mois après sa sortie de prison, Hitler réussit enfin à éclaircir sa route vers le pouvoir absolu. Il employa la manière impitoyable. Sa première cible fut le nouveau *Frontbann* de Roehm. Ernst Roehm brillait un peu trop. Hitler n'avait nullement l'intention de se faire supplanter par un rival. Or Roehm était en passe de le devenir. De même, une question se posait : celle de la structure. Quelle relation établir entre le parti et les groupes paramilitaires ? Qui menait ? Qui suivait ? Pour Hitler, il n'existait qu'une seule réponse. Les groupes paramilitaires étaient indispensables parce qu'ils étaient l'outil d'intimidation et de propagande. Mais ils suivaient la politique établie, ils ne la dictaient pas. L'heure était venue d'ôter ses illusions à Roehm. Il fallait le convaincre de renoncer à prendre le pouvoir par un coup d'état. Roehm, organisateur de génie, officier militaire intrépide, ne résista pas à la confrontation qui l'opposa à Hitler. Il se fit complètement écraser. Il n'eut pas d'autre choix que d'abandonner la direction du *Frontbann.* Plein d'amertume, il disparut en Bolivie. Bruno le paramilitaire n'a plus de chef.

Hitler portait une affection particulière à la droite. Mais il lui restait un autre rival. Pas des moindres. C'était Ludendorff. Les choses furent plus simples à régler. Hitler le persuada de se présenter aux futures élections présidentielles de 1925. Ludendorff obtint un score catastrophique. Il ne rassembla que 1,1 % des voix. Hitler lui exprima toute sa surprise et lui témoigna même sa sympathie. En réalité, il cacha à peine ce qu'il pensait vraiment. « C'est bon, dit-il à un de ses collègues du parti, on l'a achevé. » Ludendorff était stupéfait de son échec. Sa réputation était finie. Il sombra dans la paranoïa et disparut de la scène politique. Pour Bruno, ce soi-disant nationaliste, Hitler vient de faire coup double. Bruno est tellement impatient de repérer un chef symbolique qui répondra à ses attentes politiques. En l'espace de quelques semaines seulement, ses deux héros ont capitulé face à un agitateur bavarois, dont Bruno, comme la majorité des Allemands du nord, a à peine entendu parler.

Cependant, ces deux batailles ne faisaient qu'ouvrir la voie à un événement majeur. Hitler était déterminé à liquider le véritable obstacle pour parvenir à dominer d'une manière incontestable le mouvement nazi naissant. Il avait en ligne de mire l'indépendance jalousement gardée de la droite nationaliste du nord de l'Allemagne, la circonscription électorale de Bruno. Cette droite ne devait rien aux Bavarois. Elle rassemblait des hommes dont les traditions et les aspirations n'étaient pas celles d'Hitler. Ses origines autrichiennes, catholiques, semi-rurales contrastaient totalement avec leur culture. Comme Bruno, ces hommes étaient des citadins, prussiens et protestants. Cette droite était menée par un pharmacien du nom de Gregor Strasser et son allié de la vallée de la Ruhr, Joseph Goebbels, ancien journaliste, écrivain raté. Strasser l'émotif, avec ses mains de travailleur et Goebbels, l'homme glacial et féroce, lui posaient un double problème. Hitler devait faire preuve de toute son ingéniosité pour réussir à les mettre au pas.

La confrontation eut lieu le 14 février 1926. Hitler les convoqua à un conseil dans la ville de Bamberg et leur imposa un discours de deux heures. Il déclamait, tempêtait. Goebbels n'en revenait pas. Hitler mena un tel assaut que ni Strasser ni ses alliés prussiens, d'habitude inflexibles, ne réussirent à lui imposer une réelle résistance. Comme Roehm, ils capitulèrent. Le Bavarois avait gagné. Hitler était le chef incontesté du mouvement. Il avait neutralisé un à un tous ses rivaux. Il s'était assuré que tous ceux qui le suivraient avaient compris que lui seul serait leur *Führer.* Le titre signifiait chef symbolique, chef de l'idéologie et chef unique de la stratégie. Il n'y aurait aucun recours possible contre le *Führer.* Il était devenu à la fois le Marx, le Lénine et le Staline du national-socialisme.

Hitler était un redoutable adversaire. Il était impitoyable. Face à ses rivaux, il choisissait la confrontation. D'un discours, il balayait leurs désaccords. Il n'y résistait pas. Il se lançait dans des monologues violents et sarcastiques. Contrairement à Staline, il savait ramener au parti les adversaires qu'il avait vaincus. En peu de temps, il réussit à reconquérir l'enthousiasme de Goebbels. Celui de George Strasser aussi, bien que Strasser fût incapable de vouer à Hitler une telle idolâtrie. Hitler réussit à le faire revenir au mouvement en lui confiant le rôle de chef de la propagande du parti. Cette victoire assurée, Hitler s'ouvrit la voie qui ferait de lui le maître incontesté du parti et de l'idéologie du parti. L'idée et le chef étaient indissociables. Aucune querelle sur les nuances de la doctrine n'était plus possible. Il n'y avait plus d'espace pour dévier des principes fondamentaux.

Je pense que c'est à ce moment-là que Bruno est tombé sous le charme d'Hitler. Jusqu'à présent, il n'a croisé que des modèles provisoires : son père, Ludendorff, Roehm. Mais en 1926, une seule personne les remplace. C'est un homme qui les surpasse tous. Hitler. On dirait que c'est la providence qui l'a envoyé en Allemagne. Bruno est saisi par le charisme de ce *Führer* qui triomphe depuis peu. Il n'en revient pas de l'organisation disciplinée qui règne au sein de l'appareil du parti. Elle relève de la seule volonté d'Hitler. Sa quête politique s'est transformée en un culte naissant pour la direction du parti. Pour l'instant, ce culte est servile. Plus tard, il sera obsessionnel.

Ce qui excite vraiment Bruno, c'est l'ampleur des ambitions du parti national-socialiste. Hitler leur promettait des triomphes encore plus grands à l'avenir. Ils s'inscriraient au-delà d'un simple succès aux élections du *Reichstag*. Le national-socialisme se destinait à devenir le système auquel la majorité du globe adhérerait, poursuivait Hitler. Ce système serait plus grand que le capitalisme, la démocratie, le communisme et même le catholicisme. On ne pourrait pas se soustraire à ce pouvoir, argumentait Hitler, car il ne venait pas de l'argent ni de la classe, ni de Dieu, mais tout simplement du sang de la race supérieure du monde.

Bruno ne se trouvera à la croisée des chemins qu'en 1926. Weimar indique une direction. La bonne. Celle qui ne comporte pas de dangers. Celle qui montre les signes avant-coureurs de la stabilité et même, peut-être, de la reconnaissance internationale. La guerre mondiale n'est plus qu'un souvenir. Versailles en prend le chemin. La surinflation disparaît. Dans la génération de Bruno, ils sont nombreux à renoncer aux excès politiques de leur jeunesse. Ils optent pour une vie d'adultes aux plaisirs plus sobres. Ils se marient et fondent un foyer.

Bruno peut en faire autant, mais une autre direction s'offre à lui. Elle offre des perspectives très différentes. C'est une longue route bardée d'obstacles politiques, pavée d'incertitude et de violence. Celle qui hurle sur ses concitoyens et les effraie. Bruno choisit cette route, débarrassé de toute contrainte matérielle. Il n'est pas au chômage. Il n'est pas dans une situation financière désespérée. Il prend cette route en toute conscience. Il est mû par son désir.

Il n'a que 19 ans lorsque, le 17 mai 1926, non loin de sa maison de Charlottenburg, il monte dans le *U-Bahn* qui le conduit à Postdamer Platz. Il entre dans le sous-sol enfumé du siège du Parti nazi. C'est un endroit faiblement éclairé à la lumière artificielle. On y suffoque tellement, à cause de la fumée de cigarettes, qu'on l'a baptisé ironiquement « l'antre de l'opium ». Bruno signe le formulaire à l'endroit indiqué. À dater de ce jour, c'est un nazi en titre. Quelques années plus tard, il écrira : « Je suis resté au *Frontbann* de Charlottenburg jusqu'à ce que j'adhère au NSDAP, (le Parti nazi), le 17 mai 1926. » Bruno n'est pas seul. Comme lui, de nombreux jeunes du même âge, issus du même milieu social, se sont frayé un chemin vers le parti, en passant d'abord par des organisations pré-nazies.

Le parti, le mouvement et un jeune homme infatigable en quête de satisfactions se sont trouvés. Au moment où Bruno abandonne ses incertitudes et ses indécisions pour s'armer d'une conviction sans faille, le parti passe d'une myriade de factions à une seule structure organisée. Bruno trouve le NSDAP au moment où le NSDAP le trouve. Le parti sera son refuge politique. Il y restera jusqu'au dernier jour.

Quelques jours plus tard, sa carte d'adhérent arrive de Munich. C'est le siège du parti qui la lui envoie. Une écriture calligraphiée à l'excès l'informe qu'il est inscrit sous le numéro 36 931 et que sa première cotisation mensuelle est attendue. Elle ne s'élève qu'à quelques marks, mais c'est une somme dont Bruno devra tenir compte, lui qui vient d'entamer quatre ans d'études de dentaire. Le Parti nazi ne rassemble pour l'instant qu'une poignée de membres. En 1926, il atteint à peine le nombre de billets vendus pour un match de football. Mais le nouveau membre du parti ressent une joie secrète. Il appartient au club restreint des vrais croyants. Avec eux, il a choisi le même élu idéologique. Il savoure cette solidarité partagée. Pour l'adhérent de la première heure, c'est un trophée. Cette atmosphère de prescience, ce courage et cette conviction morale lui permettront plus tard d'avoir droit aux privilèges du Troisième *Reich*. Ils seront nombreux.

Toutefois, la récente adhésion de Bruno au Parti nazi ne lui suffit pas. Le jour-même, il pousse encore plus loin sa quête. Il s'inscrit à l'autre organisation du parti, celle qui vient de reprendre les activités militaires que le *Frontbann* a assumées brièvement. C'est la *Sturmabteilung*, la SA. Bruno méprise l'anonymat politique. La SA lui fournit un uniforme, ce que le parti n'a pas fait. C'est Bruno qui le paie. Il porte la chemise brune et les bottes de cheval. C'est une déclaration de guerre à l'ordre établi. Il peut se pavaner, afficher son statut de guerrier politique. Cela lui permet aussi de rester en contact avec plusieurs membres de son ancienne unité du *Frontbann*. Ils sont tous à la recherche d'un nouveau foyer paramilitaire. Ces hommes vont former le noyau d'un nouveau bataillon, un « *Sturm* » de la SA qui jouera plus tard un rôle déterminant dans l'histoire nazie de Bruno. Des documents rédigés par la suite sur ce bataillon attestent que « quinze membres de l'ex-*Frontbann* ont formé plus tard la SA de Charlottenburg, le *Sturm 33*... En mars 1928, [Fritz] Hann a pris le commandement de la puissante SA de Charlottenburg et de ses vingt membres. » De tous les régiments de la SA, ce fut l'un des plus ignobles. On lui prêtait la réputation d'un régiment brutal qui agressait les gens pour les voler. Il dépossédait aussi Charlottenburg de son atmosphère de bourgeoisie respectable.

Bruno ne pouvait pas entrer dans l'âge adulte avec plus d'emphase. Par deux fois, il a accompli une démarche dramatique : il a d'abord adhéré au parti puis à la SA. Ce choix annonce le suivant. Il est prêt à devenir un nazi tout entier.

Ce qui le motive, c'est la perspective de voir l'idéologie s'allier la violence, la doctrine du parti aux coups de poing américains en cuivre. Aucun ne peut se suffire à lui-même. Chacun a besoin de l'autre. Quelques hommes seulement sont capables de rassembler ces deux qualités. Ils appartiennent tous au noyau dur, à l'élite du mouvement. Bruno veut être des leurs.

Pourtant, quelle que soit la logique intérieure de Bruno qui motive sa décision, sa démarche semble absurde. Le parti que Bruno a rejoint a du panache. Il tient un langage violent. Cependant, même parmi les partis qui s'opposent à la politique de Weimar, ce parti est incongru. Le nombre de ses adhérents le rend négligeable. Il n'a qu'une influence très minoritaire. Il est dépourvu de toute perspective réaliste pour réussir à établir une quelconque forme de pouvoir. Pourtant, Bruno donne l'impression de ne pas se soucier du tout que les nazis renvoient une image politique aussi faible. Sa carte du parti et son uniforme de la SA témoignent d'une certitude intérieure puissante et terrifiante. Elle va bien au-delà de la toile de fond pernicieuse, faite de l'idéologie, de la haine, de la politique, de la science et de la culture et qui constitue la conception du monde des nazis, leur *Weltanschauung*. C'était l'arme secrète d'Hitler, un orgueil si démesuré que rien ne pourrait le réduire. Pour ceux qui avaient choisi d'y croire, Hitler témoignait d'une volonté suffisamment forte pour surmonter n'importe quel obstacle, aussi intimidant fût-il. Bruno voue une telle fidélité au parti qu'il juge la victoire inéluctable. La seule question, c'est de savoir quand et comment cette victoire se réalisera.

Quelques mois plus tard, le monde entier put entrevoir comment Hitler voyait l'avenir nazi et pourquoi il était si confiant. 1926 ne fut pas seulement l'année où Bruno adhéra au parti et à la SA, ce fut aussi l'année où *Mein Kampf* fut publié. Le livre fut le pilier contre lequel le mouvement de la première heure s'adossa. Après le charisme d'Hitler, il occupait la deuxième place dans sa popularité. « J'ai eu la chance d'étudier *Mein Kampf*. Cela m'a conforté dans l'idée que ce livre doit être la bible de tous ceux qui soutiennent le national-socialisme. Plus j'étais pris par ma lecture, plus j'étais saisi par la grandeur des pensées qui y étaient exposées. J'eus l'impression d'être lié à cet homme pour l'éternité[9]. » Bruno, consommateur frénétique de la propagande politique, est l'un de ses premiers disciples. L'un des plus avides aussi.

C'est un livre que l'on condamne à juste titre à la fois pour le message qu'il transmet, mais aussi pour le style que son auteur adopte. On se moque de cette fureur vindicative, grossière, qui va *crescendo*. Pourtant, *Mein Kampf* ne fait que renforcer l'interminable passion de mon grand-père pour la politique d'Hitler et sa conception du monde. La lecture de *Mein Kampf* se révèle une expérience fondamentale pour de jeunes nazis comme Bruno. Elle les bouleverse. Dans les mois qui suivent sa publication, ces jeunes nazis firent tout leur possible pour entrer au parti. C'est pourquoi, un week-end, je décidai de lire *Mein Kampf*, comme Bruno l'avait fait, et de m'exposer moi aussi à ses desseins malveillants.

Je m'assis. J'ouvris le livre, une traduction en anglais, en cassai le dos et commençai à lire. Rien ni personne ne m'avaient préparé à affronter cette expérience. Pendant quelques heures, je me sentis mal à l'aise. J'avais l'impression désagréable d'être dans le *U-Bahn* avec Bruno, en chemin pour le siège du parti, nos cotisations à portée de main. Au

(9) Abel, *Why Hitler Came to Power.*

milieu de cette prose grossière, de ce récit mal construit, se dessinaient les contours sombres et détestables du rêve nazi de Bruno. J'avais l'impression qu'Hitler était là, à l'intérieur de moi-même. Quelque chose me parut familier : c'était la façon dont Bruno avait l'habitude de parler. Le livre vomit une conviction excessive, celle de mon grand-père. Elle lui servait à renforcer ses propos lorsqu'il contredisait, déclamait et reprenait le dernier mot d'une phrase, en effronté qu'il était.

Quand Bruno émerge de sa lecture, *Mein Kampf* ne le laisse pas indemne. Il admire servilement la force écrasante de cette prose. Le sujet s'éparpille peut-être, mais de la première à la dernière page, le volume reste assourdissant. Dès les premiers paragraphes, la guerre se cache sous la forme d'un livre. Un long sarcasme réduit tous ceux qui ne pensent pas comme Hitler au statut de crétins qui passent leur temps à geindre. Cette grossière férocité prouvait qu'Hitler n'était pas qu'un auteur. C'était un fléau qui concentrait folie humaine et pourriture, doté de la volonté de délivrer le monde de l'hypocrisie dans laquelle il avait tendance à sombrer benoîtement. La lecture de *Mein Kampf* donna à Bruno l'occasion de transmettre lui aussi, inlassablement, l'omniscience du dogme d'Hitler. Bruno exulte dans la grossièreté du langage utilisé, dans ses images de putréfaction et de déchéance omniprésentes. L'impression qui domine est celle d'une énormité surdimensionnée. Le but est de transmettre aux convertis un sens démesuré de leur propre importance.

Mein Kampf fit plus qu'attirer Bruno vers l'enivrement nazi. En avançant dans ma lecture, je compris à quel point Hitler tentait de définir ce qu'était un nazi : quelqu'un qui était captivé par des idées qui allaient bien au-delà d'une vague admiration pour son auteur et son franc-parler. Il cherchait à persuader le lecteur qu'il participait à une bataille cosmique, au service du prophète qui cherchait lui-même à débarrasser le monde de ses illusions.

Une fois enfermé dans cette idée, Bruno ne lit plus un livre qui décrit les moments importants de l'enfance d'Hitler. En tant que lecteur, il apporte son témoignage à la montée d'un géant de la politique. Pour un converti au nazisme, parmi toutes les preuves de la clairvoyance politique d'Hitler, la plus sublime était sa capacité auto-proclamée à extraire la vérité du mensonge. *Mein Kampf* décrivait un monde qui avait été séparé en deux camps inégaux. Dans l'un de ces camps vivaient les fourbes, dans l'autre, leurs dupes. Si Hitler sanctifiait les Allemands, il les voyait néanmoins lentement fermer les yeux sur la réalité du monde. Il fallait les protéger de leurs bourreaux qui ne perdaient pas de temps pour agir. Pour Hitler, l'Allemagne était la proie d'un mensonge aussi grand que l'Histoire, d'une conspiration qui prenait des proportions mondiales. Le livre concluait triomphalement que cette corruption et cette déchéance étaient l'œuvre d'un seul groupe « l'Hydre de la juiverie mondiale ». Bruno, comme tous les nazis, s'empare de cette conclusion.

Dans la bataille à laquelle Bruno se joint, seuls deux adversaires s'opposent : le *Führer* qui a le monopole de la vérité révélée contre le phénomène entier de la juiverie. Les juifs n'étaient pas des ennemis ordinaires. Comme Bruno, beaucoup pouvaient commencer à se rendre compte qu'Hitler n'était pas un antisémite ordinaire. C'était une chance pour les nazis. Les juifs et lui étaient des forces égales mais opposées, enfermées dans un conflit permanent. Le sort du monde entier était en jeu. Le paroxysme de ce conflit racial datait d'il y a 2 000 ans.

Bruno a dû tout avaler. Les origines de l'antisémitisme remontaient à l'Antiquité, mais Hitler les redessinait pour le monde moderne. Pour soutenir sa conception du monde, Hitler introduisait une série de concepts qui deviendraient la doctrine des nazis : « le juif éternel », « la géopolitique », « seuls les gens en bonne santé survivront », « une vie qui ne vaut pas la peine d'être vécue », le *Lebensraum*. Tous ces concepts avaient été inventés à la fin du XIXe siècle ou au début du XXe siècle et tous surgissaient à profusion dans l'idéologie nazie.

Un concept dominait les autres. C'était le combat, *Kampf*. C'est pourquoi Hitler en avait fait le titre de son livre. Cette idée l'obsédait. Finalement, *Mein Kampf* offrit à Bruno une philosophie, un amalgame tiré des théories des trois plus grands génies de l'époque : Darwin, Nietzsche, Wagner. Pour Darwin, tous les êtres vivants étaient enfermés dans un combat pour la vie ou la mort, sans échappatoire possible. Les forts gagnent toujours. Gagner les rend encore plus forts. Pour Nietzsche, le combat séparait l'homme du surhomme, l'*Übermensch*. Alors que pour Wagner, le combat définissait la totalité de la création cosmique. Une seule figure triomphait de toutes les autres, c'était l'aryen. Hitler puisa des éléments dans chacune de ces théories. Il en fit un mélange malsain d'eugénisme, de posture philosophique. Il y ajouta ses propres considérations raciales pour produire ce que Hugh Trevor-Roper appela plus tard « une absurdité bestiale nordique ».

Ainsi *Mein Kampf* dessina davantage qu'une ébauche des idées nazies. Le livre et son contenu constituaient la plus puissante de leurs armes. Les nazis s'impatientaient peut-être à l'égard des universitaires, mais ils détestaient la puissance de la vérité transcendantale. La conviction ne motivait pas simplement le fanatisme des nazis. Elle était le plus important de leurs concepts, la force qui faisait avancer l'histoire. C'est pourquoi la chrétienté avait vaincu la puissance de l'Empire romain, malgré toutes ses légions. Être prêts à mourir pour leur foi avait rendu les premiers chrétiens invincibles. L'idée juste peut tout conquérir, proclamait Hitler. Elle peut transformer la puissance brutale de la masse en la force invincible d'un *Volk*, de la même manière qu'un chef symbolique s'était transformé en *Führer*. Dans *Mein Kampf* et plus précisément dans son antisémitisme, Bruno voit cette idée se construire dans la cohérence jusqu'à ce qu'elle devienne solide.

1926 est une année capitale dans la carrière que Bruno effectue au sein du national-socialisme. C'est l'année où il s'engage corps et âme auprès du chef du mouvement nazi et dans l'idéologie que poursuit le parti. Mais l'année ne se terminera pas sans avoir passé un dernier examen.

Pour les nazis vivant à Berlin, l'année de la consolidation du parti prend un tour très différent lorsqu'une nouvelle figure surgit dans l'apprentissage politique de Bruno. C'est Joseph Goebbels, récemment nommé *Gauleiter*. Goebbels avait achevé sa transformation. Sceptique, plutôt de gauche, il était devenu un passionné frénétique d'Hitler : « [Hitler] est un génie… Je tremble devant lui. Voici comment il est : comme un enfant, c'est un amour. Il est bon et compatissant. Comme un chat : fin, intelligent et agile. Comme un lion : son rugissement est magnifique, puissant. » Goebbels s'était aligné sur les positions de son nouveau maître. Berlin fut sa récompense. Mais il se faisait peu d'illusions sur l'ampleur du défi qui l'attendait. Il consistait à porter de manière ostentatoire le *svastika* dans une ville qui se faisait une fierté de compter parmi sa population des milliers de communistes de la ligne dure du parti. « Ils veulent tous que je me rende en sauveur à Berlin. Merci pour ce désert de pierres. » Cela ne fit qu'empirer lorsqu'il découvrit la face plus sombre de la ville. Il en fut révulsé : « Berlin la nuit ! Un bourbier d'injustices ! Et je suis censé me plonger là-dedans ? »

Peu après l'arrivée de Goebbels en novembre 1926, Bruno et des centaines d'autres nazis sont convoqués au siège du parti. Ils se font haranguer par le nouveau chef de leur ville. Il leur rappelle tout d'abord le rôle primordial que détient Berlin dans le mouvement. « Quiconque a la Prusse a le *Reich*. Et la route qui mène au pouvoir en Prusse passe par la conquête de Berlin. » Ensuite, il leur fixa un ultimatum. Seuls ceux qui pouvaient s'engager totalement et sans réserve, quel que soit le sacrifice à fournir, pouvaient prendre part à la croisade. Il n'y avait de place ni pour les inconstants, ni pour les tire-au-flanc. Le parti pouvait se purger de ses dilettantes, ses curieux ou ses parasites. Sur les 1 000 membres que comptait à peu près Berlin, 400 obéirent à la consigne et remirent leur démission. Bruno n'en fait pas partie. Goebbels ne s'étonna pas qu'un parti déjà si petit ait perdu autant d'adhérents. Il rassembla rapidement ceux qui avaient tenu bon. « Aujourd'hui, nous sommes 600. Dans six ans, nous devrons être 600 000 ! » L'avenir allait lui donner raison.

À la fin de l'année 1926, le jeune Berlinois de 20 ans qui s'embarque dans des études dentaires peut se compter dans le cercle intime des nazis. Un cercle minuscule, absolument impitoyable. Ils sont 600 membres dans une ville qui compte quatre millions d'habitants. Ils ont reçu leur feuille de route. Dans l'Allemagne nazie des années 1930, les femmes seront définies par les trois K : *Kinder*, *Küche und Kirche*. Les enfants, la cuisine et l'église. Mais à l'aube de l'époque nazie, les hommes reçoivent déjà leurs trois K : *Krieg, Kraft und Kampf.* La guerre, la force, le combat. Un jour, la décennie à venir sera baptisée le *Kampfzeit.* Le temps du combat. Bruno y prendra part. Il s'installera en première ligne.

V. Le combattant des rues
1926 – 1933

Comme tous les nazis après 1926, Bruno est saisi d'un espoir qui le dépasse. Il veut se mettre au travail et participer à la prise du pouvoir. Une thèse sur la conception du monde avait été élaborée. Les conspirations juives et l'idéologie nazie étaient établies. Il était temps de s'emparer de la rue et de montrer aux Allemands ce qu'était vraiment le national-socialisme. Ce n'était pas le parti qui le ferait triompher mais sa milice armée, la SA. Pour l'instant, la chemise brune de Bruno se révèle plus efficace que sa carte d'adhérent.

La SA devient le nouveau foyer de Bruno. Son enfance à l'ombre de la caserne de Perleberg et sa participation à la *Jungbund* puis au *Frontbann* l'ont habitué à l'expérience de la solidarité masculine, à l'agressivité et à une vie de reclus. Il en a besoin. La SA regorge d'hommes qui aiment vivre en marge de la société. Ils sont peut-être des casseurs, des voyous mais, à leurs yeux, ils symbolisent l'action et l'activisme viril qu'ils vouent à une grande cause. L'initiation de Bruno à la SA, à l'époque du *Kampfzeit*, le temps du combat, le marquera pour le reste de sa vie : c'est un « combattant de la vieille garde », un *Alter Kämpfer* en titre, l'un des honneurs les plus prisés du Troisième *Reich*. Il n'a que 21 ans, mais il ne s'est jamais senti aussi important.

Je ne fut pas surpris de découvrir que Bruno avait porté sa chemise brune dans les deux bataillons les plus ignobles de la SA. Le *Sturm 33* puis le *Sturm 31*, basés dans un quartier du nord de Charlottenburg, connus pour leur violence et les meurtres que ces hommes commettaient sous l'emprise de l'alcool. Bruno porte son uniforme de la SA pendant onze ans. Il ne l'ôtera qu'en 1937 quand il deviendra évident qu'il y a mieux à faire pour servir la cause. Sa carrière dans la SA le place en première ligne des pires violences urbaines qui marqueront cette décennie, bien qu'il ne le sache pas encore. Ce parcours le placera en première ligne quand éclatera l'affrontement entre le parti et la SA, dont le point culminant sera la « Nuit des longs couteaux », en juin 1934.

En 1926, la SA n'avait qu'une priorité : gagner la bataille pour l'Allemagne et plus précisément, prendre le pouvoir à Berlin. Ses militants, sous prétexte qu'ils avaient rejoint le mouvement dès le début, redoublèrent de violence. Ils compensèrent leur petit nombre par une flamme idéologique qui les poussait toujours plus loin : « En 1927, j'ai renoncé à la vie oisive que je menais. J'ai rejoint les combattants de la SA passés à l'action. Après quoi, j'ai participé courageusement aux manifestations en portant le drapeau du groupe. Pendant les années de lutte, j'ai goûté à plus d'une réunion et à plus d'un combat de rue sous la menace de la populace communiste et de ses femmes qui hurlaient » se vantait une chemise brune[1].

Goebbels promit de prendre le « Berlin rouge » à la gorge. La mission de la SA était simple : « Mener la guerre à tous les antinationalistes et aux internationalistes, à la juiverie, à la Sociale-démocratie et à la gauche radicale ; fomenter une

(1) Merkl, *Political Violence.*

agitation interne de façon à renverser la Constitution de Weimar, indigne de l'Allemagne[2]. » Cela exigeait de la part de la SA qu'elle attire de nouveaux adhérents et qu'elle aiguise son sens du combat. Bruno sait ce qu'on attend de lui. Il doit aider à s'emparer de la rue, à dominer la ville, à écraser toutes les formes d'opposition.

C'était plus facile à dire qu'à faire. Berlin ne voulait rien entendre. La ville où siègeait le gouvernement avait tout intérêt à protéger la République de Weimar de l'extrême gauche comme de l'extrême droite. Avec ses communistes acharnés, Berlin était le foyer des ennemis du nazisme. Les communistes abondaient dans le million de familles qui travaillaient dans la zone industrielle, au nord et à l'est de Berlin. Les nazis investirent plus difficilement cette zone.

Pour les chemises brunes, Berlin était une aberration politique. Ils abhorraient sa réputation de capitale rouge de l'Europe et sa communauté d'artistes avant-gardistes issus de tous les milieux sociaux. Berlin était un affront à la morale *völkisch*. La ville jouissait d'une renommée internationale pour son expressionnisme, ses cabarets, ses bars homosexuels, le style *Bauhaus*, les revues pornographiques et surtout parce qu'elle était la vitrine du sexe. Berlin se félicitait de sa réputation. C'était la ville « où personne n'est vierge. Pas même les chatons ni les chiots »[3].

Comme ses camarades de la SA, Bruno méprise cette culture moderniste qui fait l'originalité de Berlin. Il la juge totalement obscure, juive et indisciplinée. Le fait que Berlin soit la capitale de la débauche ne lui pose aucun cas de conscience quand il fréquente les brasseries tapageuses des

(2) 2) Noakes et Pridham, *Nazism.*
(3) Richie, *Faust's Metropolis.*

bas quartiers. C'est un plaisir qu'il prend très au sérieux même s'il n'a rien de très reluisant. Mais cet hédonisme qu'il s'accorde, il le refuse aux autres Berlinois, surtout lorsqu'il s'agit de déviances sexuelles qui sont légion. Bruno et ses camarades s'adonnent à la fois à leur appétit féroce d'alcool tout en promettant avec une bonne dose d'hypocrisie de purger la ville de tous ses débauchés.

Goebbels disposait d'à peine 2 000 hommes. Personne mieux que lui ne saurait mener cette guerre qui prenait l'allure d'une chasse à l'homme. Ce serait une guerre au grand jour. La notoriété, les gros titres importaient autant que le nombre de blessés. Goebbels apprit à ses troupes de la SA comment voir les choses en grand. Il fit de ses sections d'assaut une force d'intimidation : « La découverte d'un grand nombre d'hommes en uniforme, disciplinés, marchant au pas, impressionnera beaucoup tous les Allemands. Si des groupes entiers d'hommes organisés d'une certaine façon risquent leur vie corps et âmes pour une cause, c'est que cette cause doit être la bonne et la vraie. »

Bruno et ses acolytes en chemise brune deviennent bientôt une menace omniprésente dans la vie berlinoise. Harry Kessler les remarqua pour la première fois en 1925. Ils se tenaient à l'angle des rues, l'air menaçant. « Sur la Potsdamer Platz, écrivit-il, seulement quelques jeunes qui arborent le *svastika.* Ils sont armés de gourdins. Ils sont blonds et bêtes comme des oies. »

Gagner Berlin, cela signifiait briser des têtes. Les SA étaient passés maîtres dans l'art de la provocation. Lorsqu'ils traversaient les quartiers ouvriers, ils insultaient ouvertement les communistes. Bruno n'attend pas longtemps avant de passer de la théorie à la pratique. Le 14 novembre 1926, il se joint à une formation de 280 poids lourds de la SA qui investissent les rues de Neukölln, un quartier communiste où vit la classe ouvrière berlinoise. Ils marchent jusqu'à Hallesches Tor et déclenchent une série de bagarres violentes. Treize membres des sections d'assaut sont grièvement blessés. La propagande du mouvement acclame la nouvelle. C'est un triomphe.

Des groupes de la SA patrouillaient régulièrement dans les quartiers communistes où se déroulaient presque quotidiennement des affrontements. « Un grondement se fit entendre. Une volée de pierres, de bouteilles, de détritus, de pots de chambre pleins nous accueillit. Les femmes, surtout, se déchaînaient. Elles sautaient autour de nous, hurlaient, nous crachaient dessus, nous montraient leur derrière[4]... » Cette pagaille devint une routine. « Nous reçûmes tous un pied de chaise ou un boc de bière à la figure. Notre slogan était toujours "Allemagne, réveille-toi !" », se vantait méchamment un membre de la section d'assaut de Berlin complètement saoul.

Cogner les communistes, c'était gratifiant mais d'aucune efficacité si personne n'était au courant. Les nazis avaient besoin de faire les gros titres de la presse. En janvier 1927, Goebbels et la SA adoptèrent une nouvelle tactique pour occuper la Une des journaux. Bruno est obligé d'assister à des réunions politiques houleuses, de se rendre dans des salles ou des auditoriums au cœur des zones communistes. Cela fonctionne à merveille.

Dans un premier temps, les nazis invitèrent de sympathiques orateurs pour chauffer la salle qu'ils avaient pris soin d'investir. Puis ils s'asseyaient et attendaient que les enragés du cru surgissent et commencent à les interpeller. Alors la

(4) Merkl, *The Making of a Stormtrooper.*

fureur se déchaînait... La première de cette longue série de réunions truquées eut lieu à Spandau, un foyer d'agitation communiste à l'extrémité ouest de la ville.

Goebbels bâtit rapidement une légende autour de ces confrontations. À cette date, Bruno et ses camarades de la SA ne jouent plus seulement un rôle dans les bagarres de rue. Goebbels poursuivit sa propagande en les présentant comme des héros. En février 1927, les plus célèbres d'entre eux se rendirent à Pharus Hall, un grand auditorium situé à Wedding, une banlieue au nord de la ville. L'endroit avait été choisi volontairement au milieu d'une zone communiste. La réunion de Pharus Hall fut annoncée par une campagne d'affiches qui utilisait la rhétorique de la classe ouvrière : « L'état bourgeois approche de sa fin. Il faut bâtir une nouvelle Allemagne ! Travailleurs intellectuels et manuels, le destin de notre peuple est entre vos mains ! » Les communistes du coin répondirent avec leurs affiches : « Wedding rouge pour le prolétariat rouge ! Quiconque osera mettre les pieds à Pharus Hall se fera réduire en miettes ! » Bruno fait partie d'une foule en effervescence, ivre, qui s'est fait chauffer à l'excès avant même que Goebbels monte sur scène. Le fond de la salle émet une très légère protestation. Il n'en faut pas davantage. Les bouteilles et les pieds de chaises s'envolent.

Au lieu de se protéger, Goebbels ne bouge pas. Entouré des hommes de la SA qui prennent des coups, il hurle au-dessus de la mêlée. Par la suite, Goebbels rendit hommage à ses hommes, les qualifiant d'« aristocrates du mouvement », ces personnages haut en couleurs, sûrs d'aiguiser la curiosité des journalistes. Comme prévu, la presse locale leur accorda des pages entières. Ce genre d'événements se répèta régulièrement au cours des six années suivantes. Le mot politique rimait avec violence, qu'elle soit verbale ou physique. Bruno fait partie d'un mouvement qui fait sensation dans les rues de Berlin comme dans la presse.

Cela lui prend beaucoup de temps, surtout qu'il poursuit ses études même si elles sont moins exigeantes que la formation pour devenir *Zahnarzt.* Un *Dentist* doit néanmoins maîtriser les fondamentaux : extractions, plombages, soins aux dents abîmées. Son travail s'arrête au canal dentaire ou à la reconstruction d'une dent. C'est seulement alors que Bruno peut replonger dans ses occupations. À toute heure du jour et de la nuit, même le week-end, on le croise, une roulette ou l'étendard à la main.

La profession de Bruno l'installe d'emblée dans l'élite de la SA, dominée par des travailleurs manuels et des chômeurs. La plupart des membres de la section d'assaut devait mettre la politique de côté dès qu'ils ôtaient leurs uniformes. Lorsqu'il ne porte pas sa chemise brune, quand il retrouve sa place de stagiaire dans un cabinet médical, Bruno satisfait ses insatiables désirs *völkisch.* C'est presque par accident qu'il a choisi un secteur en proie à une révolution intellectuelle de la même ampleur que la révolution qui saisit la politique, le secteur de la médecine.

Jusqu'à présent, le nationalisme *völkisch* de Bruno puise sa force dans le folklore que constitue la prose de la Ligue pan-germanique, auprès des fanatiques de la société Thulé, ou auprès d'autres théoriciens racistes. Cependant, les médecins avaient aussi un rôle à jouer. Avec leurs prothèses orthopédiques, leurs stéthoscopes et leurs théories sur les germes, une nouvelle génération de scientifiques surgit pour redéfinir les limites de l'humanité et décider où la médecine commençait. Ainsi, Bruno devient soldat dans un nouveau *Kampf,* celui que les nazis appellaient le « combat pour la race », le *Rassenkampf.* Le but était d'obtenir une race en bonne santé, la *Rassenkunde*. Il était aussi important de vivre dans un état débarrassé de la putréfaction que de voir une infirmière porter un uniforme impeccable ou d'entrer dans une salle d'hôpital récurée à la brosse. Stimulés par une déferlante de livres et une propagande incessante, de nombreux médecins allemands s'engouffrèrent dans leurs nouvelles responsabilités. Même s'il n'est qu'apprenti dentiste, Bruno s'entend dire que désormais il n'est plus un simple dentiste. Puisqu'il appartient au monde médical, ses responsabilités ne se limitent plus au bien-être de ses patients mais s'étendent à la santé de la nation tout entière.

Malgré l'activisme déchaîné de la SA, les nazis n'avait en réalité rien d'autre à faire valoir qu'une bande de bras cassés. Ils obtinrent un score dérisoire aux élections nationales et locales de 1927. Ni le bruit qu'ils faisaient ni leur notoriété n'entraînèrent de bénéfice politique. Les rassemblements, les bagarres et les intimidations se poursuivaient, mais le mouvement lui-même semblait s'essouffler. Il ne dépassait pas le seuil de quelques dizaines de milliers de fanatiques.

La loi les rattrapa encore. La SA avait fait tout son possible pour rester dans la légalité mais, une fois de plus, elle s'était mise en marge de celle-ci. En 1927, les nazis furent à nouveau frappés d'interdiction. Une suspension de plus parmi toutes celles qui marquèrent leur histoire. L'uniforme de la SA fut proscrit et Goebbels se vit interdire de parler en public. Selon le journal du bataillon du *Sturm 33*, ils furent obligés de renoncer à leurs marches en portant le drapeau, sommés de les remplacer par des discussions qui se tiendraient le soir dans des caves, des appartements d'amis ou des locaux situés en dehors des limites de la ville.

La SA refusa de se laisser démoraliser. Si les Allemands ne votaient pas encore pour les nazis, le pays était néanmoins profondément et furieusement nationaliste. Le très autoritaire Von Hindenburg avait été élu Chancelier aux élections de 1925. À cette époque, on avait vu des centaines de milliers d'Allemands se joindre aux fêtes de commémoration nationale et aux défilés *Stahlelm*. L'immense majorité des Allemands ne faisait pas confiance au gouvernement de gauche de la République de Weimar et détestait voir planer l'ombre du communisme. Les nazis n'étaient pas les seuls à souffrir des vieilles blessures de l'après-guerre. Cela faisait plus de dix ans que la Première Guerre mondiale était terminée et que l'infamant Traité de Versailles avait été signé, mais rares étaient les Allemands à pouvoir aborder le sujet sans se laisser submerger par l'émotion.

À la grande frustration des nazis, ce ressentiment puissant ne réussissait pas à influencer le vote des Allemands, qui restait dicté par leurs fidélités politiques et religieuses. La majeure partie de la population était nationaliste à l'excès, sauf dans l'isoloir. Néanmoins, le message de souffrance qu'envoyait le national-socialisme résonna davantage dans l'Allemagne de Weimar que l'opposition voulait le croire. Pour prouver qu'ils étaient davantage qu'un parti politique de plus, les nazis avaient besoin qu'un événement majeur, catastrophique, se produise. Une crise tellement profonde que le pays semblerait en péril. Leur vœu se réalisa un certain 29 octobre 1929. Ce mardi noir où la Bourse de New York s'effondra.

Le *krach* de Wall Street et la grande dépression qu'il entraîna frappèrent l'Allemagne de plein fouet. Tout le Weimar festif, les comédies musicales, les films, les restaurants, les éclairages au néon et les boîtes de nuit avaient été payés par des prêts américains à court terme. L'histoire d'amour entre Berlin et une Amérique pleine d'audace et d'estime d'elle-même avait donné à la capitale allemande la réputation d'être un satellite lointain d'Hollywood et de Broadway. Dans le milieu culturel, les conservateurs ressentaient un profond dégoût. Pour Hans Pfitzner, le compositeur ultra-nationaliste, le « déferlement du jazz foxtrot » était « le symbole de l'assaut que menait l'Amérique sur la culture européenne ». Mais des milliers de Berlinois ordinaires étaient ensorcelés par les artistes qui faisaient sensation, la danseuse noire américaine Joséphine Baker, par exemple. Bruno affiche une nette préférence pour la musique classique, les opérettes et les marches. Il aime aussi les chants qu'il peut entonner une chope de bière à la main. Il n'est pas étranger à l'appel de la vie nocturne berlinoise.

L'effondrement de la monnaie américaine dévasta l'économie allemande. Contrairement à la crise de 1923, cela ne provoqua pas une surinflation des prix, mais une déflation catastrophique et un chômage massif. Cela rendit un grand service à « la politique de la catastrophe » qu'attendait Hitler. Les chiffres sont impressionnants. « En 1929, 31 800 Berlinois étaient au chômage. À la fin du mois de septembre 1931, ils étaient 323 000. En avril de l'année suivante, on enregistra 603 300 demandes d'emploi. En réalité, on estimait à plus de 700 000 le nombre de travailleurs sans-emploi. À cette date, plus de 10 % des chômeurs allemands vivaient à Berlin. La pauvreté s'empara d'une population épuisée. C'était la seconde fois en dix ans que le système de Weimar avait trahi les Allemands et on sentait leur colère monter. »

Stephen Spender déclara qu'il sentait « l'odeur nauséabonde d'une déchéance sans espoir… [Elle] venait de ces maisons splendides qui s'étaient transformées en taudis prétentieux. » Ce n'est pas surprenant.

Les Allemands, qui possèdent une éthique du travail très marquée, ont toujours difficilement supporté le chômage. Il divise la nation, fragilise les familles et le voisinage. Pire encore, il porte atteinte à la fierté masculine. Le romancier Christopher Isherwood, qui vivait à Berlin à l'époque, décrira le désespoir qui s'ensuivit : « Jour après jour, de part et d'autre de cette immense ville humide, triste, et en banlieue, sur les lopins de terre où s'amoncelaient des cabanes construites avec des caisses d'emballage, des hommes jeunes se réveillaient pour affronter une nouvelle journée de chômage. Une fois de plus, ils s'arrangeraient pour la passer le mieux possible. Ils vendraient des lacets de chaussures, mendieraient, joueraient aux dames dans la salle de la Bourse de l'Emploi. Ils traîneraient du côté des urinoirs. Ils ouvriraient les portes des voitures, aideraient sur les marchés à porter les cageots. Ils bavarderaient, lézarderaient, voleraient, surprendraient les paris qui seraient tenus sur les courses, partageraient des mégots de cigarettes qu'ils ramasseraient dans les caniveaux. Pour un centime, ils entonneraient des chansons populaires, des *Groschen*, dans les cours d'immeubles et dans les rames de métro entre deux stations. »

On mesura l'impact réel du chômage à la façon dont les gens concernés réagirent. La grande dépression raviva le souvenir traumatisant du cauchemar des années qui avait suivi la Première Guerre mondiale. Le national-socialisme était né de ce traumatisme. La nation ne s'était jamais sentie aussi brisée et injuriée. Plus tard, un auteur remarquera que « lorsqu'il perd son emploi, l'homme n'est pas simplement privé des ressources dont il a besoin. Il est aussi privé du sens qu'il donne à sa vie. Le chômeur voit le sol se dérober sous ses pieds. La position et le rang qu'il occupait disparaissent en même temps. Lorsqu'il travaillait, l'actif trouvait sa place à l'intérieur d'une communauté qui constitue la société. Lorsqu'il perd son emploi, il perd sa raison d'être, pas seulement dans la communauté du *Volk*, mais aussi à l'intérieur du cercle familial[5]. »

Cela tomba à point nommé dans les mains de la propagande nazie. Elle vit dans l'effondrement financier mondial l'illustration parfaite du combat de Darwin dans lequel toutes les nations sont enfermées. C'était un combat que l'Allemagne était en train de perdre.

Avec la grande dépression, les nazis redoublèrent d'efforts pour semer la panique antisémite et diffuser le mythe des juifs contrôlant le système monétaire mondial. Les accuser d'être les responsables de la catastrophe économique satisfaisait de plus en plus les millions de jeunes Allemands excédés. La résistance à la polémique nazie commençait à s'affaiblir. Christopher Isherwood constata que cette opinion se généralisait alors qu'elle avait été jusqu'alors le seul apanage des fanatiques nazis : « On voyait là l'infusion bouillonnante de l'histoire en cours. Elle pourrait tester la justesse de toutes les théories politiques exactement comme des recettes de cuisine sont réalisées pour juger les livres de cuisine. À Berlin, l'infusion donnait des signes d'effervescence. Elle se composait d'ingrédients puissants et variés parmi lesquels le chômage, la panique boursière et la haine du Traité de Versailles[6]. »

Pour Bruno, la Grande dépression, c'est le miracle que les nazis attendaient. En 1926, Goebbels leur avait dit qu'ils ne pourraient atteindre leur objectif que s'ils se mobilisaient contre la faim, le désespoir et le sacrifice. Conséquence

(5) Swett, *Neighbors and Enemies.*
(6) Large, *Berlin.*

immédiate, la SA était assaillie de demandes d'adhésion. Les nouvelles recrues cherchaient un refuge pour lutter contre les ravages du chômage. Les *Stürme*, qui comptaient normalement une soixantaine d'hommes, avaient doublé et même triplé le nombre de leurs recrues en 1930 ou 1931. L'influence de la SA se renforça et s'étendit à toute la ville, à commencer par tous les quartiers prolétaires dévastés par le chômage. Le *Vorwärts*, un quotidien du SPD, publia l'entretien d'un nouvel adhérent du *Sturm 33* de Bruno : « Lorsqu'on demanda au jeune Konrad Domning... qui venait de quitter l'école, pourquoi il s'était enrôlé dans la SA, il répondit comme tous les autres : "Mon père était fauché. On était déjà en hiver et je n'avais aucune chance de devenir apprenti !" » Walter Stennes qui commandait la division est de la SA, expliqua à Ernst Roehm, le chef de la SA, que dans ses *Stürme*, on comptait 67 % de chômeurs.

Ce qui attirait encore plus les chômeurs, c'était que les bataillons de la SA n'étaient pas basés dans des casernes mais dans des brasseries de la ville qu'on appelait les *Sturmlokale*, les « bistrots du coin ». Le mélange d'alcool, de cigarettes et de camaraderie basée sur le ressentiment aimanta littéralement les désœuvrés, surtout ceux qui se seraient vu condamnés à passer des journées entières dans des petits appartements avec une femme angoissée et des enfants qui pleurnichaient.

Le *Sturm 33* de Bruno ne fait pas exception. Il faut un peu de temps au bataillon pour trouver un local convenable car les patrons des brasseries ont peur de s'attirer des ennuis. Les hommes finissent par trouver une brasserie dont le patron soutient la cause nazie. Plus tard, les registres du bataillon remarqueront qu' « à cette époque, ce n'était pas facile de trouver un *Sturmlokal* qui ferait l'affaire. Cela signifiait que le patron courait un sacré risque. Peu après, nous trouvâmes la brasserie qu'il nous fallait. C'était le Zur Altstadt, au 20 de la rue Hebbelstrasse. Le patron était un certain Robert Reissig. » Le Zur Altstadt est l'endroit préféré de Bruno. Il peut s'y abreuver à l'envi. Au cours des années à venir, il lui servira aussi de base pour ses activités dans la SA. Il se trouve à quelques minutes à pied seulement de sa maison du nord de Charlottenburg.

Les nazis ne furent pas les seuls extrémistes politiques à bénéficier du chaos provoqué par le chômage. Le parti communiste en profita aussi. Le nombre de ses adhérents explosa. Les deux mouvements d'opposition qui s'affrontaient à Berlin comptaient à présent des milliers d'hommes. La ligne dure regroupait des vétérans comme Bruno et les nouveaux que les événements avaient rendu fous furieux. Parallèlement à l'augmentation de ses effectifs, la SA s'enfonça dans la violence. Goebbels lança de grandes campagnes de publicité qui permirent au mouvement de bâtir un culte impitoyable, basé sur le sang qu'il fallait verser. Plus le sang coulait, plus Goebbels sacralisait l'héroïsme de la SA et le sacrifice dans lequel elle s'engageait. Les communistes ne pouvaient pas les concurrencer.

Une nouvelle ère s'ouvrait pour la SA. Les réunions à la chaîne et le vacarme des manifestations ne faisaient pas verser assez de sang. Les membres de la SA arrêtèrent de lancer des pieds de chaise et des bouteilles. Ils les remplacèrent par des pistolets et des couteaux. La violence monta d'un cran. Un *Sturm* de Berlin acquit la réputation d'être le plus violent de tous. C'était le *Sturm 33* de Charlottenburg, celui de Bruno. Il fit la Une des journaux et incarna la violence nazie dans son aspect le plus brutal et le plus inexcusable. Les rescapés du bataillon du *Frontbann* de Bruno l'avaient formé. Ce *Sturm*

33 était basé dans le nord de Charlottenburg juste à côté d'un quartier communiste, « la petite Wedding », Kleine Wedding.

Le *Sturm 33* adoptait les comportements de l'extrême droite mais se considérait aussi comme le vrai représentant de l'*Angst*, la peur ouvrière. La propagande du régiment proclamait un recrutement si populaire qu'elle en devenait insolente. Ses adhérents militaient dans « les quartiers ouvriers de Charlottenburg, pas dans celui du Kurfürstendamm », le quartier de la mode, l'équivalent de Bond Street à Londres. Pour Bruno, le voisinage de son *Sturm 33* représente le microcosme du combat national. La grande fierté de son *Sturm* est d'avoir réussi à « chasser tous les juifs », d'avoir fait du quartier une zone digne de « leurs frères allemands, en la reconquérant, parce que le message du Troisième *Reich* les a convaincus ». Bruno ne se contente pas de mener une lutte de classes. Il mène un combat racial contre la soi-disant trahison raciale et l'idéologie étrangère. Les ennemis qu'ils se sont déclarés ne se limitent pas aux « Rouges » de l'extrême gauche. Ils rassemblent aussi les membres de la bourgeoisie respectable, à savoir tous les « Berlinois de la classe moyenne qui se rendent coupables parce qu'ils ferment les yeux sur les besoins de leurs camarades de classe, leurs *Volksgenossen*. Ceux aussi dont la lâcheté a permis au marxisme de s'implanter dans la rue. Et enfin ceux qui sont honteusement dépourvus d'instinct racial et n'ont donc pas réussi à reconnaître le danger que représentent les juifs ».

Le *Sturm 33* était dirigé par Friedrich Eugen Hahn. C'était l'un des jeunes officiers les plus charismatiques de la SA. Ses camarades l'appelaient Fritz. C'est un vieil ami de Bruno. Il a été son mentor. En 1936, dans une déclaration sur l'honneur faite à la SA, Bruno décrira la relation qu'il entretient avec Hahn : « Je connais le colonel Hahn,

Standartenführer, depuis 1924. Cela date de l'époque où nous étions tous deux au *Frontbann* de Charlottenburg. Jusqu'à ce jour, j'ai été membre de la SA, sauf pendant une courte période. » À cette date, on demandera à Bruno de témoigner en sa faveur après qu' « une bande de la SA eut lancé une campagne de dénigrement à l'encontre du chef de bataillon Hahn. Bruno volera à son secours : « Cela fait douze ans que je connais le *Standartenführer* Hahn. Il a toujours été un camarade intègre. Il a toujours adopté un comportement militaire exemplaire. Sa conduite fait de lui un homme irréprochable. »

Hahn avait quasiment reçu la même éducation que Bruno. Fils de général, il avait appartenu à bon nombre d'organisations nationalistes paramilitaires. Son chemin avait croisé celui de Bruno au *Frontbann* de Charlottenburg. À 21 ans, alors qu'il travaillait comme employé de banque, il fut nommé chef de la SA nouvellement créée. On le surnommait Hahn le Roux, « *rotter Hahn* », à cause de ses cheveux. C'était un militaire fanatique. Kurt Daluege, le chef de la SA de Berlin, qui devint chef de la SS de Berlin, le présenta comme « son meilleur officier, celui qui resta le plus longtemps en poste ». Toutefois, à la fin de l'année 1931, Hahn fut contraint de quitter le *Sturm 33* : il avait assassiné un communiste. Il s'enfuit en Hollande.

Le chef qui le remplaça était un homme de la génération de Bruno. Ils se connaissent du temps du *Frontbann*. Le *Sturmführer* Hans Maikowski reprit le bataillon dans l'état où son prédécesseur l'avait laissé. Il élargit et intensifia la campagne de terreur que le bataillon avait menée. Le *Sturm 33* gagna encore en notoriété. Le mardi 3 février 1931, *Die Welt am Abend* (le Monde du Soir) pousse un cri d'effroi : « *Morder-Eldorado in Charlottenburg !* »

(Charlottenburg, l'Eldorado du meurtre !)... En quelques semaines, l'effusion de sang provoquée par les nazis a causé la mort de deux personnes et en a blessé une douzaine d'autres. C'est l'œuvre de la colonne de la mort de Hahn ! » Le bataillon retranscrivit fièrement le gros titre dans les tracts destinés à attirer de nouvelles recrues. Leurs atrocités étaient désormais quotidiennes, à tel point que le journaliste Gabriele Tergit haussa le ton et s'exclama dans le *Weltbühne* (le Monde en Scène) : « Nous le savons tous. C'est le *Sturm 33*... Cela s'appelle la terreur. Mais aucun quotidien ne prend plus le soin d'en parler. Même la police ne considère plus ces actes comme de l'information. Nous nous sommes tellement habitués à la guerre qui s'est emparée de cette ville qu'on ne la remarque même plus ! »

Le *Sturm 33*, responsable de ce carnage, offrit une image effrayante des bas-quartiers de Berlin. Ils étaient devenus sinistres. En novembre 1930, vingt des hommes du *Sturm 33* se trouvaient dans la salle de danse de l'Eden-Palast, lorsqu'ils remarquèrent des membres d'un groupe communiste, le « *Falke* » (le faucon). Une rixe éclata. Des coups de feu furent tirés. Trois communistes furent grièvement blessés.

Je découvrit que l'attaque de l'Eden-Palast fut à l'origine de l'un des épisodes les plus marquants de l'histoire prénazie de Berlin. Je discutais de la carrière de Bruno avec un de mes cousins allemands qui était avocat. Il tendit l'oreille lorsque je mentionnai le nom du bataillon et il me demanda si j'avais entendu parler d'un certain Hans Litten. Je lui répondis que non. Il m'expliqua qui était Litten. Il était avocat à l'époque de Weimar. Le barreau allemand remet tous les ans un prix qui porte son nom. Son histoire était saisissante. Litten risqua sa vie en essayant de poursuivre les hommes de la SA qui appartenaient au *Sturm 33* de Bruno et, encore plus incroyable, Adolf Hitler. Il soupçonnait les premiers d'être à l'origine des meurtres commis à l'Eden-Palast et accusait Hitler d'avoir commandité l'attaque de la SA.

Hans Litten était un avocat juif de gauche. Il n'avait pas 30 ans. Il était convaincu que les atrocités perpétrées à l'Eden-Palast prouvaient qu'Hitler était un homme violent qui projetait de renverser l'État par la force. L'Allemagne n'en revenait pas. Litten avait assigné Hitler à comparaître au tribunal et à se défendre de l'accusation qu'on portait contre lui et qui en faisait le responsable d'une campagne de meurtres et d'intimidation. En mai 1931, Litten obtint finalement la comparution au tribunal. Les membres de la SA du *Sturm 33* accusés de tentative d'assassinat se retrouvèrent sur le banc des accusés. Litten examina minutieusement le cas d'Hitler, ce qui fit grand bruit. Une foule de sympathisants de la SA et du parti envahit le tribunal. Ils interpellèrent le jeune avocat juif à l'allure voûtée et ne quittèrent pas des yeux leur chef bien-aimé. « Alors, demandai-je à mon cousin, penses-tu que Bruno faisait partie de ceux qui huèrent les jurés ? » Il me répondit d'un éclat de rire. L'idée que Bruno ait pu manquer le scandale nazi le plus retentissant de l'année l'amusait beaucoup. Comment un membre d'une section d'assaut, le fils d'un contrôleur assermenté aurait-il pu y résister, alors que tous ses copains de la SA étaient sur le banc des accusés ?

Litten commença par attaquer Hitler qui affirmait que les nazis avaient renoncé à la violence pour gagner le pouvoir. Hitler lui répondit en utilisant un cliché du parti : la SA était principalement constituée « d'agents de la sécurité », un groupe mis en place pour protéger « un mouvement uniquement intellectuel ». L'examen minutieux se poursuivit pendant plusieurs heures. Litten multiplia les attaques virulentes. Il s'appuya sur des preuves que des hommes infiltrés au *Sturm 33* lui avaient fournies. Il ne réussit pas à faire condamner Hitler pour faux témoignage. Mais le procès avait suffi. Hitler, le soi-disant homme d'État, avait été démasqué. Une vaste campagne de publicité nationale était menée contre lui. Elle le présentait comme un complice, un menteur, un voyou, un homme violent. Le *Sturm 33* de Bruno révélait au monde le vrai visage de la doctrine nazie. Mais ce fut la dernière fois qu'on demanda à Hitler de rendre des comptes de cette manière-là. Quelques mois plus tard, il était au pouvoir. Aucune attaque de ce genre ne fut plus jamais possible.

Aujourd'hui, le nom de Litten a sans doute disparu des mémoires. Cependant, le réquisitoire qu'il a mené tout au long de cette semaine de 1931 reste la critique la plus dévastatrice des méthodes nazies. Celle qui a le mieux prévu leur évolution aussi. Elle souligne qu'aucun autre mensonge n'a jamais pu égaler celui qui venait d'être élaboré dans l'Allemagne de Weimar pour nourrir les méthodes nazies. Le courage de Litten dans le prétoire, l'audace de son interrogatoire implacable, ébranlèrent Hitler. Ils révélèrent aussi au monde la véritable nature de la SA de Bruno. Pour s'être permis d'accuser Hitler en public, Litten allait payer le prix fort. Dès qu'Hitler accéda au pouvoir, il le fit arrêter et envoyer à Dachau. Pendant cinq ans, Litten vécut un enfer. Son martyr commença dès son arrivée. Il se suicida en 1938.

Même si le procès avait fait grand bruit, il ne fut finalement qu'une distraction de courte durée. Il ne réussit pas à arrêter l'escalade de violence perpétrée par le *Sturm 33*. Le 1er janvier 1931, un mois après l'assaut mené à l'Eden-Palast, des membres du *Reichsbanner*, une organisation paramilitaire du SPD, tombèrent dans une embuscade tendue par le *Sturm 33*. Ils furent poignardés à plusieurs reprises avec des couteaux de cuisine. Parmi les victimes, deux furent grièvement blessées. La troisième resta mutilée à vie.

À la fin du mois de janvier 1931, le *Sturm 33* commit son premier meurtre. Quatre communistes prennaient un verre au bar du Zur Altstadt, le *Sturmlokal* de la SA de Bruno. Un membre de la SA les reconnut et donna l'alerte. L'un d'entre eux essaya de s'enfuir par l'arrière de la brasserie. Quelques minutes plus tard, on retrouva son corps, gisant dans une mare de sang. Un autre, Max Schirmer, fut grièvement blessé. Il boita toute sa vie. Tard dans la nuit du 1er février 1931, une nouvelle rixe eut lieu dans une brasserie. Otto Grüneberg, un communiste de 23 ans, fut abattu d'une balle en plein cœur.

Dans ce carnage, c'était le *Sturm 33* qui faisait le plus grand nombre de victimes. Le *Vorwärts* (De l'Avant), le journal social-démocrate, dénonça son comportement « terrifiant » dans les rues de Berlin et sa politique du « un rendu pour un donné », « fürchteliche Blutbilanz ». De son côté, le bataillon de la SA de Maikowski se félicitait de sa réputation d'assassins qu'il gagnait auprès des nazis. Le *Sturm 33* ajouta le surnom que la presse lui donna, *Mördersturm*, à l'hymne qui accompagnait ses marches morbides : « *Wir sind die Nazi-Leute vom Mördersturm Charlottenburg !* », « Nous sommes les nazis de l'escadron de la mort de Charlottenburg ! » Horrifié, le quotidien communiste berlinois s'empressa d'écrire : « Visiblement, un escadron de la mort nazi très mobilisé opère tout autour de Hebbelstrasse. »

Goebbels se réjouissait. Cela démontrait le bien fondé de sa tactique de provocation et d'intimidation. Il publia un article dans lequel il prit un vif plaisir à se justifier : « Tempo !

Tempo ! C'est notre slogan ! Dans cette folie aveugle du combat entre le bien et le mal, on ne peut pas faire de quartier ! » Les stars du *Sturm 33*, le bataillon le plus efficace de la SA, eurent droit à un article. Il parut dans l'une des publications destinées à toute la SA. Grâce à une fuite, les quotidiens citèrent une lettre qu'un membre de la SA avait écrite à son chef : « Dis donc, tu as vu la popularité du *Sturm 33* ? Je sais que tu fais tous les efforts possibles pour faire comme Maikowski ou encore mieux même ; c'est comme cela qu'on impressionne les autres. »

Les communistes répliquèrent sur le même ton. Des deux côtés, la violence se déchaîna. Bruno le découvre le 6 mars 1932. Il a de la chance, car ses agresseurs ne sont armés ni de couteaux ni de revolvers. Ils se contentent de gourdins. Parader, vêtu d'une chemise brune et d'une casquette avec un liserai bleu, se révèle dangereux. Comme tous les nazis qui ont encaissé des coups, Bruno remplit une déclaration sur l'honneur, *Eidesstattliche Erklärung*. Voici ce qu'il écrit : « Je rentrais du cimetière de Seestrasse, où j'étais allé sur la tombe de ma mère. [Elle était morte l'année précédente.] Je voulais rendre visite à de la famille qui habite au 2, Antonstrasse. Lorsque je les ai quittés, environ une heure plus tard, je me suis fait agresser dans le hall d'entrée. Des témoins ont raconté que trois hommes armés de gourdins étaient entrés dans l'immeuble juste derrière moi. Comme ils n'ont rien vu à travers les fenêtres qui donnent sur la cour, ils ont attendu près de la porte d'entrée. Les coupables n'avaient pas l'air d'être du coin. C'est pour cette raison que je pense qu'ils m'ont suivi pendant un certain temps. Je portais la casquette bleue et la ceinture du *Sturm*. »

À la question « *Wer hat den Unfall verschuldet ?* » (Qui a commis cette agression ?), on s'attend à ce qu'il ne donne qu'une seule réponse. C'est ce qu'il fait : « *Die mich überfallenden Kommunisten* » (Mes agresseurs étaient des communistes).

Bruno a eu de la chance. Il a réussi à s'échapper après avoir reçu des coups de bâton. Il s'est fait taillader aussi et il a un tympan éclaté. Il doit rester alité dix jours mais il est en vie. Les entrées d'immeuble, les cours, les cages d'escalier et les allées se sont transformées en coupe-gorges potentiels. Inutile de préciser que ni Bruno ni ses camarades de la SA n'ont jamais eu de formulaire à remplir pour raconter toute la violence dont ils se rendent coupables.

La SA s'empara d'une nouvelle arme pour mener son combat. C'est *Der Angriff* (L'Attaque) de Goebbels. Ce fut d'abord un hebdomadaire berlinois avant de se transformer en quotidien. Il lui permit de diffuser largement toutes les atrocités et toutes les entorses à la loi qui jalonnaient quotidiennement la capitale. Toutes les bagarres de la SA y étaient racontées sous forme de récits épiques. Chaque gros titre incitait à davantage de violence. Les articles de Goebbels suivaient toujours la même méthode. Des hommes de la SA qui menaient leurs activités de façon intègre, tombaient dans des embuscades tendues par des communistes lâches et méprisables. Les membres de la SA n'avaient rien d'autre pour se défendre que leurs poings et leur fidélité au *Führer*. Cela ne les empêchait pas d'accumuler les victoires. Ils maintenaient l'ordre en Allemagne, faisaient respecter la loi et sauvaient le pays du fléau gauchiste. Goebbels n'avait de cesse de présenter la SA comme la vitrine de la convenance et du civisme. Elle était là, en première ligne, pour repousser la marée rouge. Tout cela faisait partie de l'énorme mensonge qui présentait à l'envi la SA comme la victime de la violence. Jamais elle ne l'initiait. De nombreux Allemands se préparaient à y croire. Ils vivaient alors en marge de ces événements.

Goebbels renforça cette fable en l'alimentant d'une série de martyrs de la SA. Il voulait faire renaître l'écho du culte des « soldats tombés au champ d'honneur » pendant la Première Guerre mondiale et vanter la grandeur de l'esprit de camaraderie qui régnait dans les tranchées. Jünger reprenait vie, non pas dans les tranchées de Flandre, mais dans les rues et les brasseries de Berlin. La capitale devint la nouvelle ligne de front. Goebbels mena cette opération d'une manière effrontée. Aucune hyperbole ne fut trop forte. Il orna ses descriptions de la brutalité de la SA d'un symbolisme wagnérien, mélangeant le sentiment chrétien et la nostalgie de la Première Guerre mondiale, transformant les membres des sections d'assaut en héros aryens luttant contre la « sous-race judéo-bolchévique ». Tous ceux qui tombaient sous les balles communistes étaient en passe de se faire canoniser.

Goebbels finit par trouver le candidat idéal. C'était un jeune capitaine très populaire du *Sturm 5* de Berlin. Il avait été tué d'une balle dans le dos par de prétendus assassins communistes. Il s'appelait Horst Wessel et son histoire ressemblait étrangement à celle de Bruno. Né en 1907, il avait adhéré à la SA en 1926, l'année où Bruno avait lui-même rejoint le mouvement. Comme Bruno, après quelques années « d'aventures, occupé à fomenter des putschs, à jouer au soldat », il avait été comblé par « l'éveil politique » que lui offrait le NSDAP.

Ce fut mort que Horst Wessel servit encore mieux les intérêts des nazis. Il n'avait pas été victime d'une mêlée héroïque dans les rues de Berlin qu'il aimait tant. Il avait été tué en se disputant avec un souteneur au sujet d'une prostituée. Cela n'arrêta pas Goebbels qui fit de Horst Wessel l'ultime icône du nazisme, en utilisant tous les moyens possibles :

la poésie, la biographie, les films, la musique, la cérémonie. Il créa même le jour du souvenir national qui vit l'édification de statues et de monuments. C'était un culte réel, entier, auquel Hitler apporta son concours à de nombreuses reprises. Goebbels couronna le tout d'une marche funèbre, un morceau exaltant de musique *kitsch*. Wessel en avait écrit les paroles. Goebbels éleva la marche au rang de « *la Marseillaise* » dont ce serait la version nazie. « La Marche d'Horst Wessel » devint l'hymne du mouvement.

Les obsèques de Wessel et les événements qui les suivirent achevèrent de créer la légende. Bruno se joint aux adhérents de la SA qui se pressent en nombre au cimetière. Tous les *Sturm* de Berlin sont présents. Goebbels ne pouvait pas faire mieux. Dans la procession qui avance vers la tombe, les communistes se moquent. Une rixe éclate. Le cimetière est couvert de graffiti obscènes. Goebbels y voit le geste courtois de ces « bandits de communistes dégénérés, saisis par la folie de tuer ». Sur le cercueil a été déposée la casquette bleue de Horst Wessel, sa *blaue Mütze*. La même que celle que portait Bruno lorsqu'il s'est fait attaquer.

Quelques mois plus tard, Goebbels n'hésita pas à faire paraître un film qui mettait en scène le courage des aryens, la brutalité des communistes et le symbolisme religieux. Le film peignait aussi un tableau de Berlin, l'antre des juifs qui « cimentaient » la décadence et la corruption. Au-delà de la mort, le film montrait le souteneur marchant aux côtés des colonnes de la SA. « Avec ce chant, entonné par des millions d'Allemands, Horst Wessel a trouvé sa place dans l'Histoire... Même dans des millénaires, lorsqu'il ne restera plus une pierre dans Berlin, on se souviendra de la grandeur de ses poètes et plus généralement de ces Allemands qui se sont battus pour la liberté de l'Allemagne. » Une partie du travail restait à faire. Le meurtrier de Wessel et ses complices furent rapidement retrouvés. Les complices furent guillotinés. Le meurtrier qui avait été condamné à six ans de réclusion fut extirpé de sa cellule, embarqué sur un terrain vague des environs de Berlin et exécuté d'un coup de fusil.

En 1930 et 1931, les rangs de la SA s'élargirent encore. On scinda les anciens bataillons pour en former de nouveaux. Le *Sturm 33* dut rapidement se rendre à l'évidence. Un bataillon jumeau, le *Sturm 31*, fut créé pour intégrer le trop-plein et basé au nord de Charlottenburg. Bruno et soixante autres hommes y sont transférés à la fin de l'année.

Le *Sturm 31* ne réalisa jamais les exploits du *Sturm 33*. Bruno découvre une atmosphère très différente au sein de ce bataillon. Quelques semaines après son intégration, il se trouve mêlé à un conflit encore plus révélateur. Cette fois, la violence n'est pas dirigée contre les communistes mais contre la direction du Parti nazi. La rébellion couve depuis l'année précédente. Elle éclate au printemps 1931. C'est la seule rébellion à laquelle Hitler devra faire face, mais elle est terrible. Bruno en est prisonnier. Cette bataille aura de graves conséquences pour l'avenir de la SA. Elle motivera la décision de Bruno d'orienter sa carrière vers la SS.

Le *Sturm 31* était dirigé par le *Sturmführer* Heinrich Kuhr, encore une forte personnalité de la SA. Il s'irritait facilement et devenait agressif, ce qui le rendait très impopulaire auprès de ses hommes, dont Bruno. Ce n'était qu'une partie du problème. La vraie question était de mesurer le degré de fidélité et d'obéissance de Kuhr. À qui faisait-il allégeance ? Au parti ou à la SA ? C'était une autre façon de se demander à qui la SA faisait allégeance. À elle-même ou à Hitler ? La question se posait sans fin depuis l'époque de Roehm et de son encombrant *Frontbann*. Hitler considérait que la subordination de la SA à sa direction politique était établie, mais au cœur de la SA se cachait une réelle agitation. Une scission se fit au sein du *Sturm 31*. Elle en vint à menacer tout le mouvement nazi.

La fidélité de Kuhr allait en premier lieu à l'homme qui dirigeait la division est de la SA – dont Berlin faisait partie – son capitaine Walter Stennes. Stennes était issu du même moule qu'Ernst Roehm dans le sens où il appartenait à la vieille école de la SA. Il avait des idées arrêtées sur le rôle qu'il devait jouer au sein du mouvement. Elles ne correspondaient pas à celles d'Hitler. Pour Stennes, la SA était un nouveau modèle d'armée. Elle s'était construite sur la solidarité des travailleurs, libérés de la hiérarchie sociale et de l'exploitation économique. Ce qui inquiétait davantage la direction nazie, c'était le fait que l'homme qui dirigeait toute la SA, Franz Pfeffer von Salomon, partageait les valeurs puritaines prussiennes de Stennes qu'il soutenait haut et fort. Pfeffer, Stennes et Kuhr campaient sur leur position : la SA était là pour prendre le pouvoir par les armes, pas dans l'isoloir. Ils considéraient aussi que le parti devait faire allégeance à la SA et non l'inverse. Roehm n'était peut-être plus en Allemagne, mais la vision qu'il avait eue en fondant la SA perdurait, même si elle avait été établie d'une manière souterraine.

Le problème s'était dénoué quelques mois plus tôt, au cours de l'été 1931. À cette époque, Bruno est toujours au *Sturm 33* mais il s'apprête à rejoindre le *Sturm 31*. Pfeffer ne cessait de faire pression sur Hitler pour que la SA acquière une indépendance totale. Il finit par impatienter Hitler qui le démit tout simplement de ses fonctions. Stennes et ses sympathisants, parmi lesquels le *Sturm 31*, réagirent aussitôt en appelant à la grève. Toutes les activités de la SA à Berlin et dans les environs s'arrêtèrent. Plus aucun orateur du Parti nazi n'était protégé contre les adversaires qui cherchaient à les mettre dans l'embarras. Les marches et les attaques furent suspendues. Il n'y eut plus de tracts. En août 1930, Stennes et Kuhr commirent l'irréparable.

Loin d'essayer de se faire pardonner cet incroyable affront, Stennes ordonna au *Sturm 31* de Kuhr de « s'emparer du siège et des bureaux de l'*Angriff* à Berlin ». Le futur bataillon de Bruno s'empara des deux bâtiments les plus importants des nazis. Les hommes frappèrent les gardes SS puis se barricadèrent à l'intérieur. Goebbels se voyait interdire l'accès à ses bureaux par des ivrognes des sections d'assaut. C'était scandaleux. Il était censé être responsable du *Sturm 31* dont les membres avaient ouvertement agi en mutins. Heureusement, l'ordre fut rapidement rétabli. Stennes et Kuhr eurent droit à un sermon mais gardèrent leurs fonctions.

En 1931, Bruno est transféré. Il abandonne la brutalité du *Sturm 33* pour découvrir la rébellion au sein du *Sturm 31*. Je me demandai si on avait délibérément transféré Bruno pour changer l'esprit de ce bataillon semeur de troubles et l'imprégner de la loyauté brutale du *Sturm 31*. Quelle qu'en soit la raison, Bruno est en difficulté à peine quelques semaines après avoir intégré le *Sturm 31*. Son engagement envers Hitler dépasse largement son attachement sentimental et sa solidarité envers la SA. Les documents retrouvés prouvent que non seulement il n'apporte pas son soutien à la campagne menée par Kuhr mais qu'en outre, il montre ouvertement son désaccord. Kuhr est furieux. Il menace Bruno et quatre de ses collègues de les expulser du régiment. Ils soutiennent Hitler et désapprouvent la rébellion de Stennes.

Le 27 novembre 1930, un membre de l'USCHLA (Comité d'enquêtes et de règlement des litiges) de Berlin envoie un rapport à l'USCHLA du *Reich* à Munich. Il les informe qu'un certain nombre d'hommes du *Sturm 31* de la SA qui ont « fait leurs preuves au sein du *Sturm*, et qui donc méritent le respect, parmi lesquels Bruno Langbehn, 25 ans, "artiste en dentition" – apprenti dentiste » sont menacés d'expulsion par Heinrich Kuhr, leur *Sturmführer*. Bruno fait appel de la décision. Il obtient gain de cause. Il réintègre le *Sturm 31* sur l'ordre du siège de la SA à Munich. Toutefois, l'anecdote n'est pas close. Stennes et son allié Kuhr refusent de déclarer forfait. Cette fois encore, on marmonne et on grommelle de plus en plus au *Sturm 31*.

Au printemps 1931, Stennes commandita une nouvelle rébellion, encore plus forte que la première. « Contrairement à celle de septembre, la révolte s'étendit à tout l'est de l'Allemagne. Sur les 25 000 hommes que comptait la division est de Stennes, 8 000 à 10 000 rejoignirent la rébellion. La police estimait à 1 500 le nombre de mutins à Berlin, à 2 000 à Brandenburg et à 3 000 en Silésie, 2 000 en Poméranie. » On appela à un nouveau mouvement de grève à Berlin. La propagande électorale et la parution des tracts s'arrêtèrent. Les défilés aussi. Kuhr envoya une nouvelle fois le *Sturm 31* prendre d'assaut le siège du parti. Les hommes s'emparèrent du bâtiment et frappèrent tous ceux qui refusaient de rallier le mouvement. Cette nouvelle crise menée contre Hitler fut la plus importante que la première rébellion de l'été 1930.

Les répercussions touchèrent toute la SA. L'*Obergruppenfüher* Kurt Kremser demanda à tous les hommes de ses sections d'assaut de prendre la défense de Stennes. Il attaqua « les dirigeants politiques qui, aujourd'hui encore, pensent que la SA n'existe que pour mourir ! » À cette époque où il était pourtant de mise de ne pas prendre le parti des révolutionnaires, il justifia son soutien à Stennes, estimant que celui-ci avait exprimé sa solidarité aux opprimés et qu'il avait partagé leur mépris non pas à l'égard du *Führer*, mais à l'égard de son entourage. Ces hommes affirmaient que c'étaient eux et non le parti qui symbolisaient le mieux les principes et les espoirs du national-socialisme. Les supporters de Stennes firent une déclaration provocante au reste de la SA : « À travers le capitaine Stennes, c'est toute la SA qui se fait attaquer. Maintenant que la SA a effectué sa mission, elle peut se retirer. Elle embarrasse désormais la conscience car elle rappelle au peuple que le parti a trahi son programme et elle exige de mener le combat pour les vieux idéaux du national-socialisme... Avec nos drapeaux que nous portons haut et nos rangs que nous tenons serrés. La SA défile. Stennes en prend le contrôle[8]. »

On ne se ménageait plus. Il ne s'agissait pas simplement de deux gangs rivaux, où l'un voulait imposer sa domination à l'autre. Un chef de la SA se donnait en spectacle. C'était humiliant. Il dénonçait Hitler. Il le prenait pour un vendu entouré de courtisans, de lèche-bottes. Ce rebelle de la SA exigeait qu'on en finisse avec les copinages. Il insistait pour qu'Hitler affirme son opposition au catholicisme et au capitalisme. Par-dessus tout, il exigeait qu'on arrête de prétendre que le pouvoir pouvait se gagner dans les urnes. C'était une charte révolutionnaire. Elle divisait la SA de Berlin. Hitler affrontait un danger réel. Il prenait le risque de voir la division nord de la SA lui filer entre les doigts.

Goebbels qui, pour la deuxième fois en quelques mois, se voyait interdire l'accès à ses bureaux, quitta Berlin et défendit sa cause auprès d'Hitler. Celui-ci devait étouffer la

(8) Lemmons, *Goebbels and Der Angriff.*

révolte. Hitler passa immédiatement à l'action. Il rédigea une série d'articles retentissants et agressifs dans le *Völklischer Beobachter* (L'Observateur du Monde), le journal du parti. Il jura qu'il « briserait la source de cette conspiration et les reins de ses meneurs contre le national-socialisme ». La SA devait choisir entre « l'ancien sergent de police Stennes et le fondateur du mouvement national-socialiste, chef suprême de la SA, Adolf Hitler ». Puis il partit à Berlin, où il fit le tour des *Sturmlokale* de la division nord de la SA de Berlin, dont le *Zur Altstadt* de Bruno. Il pratiqua le face à face et mena une offensive de charme. Il finit par se rallier les sections d'assaut qui avaient manifesté leur mécontentement. Il obtint un soutien enthousiaste.

La tactique avait fonctionné. Le mouvement de scission de Stennes se dissipa rapidement. Les rebelles avaient beau exprimer toute leur indignation au sujet des droits des travailleurs et appeler à faire du zèle moralisateur à l'intérieur du mouvement, ce qui définissait le phénomène nazi, c'est Hitler. Personne d'autre. Bruno admet cette idée. Pas Stennes, ni Kuhr. On pouvait éventuellement tolérer une rébellion. Deux, c'était de l'insurrection. Hitler chassa Stennes et Kuhr de la SA.

Hitler ordonna que tous ses officiers prêtent « un serment inconditionnel de fidélité ». Peu après, tous les membres de la SA en firent autant. De même, il faudrait désormais adopter un comportement précis pour s'adresser à Hitler. Il faudrait l'appeler « *Führer* ». Son autorité sera incontestable : « J'espère que le monde se soumettra à ce principe aussi vite qu'il s'est soumis à la revendication du Saint-Père. » Comble de l'ironie, il accueillit de nouveau au sein du Parti nazi le chef le plus hargneux qui soit : Ernst Roehm. Il était rentré de Bolivie et attendait avec impatience de réintégrer ses fonctions auprès d'Hitler. Pour la deuxième fois, le *Führer* le récompensa en le nommant chef de la SA. Il resterait à ce poste aussi longtemps qu'il se souviendrait de la place que la SA devait occuper dans la structure nazie.

Bruno observe les événements qui se déroulent sous ses yeux. Il a été obligé de choisir son camp. Il a soutenu Hitler, contrairement à la majorité des membres des sections d'assaut de Berlin qui ont pris le parti de Stennes. C'est un désastre pour la SA. Une fois de plus, elle a prouvé qu'on ne pouvait absolument pas compter sur elle. Pire encore, Bruno constate que certains ont su tirer profit des événements. Pas la SA évidemment, mais la SS. Sa fidélité à Hitler avait été irréprochable. Certes, la SS rassemblait un tout petit nombre d'hommes, mais c'étaient des fanatiques aux convictions inébranlables. Leur rôle durant la mutinerie de Stennes leur valut les applaudissements d'Hitler. Ils venaient du fond du cœur. Ils gagnèrent aussi une devise et un mot d'ordre. À dater de ce moment, « *SS-Man, deine Ehre heist Treue* », (Soldat de la SS, ta loyauté est ton honneur) fut gravé sur toutes les dagues et ceintures de la SS. C'était beaucoup plus qu'une formule. Il fallait y voir la justification de leur rôle de nazis, la raison qui leur permettrait de récolter plus tard le pouvoir et les faveurs. La SA contestataire pouvait toujours en rêver. Bruno en prend bonne note.

Cependant, la SS qui regroupait alors à peine 300 hommes ne se substitua pas à la SA pour exécuter ses tâches. Elle ne dégagea pas à sa place la route qui mènerait au pouvoir. Hitler prit soin de faire savoir à Bruno et à ses camarades en chemise brune à quel point il les tenait en estime : « N'oubliez pas que c'est un sacrifice que font aujourd'hui des milliers d'hommes du mouvement national-socialiste lorsqu'ils assurent la sécurité des réunions et organisent des défilés. C'est un sacrifice qu'ils font toutes les nuits. Ils ne rentrent chez eux qu'à l'aube. Croyez-moi, c'est déjà le signe de la puissance d'un idéal, d'un grand idéal ! » À la fin de l'année 1931, le *Sturm 31* et le *Sturm 33* furent réunis pour former un nouveau régiment plus important, I/I : *Standart I, Sturmbann I* (Régiment I, bataillon I). Roehm venait de créer cette organisation pour absorber le flux des nouvelles intégrations à la SA. Elle regroupait à présent des centaines de milliers d'Allemands. Bruno retrouve ses camarades du *Mördersturm 33*.

Mais rien de tout cela ne réglait la première des priorités d'Hitler : comment le parti allait-il gagner le pouvoir ? Une nouvelle controverse menaçait. La décision d'Hitler de renoncer ouvertement à la violence était de plus en plus mal ressentie, d'autant que le succès politique continuait à échapper aux nazis. En réalité, Hitler pratiqua la violence en prenant soin de la limiter en temps et en quantité. En attendant, la SA ne digérait pas la décision qu'il avait prise, à savoir éviter d'enfreindre la loi : « Une partie de la base – sans doute la majorité – lui dit d'aller au diable avec sa légalité, écrivit un capitaine de la SA. Personne [dans les rangs] ne croit au chemin de la légalité. » Combattre les idées par les idées risquait de rendre amorphes les sections d'assaut : « Les meilleurs éléments, les plus actifs, sont venus au mouvement et ont adhéré à la SA pour qu'un réel changement s'opère », mais à présent « même les vieux dirigeants de la SA, ceux en qui on peut avoir confiance et sur lesquels on peut s'appuyer, ceux qui ont toujours été très optimistes, tombent progressivement dans le silence. »

Hitler entendit cette grogne et répondit : « Je me fais accuser d'être trop lâche pour pourvoir me battre d'une façon illégale. Je ne suis certainement pas trop lâche pour cela. Je me sens simplement trop lâche pour mener la SA sous le feu des mitrailleuses. Nous avons besoin de la SA pour des choses plus importantes, à savoir la construction du Troisième *Reich*. Nous respecterons la Constitution et nous atteindrons notre but. » Pour le moment, les nazis poursuivaient la tâche qu'ils avaient initiée. Ils contournaient la loi dès qu'ils le pouvaient mais évitaient de l'enfreindre complètement. Il fallait gagner les élections qui se profilaient. Il devait y en avoir cinq pour la seule année 1932.

Bruno le nazi politique est aussi occupé que Bruno le membre de la section d'assaut. Il élabore une stratégie. Il assiste à des réunions, distribue des tracts et n'a de cesse de parler avec autorité aux électeurs potentiels. Sa stratégie fait partie de la détermination d'Hitler. Il ne s'agit en aucun cas de se faire accuser de manquer d'énergie ou de détermination en utilisant ce moyen « légal » pour accéder au pouvoir. Dans cette campagne moderne, rien ne fut négligé ; ni les affiches, ni les enregistrements radio, ni les films, ni les tracts. La campagne électorale fut menée dans tout le pays, les discours furent retransmis par la radio, des dizaines et des dizaines de discours. Derrière cette propagande se cachait aussi un calcul politique. Les nazis trouvaient là l'occasion de sonder systématiquement les circonscriptions électorales, de passer de l'une à l'autre dès que cela leur semblait avantageux. Lorsqu'ils comprenaient qu'ils avaient des difficultés à s'implanter dans la classe ouvrière urbaine, ils changeaient leur fusil d'épaule et partaient ailleurs. Ils se tournèrent vers les fermiers, les paysans et, mieux encore, vers les laitiers de Schleswig-Holstein qui ne cachaient pas leurs réticences à l'égard du nazisme. Ils les retournèrent. C'est grâce à eux que les nazis obtinrent la majorité des voix aux élections nationales et que plus tard ils gagneraient finalement le pouvoir.

Cependant, les membres des sections d'assaut continuèrent à s'adonner à des plaisirs plus traditionnels, brisant les vitrines des magasins juifs et patrouillant sur le Kurfürstendamm à la recherche d'une victime, juive de préférence. Le Kurfürstendamm était un lieu particulièrement fréquenté le dimanche et les jours de fêtes juives. Chemin faisant, les sections d'assaut entonnaient leur chant préféré, sur l'air de *Carmen* de Bizet :

« S'il pleut ou s'il grêle,
S'il y a des éclairs ou si tout est mouillé,
S'il fait nuit ou s'il y a de l'orage,
Si vous êtes gelés ou si vous transpirez,
S'il fait chaud ou si le ciel est couvert,
S'il dégèle ou s'il y a de la brise,
S'il bruine ou s'il fait une chaleur torride,
Si vous toussez ou si vous éternuez,
C'est la faute de tous ces juifs !
Les juifs en sont bien embarrassés ! »

C'est ainsi que se déroulait une journée de travail. Un membre de la section d'assaut écrivit dans son journal personnel : « Ouverture du *Reichstag*. Tout l'après-midi et toute la soirée, manifestation des nazis. Cet après-midi, ils ont brisé les vitrines de Wertheim, de Gruenfeld et d'autres grands magasins de Laipzigstrasse. Dans la soirée ils se sont rassemblés à Potsdamer Platz et ils ont crié : « Allemagne, réveille-toi ! » « Mort à Judas ! » « *Heil Hitler !* » La police montée, ou à bord de fourgons, a passé son temps à briser leurs rangs. Dans l'ensemble, ces nazis regroupaient de la racaille, des adolescents qui décampaient en hurlant dès que la police sortait ses matraques en caoutchouc… Ces désordres m'ont rappelé ceux que nous avons vécus dans les heures qui ont précédé la révolution.

C'étaient les mêmes réunions de masse et les mêmes silhouettes de Catilina qui traînaient et qui manifestaient. »

Stephen Spender, le poète anglais a aussi vécu ce « sentiment de destin funeste » qui, pour lui, caractérisait ce « *Weimardämmerung* » : « Cette sensation d'agitation dans Berlin fut plus profonde que n'importe quelle crise… Dans ce Berlin… régnaient la tension, la pauvreté, la colère, la prostitution, l'espoir et le désespoir. Ils se déversaient tel un flot dans les rues. Il y avait les… communistes avec leurs airs tristes, déconfits, qui défilaient. Les jeunes, violents, qui surgissaient soudain de nulle part sur la Wittenbergplatz et qui hurlaient : « Allemagne, réveille-toi ! »

La SA défendait avec succès les espoirs qu'Hitler et Goebbels plaçaient dans cette campagne. Aucune autre organisation nazie n'arriva jamais à remplir le formidable rôle que la SA joua pour apposer la marque du *Führer* sur la réalité de la République de Weimar. Vers 1933, l'armée de la rue de Bruno est le symbole qui remplace le plus nettement la démocratie allemande par la barbarie. Plus tard, Sebastian Haffner fit remarquer : « Depuis le début, le NSDAP d'Hitler faisait preuve d'un dynamisme étrange. Il obéissait à une seule volonté... jusque dans les plus petites unités où l'esprit de combat dominait, le NSDAP était une machine électorale qui sifflait et crachait avec force sa vapeur. Avec son esprit du combat, son agressivité et bien sûr, sa brutalité meurtrière, la SA dépassa de loin toutes les unités dans le combat politique. Parmi les milices politiques privées de l'époque, il n'y avait que la SA qui était vraiment à craindre. »

Seuls quelques bataillons réussirent à presque atteindre la brutalité du *Sturm 33* de Bruno.

Cependant, malgré son nombre d'hommes et sa concentration de muscles, la SA n'était pas celle qui permettrait la percée finale des nazis, ni « leur prise du pouvoir » en 1933. C'était Hitler. Son ombre grandissait encore plus vite que le nombre de gens qui votaient pour le parti. Il était impossible d'ignorer la nature menaçante des groupes paramilitaires mais ils n'expliquèrent pas à eux seuls le tournant extraordinaire que connut le destin d'Hitler. Pour se faire connaître, Hitler transforma son statut de chef de parti en une force politique installée dans son bon droit. Voter nazi ne signifiait plus voter pour un « parti ». Hitler offrit à l'Allemagne le chemin vers le Salut. Il l'incarnait. Les communistes n'eurent pas d'autre choix que de se soumettre encore davantage à Moscou. Les autres formations politiques étaient les otages de la démocratie et du capitalisme.

Hitler exploita tous les bénéfices politiques nés de la Grande dépression. Il diffama les partis traditionnels qu'il jugeait esclaves des droits acquis. Les électeurs ordinaires abandonnèrent les arguments fallacieux des partis rivaux et se trouvèrent face à face avec l'Allemagne et la silhouette décharnée du grand dictateur. Le dynamisme de la SA fut un atout pour Hitler. Même si les Allemands ordinaires n'aimaient pas le spectacle des rues, nombre d'entre eux admirèrent à contre-cœur ce que la SA représentait : la garantie de passer des mots aux actes, ce que ne faisaient plus les politiciens.

Les nazis s'emparèrent du pouvoir après une série d'élections, sous les yeux du vieil Hindenburg, chaque jour un peu plus sénile. Hitler s'était présenté comme le candidat qui pouvait offrir à la droite conservatrice le soutien des masses. Elle se crut capable d'exploiter ce soutien tout en muselant Hitler, en en faisant son porte-parole et sa marionnette. Une série de mauvais calculs qui relevait du cauchemar de l'auto-illusion et une succession d'hommes politiques médiocres conduisirent l'Allemagne au bord du gouffre.

Le 30 janvier 1933, les dés étaient jetés. Hitler qui l'année précédente avait refusé de prendre les fonctions de vice-chancelier fut nommé Chancelier. À Berlin, les nazis explosèrent de joie. Le pouvoir absolu leur appartenait. La dictature qu'ils avaient tant espérée était sur le point de devenir une réalité. Défait, l'ennemi communiste disparut de la scène, certainement conscient de ce qui allait arriver. Hitler était là pour durer. Il ne laisserait pas le Troisième *Reich* sombrer dans les errements de la République de Weimar tant méprisée. La sauvagerie dont Bruno et ses camarades de la SA se sont rendus coupables tout au long des années 1920 et 1930 vient de toucher à sa fin. Pendant presque dix ans, Bruno a évolué en marge de la politique. C'était un combattant des rues. L'année 1933 transforme brusquement ce dentiste de 27 ans en un initié du parti. Désormais, il appartient à la nouvelle caste du régime. C'est une opportunité qu'il exploitera sans relâche.

VI. Le triomphe de la volonté 1933 – 1937

La nuit du 30 janvier 1933 connut le défilé le plus triomphal auquel Bruno ait jamais pris part. Toute la SA de Berlin, la SS, les formations *Stahlhelm* de vétérans et de civils s'embarquèrent dans une procession menée à la lueur des torches dans le cœur de Berlin l'impériale. La procession dura six heures. Adolf Hitler, celui qui avait été leur chef pendant plus de quatorze ans, avait réussi à creuser une brèche dans la citadelle du pouvoir allemand. Seulement quelques heures auparavant, il avait obtenu la garantie que le président Hindenburg lui donnait son accord pour devenir Chancelier. Un membre de la section d'assaut qui participait à la procession raconta : « Lorsque nous franchîmes la porte de Brandenburg, une incroyable explosion de joie nous acclama. Des milliers de spectateurs, tête nue, chantaient « *Deutschland über Alles* » et le « *Chant de Horst Wessel* »… Hitler se tenait à la fenêtre de la Chancellerie, entouré de Goering et d'Himmler, le chef de la SS… Plus tard dans la nuit, nous retournâmes à notre *Sturmlokal*, où nous fêtâmes en bonne et due forme l'événement qui avait récompensé tous nos efforts et tous nos sacrifices[1]. »

(1) Abel, *Why Hitler Came to Power.*

Vingt-quatre heures plus tôt, Bruno était tout aussi exalté, mais dans un autre genre. Il se déchargeait de sa fureur nationaliste et donnait libre cours à son mépris pour la démocratie. Aujourd'hui 30 janvier, dans le flot continu des chemises brunes, il remonte de Wilhelmstrasse jusqu'au palais présidentiel. Il se sent extrêmement satisfait d'avoir joué pendant longtemps un rôle aussi important dans le combat dont le couronnement vient d'être annoncé. Peu importe si le succès électoral les place loin du pouvoir absolu – il faudra encore attendre près d'un an. Ce n'est pas grave non plus si le Parti nazi qu'il vénère est toujours minoritaire au *Reichstag* – ils n'ont que trois sièges au gouvernement. Tandis que les sections d'assaut passent au pas de l'oie la porte de Brandenburg, cela lui suffit de savoir qu'ils glissent d'une ère à l'autre. Weimar est mort. L'Allemagne d'Hitler est née.

Le spectacle était impressionnant. André-François Poncet, ambassadeur de France en Allemagne, était présent. Il témoigna : « Vêtus de leur chemise brune et de leurs bottes, ces hommes marchaient en respectant une discipline et un ordre parfaits. De leurs voix fortes et justes, on aurait dit qu'ils chantaient des chants guerriers. Lorsque la foule les aperçut, ils soulevèrent un enthousiasme d'une puissance extraordinaire. Contenus de part et d'autre des colonnes en marche, les spectateurs les acclamèrent à tout rompre. »

Melita Maschmann assistait elle aussi à cette grande procession. Pour elle, ni les acclamations ni la marche ne s'apparentaient à une quelconque jubilation politique : « Les bottes qui martelaient le sol… La lueur vacillante des torches sur leur visage… c'était excitant et cela faisait monter les larmes aux yeux. Les colonnes défilèrent pendant des heures… À un moment, quelqu'un bondit hors des rangs et frappa un homme à quelques pas de nous… Je le vis tomber sur le sol. Le sang coulait le long de son visage. Je l'entendis hurler… Cette image me hanta pendant des jours[2]. »

Cette spectatrice n'en était pas moins troublée. Elle reconnut honnêtement qu'elle fut submergée par la violence. Elle se sentit forte, presque euphorique : « L'horreur que je ressentis se teinta d'une joie enivrante. « Nous voulons mourir pour le drapeau » avaient chanté les colonnes… Je brûlais soudain de désir. Je voulais être de ceux pour qui c'était une question de vie ou de mort… Je voulais échapper à ma vie infantile et étriquée. Je voulais m'amarrer à quelque chose de grand, de fondamental. »

C'est Bruno qui ouvre la route. Avec les colonnes, il déborde de joie lorsqu'il aperçoit les policiers de Berlin qui ont été si souvent leurs ennemis dans le passé. À présent, ils déploient leurs véritables couleurs en arborant leur brassard frappé du *svastika*. Cela ne signifie qu'une chose. Rien n'est assez fort pour contenir les nazis désormais.

La procession se termine. Bruno et ses copains de la SA se mettent aussitôt au travail. La SA contenait sa « marée brune » et justifiait la violence qu'elle exerçait. Elle pouvait maintenant engloutir la vie allemande. Sa brutalité était devenue légale. Elle allait s'affranchir, écraser l'opposition et poser les fondations de la nouvelle Allemagne. Bruno est impatient. La SA pouvait librement s'emparer de la loi et avant tout décider de ce qui était légal.

Cela ne gênera pas Bruno de faire preuve d'agressivité et de se résoudre à jouer son rôle dans la prochaine époque. Tout arrive à point nommé pour le dentiste de la SA. Tout s'est

(2) Abel, *Why Hitler Came to Power.*

réalisé avant son trentième anniversaire. Sa vie professionnelle, sa vie politique et sa vie personnelle atteignent la maturité au même moment. Bruno est marié. Le dentiste récemment diplômé a rencontré Ida, sa future belle-mère, mon arrière-grand-mère, dentiste comme lui. Elle a une personnalité extraordinaire et elle s'est entichée de ce jeune homme imposant. Il a été emballé par ses idées, à peine moins carrées que les siennes. Ida a toujours eu un faible pour les jeunes gens intelligents et dominateurs. Elle l'a rapidement présenté à Thusnelda, sa fille, plus jeune d'un an que Bruno.

Thusnelda est prussienne, comme Bruno. Elle est née en 1907 tout à fait à l'est de la province d'Osterode. Dans sa famille, ils croient tous fermement au nazisme. Dans la famille de Thusnelda, c'est Ida qui commande. Ida, qui a une personnalité incroyable. Quand son mari est mort sur le front de l'ouest, elle a suivi des études à l'école dentaire de Dantzig. C'est elle qui a subvenu aux besoins de sa famille en travaillant comme dentiste. C'est elle aussi qui l'a décidé. C'est un parcours vraiment inhabituel pour une femme de cette génération et de ce milieu. Lorsqu'elle s'est remariée, elle a refusé d'abandonner son nom de jeune fille (Lietzner) pour prendre celui de son mari, l'officier Pahnke. Elle a accepté de l'ajouter à son nom, avec un trait d'union. Elle sera Madame Pahnke-Lietzner. Ida a beau faire preuve d'une autorité hors du commun, cela ne l'empêche pas d'adhérer à l'idéologie nazie. Si elle en appliquait les principes, cela l'obligerait à replonger sur-le-champ dans un monde beaucoup plus traditionnel, celui des épouses.

Ce qui réunit Thusnelda et Bruno va bien au-delà d'une simple complicité politique. Elle tombe tout de suite amoureuse de lui. Elle lui voue une telle passion, elle est si douce et ses yeux sont tellement écarquillés qu'il la trouve déconcertante. Ils se fiancent, sous le regard austère et complice d'Ida. Ils se marient au printemps 1932. Ce sont des membres de sa section d'assaut qui organisent la cérémonie. Peut-être encouragé par l'exemple de sa belle-mère, Bruno qui vient de passer quatre ans comme assistant ouvre son premier cabinet.

Non seulement Bruno atteint l'âge de la maturité, mais il vit à Berlin. Il n'y a pas mieux pour mener une carrière au cœur du rêve national-socialiste. La ville va bientôt devenir l'une des capitales les plus puissantes du monde. Cependant, jamais Berlin n'entrerait en rivalité avec la montagne bavaroise d'Hitler dans l'Ostersalzberg. Il lui portait une réelle affection et il aimait s'y réfugier. Quelle que soit la détestation qu'Hitler vouait à cette ville, il n'avait jamais été question que Berlin abrite le nouveau régime nazi. Jamais elle ne serait la source de toute sa puissance, ni le foyer de toutes ses institutions, ni au moment venu, le tremplin vers le colosse que l'Allemagne nazie s'efforçait de devenir.

De toute façon, il fallait d'abord en finir avec tous ceux qui refusaient encore de se plier à l'Histoire et de reconnaître le triomphe du national-socialisme d'Hitler. Le jour venu, on ferait les comptes avec eux. La SA estimait majoritairement qu'il n'y avait pas de temps à perdre entre la fête et la vengeance. Tout en haut de la liste, se trouvaient bien sûr les communistes et les socialistes berlinois. Le *Sturmführer* Hans Maikowsky qui dirigeait l'ancien *Mördersturm 33* de Bruno, était encore jeune le 30 janvier, la nuit où Hitler triompha. Six heures de marche à chanter à s'en casser la voix n'avait fait qu'enflammer son agressivité. Cela le démangeait de marquer d'une pierre blanche la signification de ce jour. Alors il mobilisa une bande de la SA qui faisait la fête et la sortit du Zur Altstadt, la brasserie préférée de la section d'assaut de Bruno. Il l'emmena dans la rue pour y chercher querelle. Ils arpentèrent les rues communistes de « Kleine Wedding », le quartier voisin. Ils le connaissaient bien. Représentants victorieux du nouveau régime d'Hitler, ils cherchaient quelqu'un à cogner. Ils allèrent jusqu'à Wallstrasse. C'est là qu'ils rencontrèrent une belle bande de communistes du Front rouge qui titubaient encore, écrasés par le poids de la défaite. Cette journée les avait drôlement sonnés. Quelques instants plus tard, la bagarre éclata. Et bien sûr, le coup partit. Mais cette fois, ce fut le *Sturmführer* Maikowsky qui s'écroula dans la rue. Il était mort.

Hans Maikowsky, l'homme qui avait donné son nom à l'expression « faire du Maikowsky », c'est-à-dire commettre n'importe quel acte qui dépassait le niveau de violence habituelle, venait de récolter ce qu'il avait semé. Pour les communistes qui le tuèrent, c'était pourtant une victoire à la Pyrrhus. En commettant ce geste futile, les ennemis du nouveau régime devaient se douter du sort qu'on leur réserverait. La nouvelle du meurtre se répandit dans la ville, encore sous le coup de l'émotion du triomphe nazi. « Maikowsky aura les obsèques d'un roi » répondit Goebbels, pour qui les « obsèques nationales » étaient désormais un rituel bien huilé. Maikowsky, qui avait passé la journée à chanter le « *Chant de Horst Wessel* » allait rejoindre le compositeur au panthéon des martyrs. Ses obsèques atteignirent la démesure habituelle des spectacles nazis.

Mais le legs de Maikowsky ne se bornerait pas à une simple nécrologie bien rédigée. Il prendrait une forme beaucoup plus violente. Les communistes avaient peut-être ressenti une vraie satisfaction lorsqu'ils s'étaient vengés en abattant leur ennemi nazi, cela ne durerait pas.

Bruno n'a pas besoin de se le faire expliquer davantage. Dorénavant, la SA a carte blanche pour écraser ce qui reste de leurs vieux ennemis de Weimar, les communistes et leurs faire-valoir socialistes. Tout ce qui en vaudra la peine se fera dans la violence. C'est un article de foi. L'action se déroulera sans essai préalable et, pour la réussir, il faudra atteindre un certain niveau de volonté et de brutalité. Si la SA a besoin d'une main de fer, il sera heureux de la fournir. Le *Standart I* de la SA n'est qu'un des régiments qui exigent de dénicher les opposants au nazisme pour les persécuter.

La mort de Maikowsky avait choqué la SA de Berlin. Quelques semaines plus tard, le pays tout entier fut plongé dans un état d'urgence encore plus grave. Vers 9 heures du soir le 26 février, la rumeur se répandit que de la fumée sortait du bâtiment du *Reichstag*. Lorsque la police et les pompiers arrivèrent sur les lieux, le feu s'était transformé en brasier. Pour les nazis, c'était le désastre le plus imprévu que l'on puisse imaginer, un acte de sabotage qui justifiait de prendre sur-le-champ des mesures draconiennes. Incapable de dissimuler sa joie, un membre de la SA déclara : « Que Dieu fasse que ce soit l'œuvre des communistes... Vous êtes les témoins d'une nouvelle ère de l'histoire de l'Allemagne. L'incendie en marque l'ouverture... Vous voyez ce bâtiment ? Vous voyez comment il brûle ? Si les communistes s'emparaient de l'Europe et en prenaient le contrôle, il suffirait de deux mois pour que tout le continent brûle de cette façon-là[3]. »

Bruno, comme tous les autres membres du noyau dur de la SA, ne se sent pas concerné outre mesure par les subtilités de l'incendie du vieux Parlement et de ses ruines

(3) Richie, *Faust's Metropolis.*

qui fument encore. Tout ce qu'il lui faut savoir, c'est que cela annonce sûrement un soulèvement communiste massif. Un témoin de la SA l'a affirmé. La destruction du *Reichstag* leur fournit l'inspiration rêvée pour passer à l'action : « Le *Reichstag*, notre balise, était en feu... Il nous éclairait la voie... J'avais réuni une petite "unité mobile" *(RollKommando)* de mon *Sturm* pour assister au plus grand défi que l'on puisse imaginer... Qui allait frapper le premier ? Le coup fut donné. L'alerte à l'incendie fut diffusée dans tout le pays et finalement l'ordre nous fut transmis : « *Packt zu !* » (Allez-y !). Nous y allâmes... Nous ôtâmes à jamais le sourire lubrique de ces immondes faces de bolchéviques, ces assassins[4]. »

L'incendie du *Reichstag* n'était pas un accident. C'était l'œuvre de Marinus van der Lubbe, un simple d'esprit qui se disait mécontent. Il prétendit qu'il s'en était pris à ce bâtiment pour de vagues motifs communistes. Ses aveux convenaient parfaitement aux nazis, même s'il était évident que c'était un acte isolé. Goebbels passa à l'attaque. Il raviva le sentiment national face à cette atrocité et exigea le châtiment absolu. Le président Hindenburg accepta que le gouvernement prenne de grandes mesures d'urgence afin de protéger « le peuple et l'État ». Elles furent renforcées d'un cran après les élections du mois de mars.

La soixantaine d'hommes qui composent la section de Bruno au sein du Régiment I/I de la SA transforme aussitôt Charlottenburg. Des kilomètres carrés de rues, d'immeubles, de brasseries et de places, ils constituent leur état nazi. Ils ne doivent de compte à personne. Leur « manoir » est devenu leur champ de bataille. Ils savent ce que l'on attend d'eux.

(4) Evans, *The Coming of the Third Reich.*

Bruno est dans son élément. Des années plus tard, lorsque l'âge et un verre ou deux de son cognac préféré l'auront adouci, il gardera les traces de cette intransigeance. Son visage qui affichera un sourire paillard se transformera brusquement. Il lancera un regard d'acier, d'un air de dire : « Ne m'énerve pas ». Il aura l'expression d'un homme qui a grandi dans la conviction qu'être prêt à sombrer dans la violence, c'est la plus grande vertu masculine.

Cette fois, ce sera différent. Fini les séries d'échauffourées dans la rue, les coups de couteau dans les ruelles à l'écart. La campagne s'orchestre autour de la répression. C'est devenu une institution. Bruno et ses camarades de la SA redoublent peut-être d'efforts pour avoir l'air de constituer une armée « réelle », en tout cas, ils n'éprouvent aucune difficulté à s'adapter à leur rôle de matons et de bourreaux pour écraser l'opposition. C'est le métier de vétérans tel que Bruno et les « combattants de la vieille garde » l'entendent pour convertir la SA et la faire passer de la menace usante de la rue à une vraie force paramilitaire. Ils apportent la preuve qu'ils sont redoutablement bons dans ce domaine. Plus tard, Rudolf Diels, le chef de la police, un Prussien, expliqua : « Les escadrons d'assaut de la SA avaient des plans bien établis pour mener leurs actions dans les quartiers communistes de la ville. En ce mois de mars, chaque membre de la SA "était sur les traces de l'ennemi". Chacun savait ce qu'il avait à faire. Non seulement ils savaient où ils habitaient, mais ils avaient aussi découvert depuis longtemps leurs cachettes et les endroits où se tenaient leurs réunions... Les communistes et tous ceux qui s'étaient prononcés contre le mouvement d'Hitler étaient en danger. »

La SA commença à convertir en postes de commandement les *Dienststellen*, les brasseries, les appartements que ses sections louaient et les espaces qu'elles occupaient dans les bureaux. Ses hommes en firent des centres de détention et des salles de torture. La plupart des brasseries avaient des caves qui pouvaient contenir des prisonniers tout autant que des tonneaux de bière. Différentes unités de la SA transformèrent plus de 200 de ces locaux berlinois en foyers de terreur. Ces *Sturmlokale* devinrent des avant-postes depuis lesquels la SA patrouillait les rues. Ils servirent aussi de centres de recueil des informations sur les activités des opposants. C'était là, dans ces nouvelles brasseries, ces appartements et autres locaux commerciaux que le fusil braqué dans le dos, un nombre incalculable de gens étaient conduits. Après les avoir « arrêtés », on les « questionnait », on les « jugeait » puis on les envoyait dans des centres de détention érigés à la hâte, sur l'ordre de la SA, qui se trouvait à General-Pape Strasse dans le quartier de Tempelhof. Même la police de Berlin procédait de la sorte. Elle transforma soudain son commissariat principal de l'Alexanderplatz en prison politique. Le processus bureaucratique obligatoire n'existait plus. Les arrestations arbitraires l'avaient remplacé.

Très rares furent les détenus qui en ressortirent sans avoir été passés à tabac. Certains n'en réchappaient pas. Ils se faisaient assassiner ou bien on les laissait mourir de leurs blessures. Les locaux de la SA étaient pleins à craquer. Il fallut ajouter des camps « sauvages » organisés à la hâte presque toutes les nuits, de façon à ce que la SA ait encore plus d'espace. Cela ne suffisait toujours pas. Bientôt les hommes de la SA construisirent les premiers camps de concentration officiels les *Konzentrationslager* ou KZ, d'abord à Dachau, près de Munich, puis dans une vieille brasserie du quartier d'Orianenburg à Berlin. Ils furent utilisés tout au long du Troisième *Reich*. La plupart des techniques d'arrestation et d'emprisonnement, empreintes de cruauté, restèrent les mêmes que celles qui furent inventées dans ces enfers improvisés. Personne ne saura jamais combien d'hommes sont passés par-là, mais il est probable qu'il y en ait eu au moins 100 000.

La brasserie de Bruno, le Zur Altstadt, se révéla trop petite pour jouer son rôle. Le siège de son régiment, au 4 Rosinenstrasse, s'avéra beaucoup plus approprié pour pratiquer la terreur et la répression. À peine quelques mois auparavant, le bâtiment appartenait aux sociaux-démocrates. Ce n'était plus le cas. La SA se l'appropria, le rebaptisa la *Hans Maikowski Haus* et le transforma en centre de détention. Les caves pouvaient contenir jusqu'à quarante prisonniers. Peu de temps après, un premier meurtre eut lieu. La victime s'appelait Fritz Kollosche. C'était un membre éminent d'une milice communiste antifasciste. Il mourut dans un hôpital de la ville des coups que lui avaient infligés des officiers supérieurs de la SA.

En novembre 1933, la *Hans Maikowsky Haus* joua un rôle essentiel dans la suppression du Parti socialiste ouvrier de Charlottenburg, le SAP, un mouvement dissident du KPD, le Parti communiste. Quelques mois plus tard, en mars 1934, deux communistes de la ville, Walter Harnecker et Walter Walz, y furent frappés à mort, à coups de gourdins. Le siège de Bruno se révèle être aussi brutal que celui dont il a pris le nom. Il ne fait qu'appartenir au quasi millier de bataillons qui pratiquent la même terreur. Elle ne se limite pas à Berlin d'ailleurs. Elle s'étend à toute l'Allemagne.

Aucun document ne témoigne du rôle que Bruno a joué à cette époque. Avant que je n'entame mes recherches sur sa carrière de nazi, je n'aurais jamais pu concevoir que mon grand-père ait pu figurer sur les rares photos qui ont survécu de l'époque où l'on vantait les tortures de la SA et les emprisonnements. Je m'étais fait à l'idée que les années à venir seraient les plus terribles. Tout ce que j'avais imaginé changea au rythme de mes lectures sur la SA, sur les activités de Charlottenburg et de ses *Sturm* les plus violents. Avec horreur, je voyais Bruno dans l'une de ces caves, maintenant un homme au sol et le frappant à coups de matraque. Néanmoins, cela correspondait tout à fait à ce que je savais des activités de la SA à Berlin dans les semaines qui suivirent la victoire d'Hitler.

À l'intérieur d'un *Sturm* composé d'une soixantaine d'hommes, Bruno fait partie de ceux qui servent depuis le plus longtemps le mouvement. La violence qui explosa avec l'accession d'Hitler au pouvoir représentait la chance pour les nazis de régler de vieux comptes avec leurs ennemis politiques de toujours, qui s'opposaient à eux sans relâche. La SA se délectait de l'opportunité qui surgissait. Elle était fière qu'on la définisse par la brutalité. Aucun de ses membres n'oublia jamais que plus de 50 % des électeurs n'avaient en fait pas voté pour les nazis, mais pour les partis de l'alternance. Parmi ces électeurs, 30 % avaient voté socialiste ou communiste. La SA se donnait pour priorité de mettre immédiatement en déroute cette impressionnante force d'opposition. Il n'existait pas de plus grand trophée pour un membre de la SA que d'être vu en train de jouer ce rôle déterminant, de pratiquer cette brutalité. Elle constituait le chapitre le plus héroïque de l'histoire des sections d'assaut. Pendant huit ans, Bruno participe activement à ce combat nazi pour lequel il rassemble toute son énergie. Il a entrepris chacun de ses efforts pour y arriver. Jamais il n'a reculé devant l'agressivité ni devant le sacrifice qu'elle a exigé de lui. Pourquoi y aurait-il renoncé alors que son parti a toute l'Allemagne à ses pieds, même les ennemis politiques de la gauche que les nazis détestent ?

Après tout, on ne craignait que très peu l'arrestation ou la mise en cause. Au contraire, la barbarie était approuvée par les dirigeants de la SA. Au sommet de la hiérarchie, des chefs de la SA, le Prince August-Wilhelm von Preussen, fils du dernier *Kaiser*, et Karl-Ernst, le chef de la SA de Berlin-Brandenburg, assistèrent à plusieurs de ces interrogatoires. On fit défiler devant eux des prisonniers torturés. En décembre 1933, le *Gruppenführer* Ernst rendit hommage aux supérieurs de la SA de Bruno, le *Standartenführer* Hell du régiment I et le *Sturmführer* Kuhn – sans doute celui qui tua plus tard Harnecker et Walz – pour leur « remarquable travail dans le combat mené contre des éléments hostiles à l'État ». Si la royauté allemande trouvait cela si édifiant, je ne vois pas pourquoi cette brutalité aurait perturbé Bruno outre mesure.

Frapper les opposants politiques pour les obliger à se soumettre est la contribution que Bruno apporte au nouvel état d'Hitler. Dentiste dans un monde de soldats et de voyous, il n'incarnera jamais le même genre de personnalité qu'Hans Maikowsky, mais il possède un talent que la plupart des hommes de la SA n'ont pas. Il est vraiment très à l'aise avec les idéologies maîtresses du national-socialisme. Bruno prouvera son courage en prêchant la doctrine nazie avec autant de ferveur que celle dont il fait preuve pour retrouver la trace des opposants.

Rien n'est plus instable que la politique allemande. Les nazis sont tout à fait conscients que leur nouveau régime peut se faire rejeter, comme les dizaines de petits partis qui sont apparus puis ont disparu pendant le tumulte des années de Weimar. Bruno et ses collègues nazis ont émergé du néant et n'ont aucune envie d'y retourner. Il fallait séduire tous ces millions d'Allemands qui n'avaient pas voté pour eux et les inciter à se joindre aux millions d'autres qui l'avaient fait. Cela ne suffisait pas de les terroriser. La prochaine bataille serait politique. Il faudrait persuader les Allemands que le national-socialisme représentait leur plus grand espoir et que toutes les autres formes de politique avaient disparu une fois pour toutes. Il fallait leur montrer le chemin et il faudrait qu'ils le prennent.

La rhétorique nazie martelait ce raisonnement dans les têtes. La démocratie ne fonctionnait pas parce qu'elle subordonnait le *Volk* à l'opinion de masse. Les plus talentueux étaient toujours submergés par les plus mauvais. La monarchie allemande à l'ancienne ne marchait pas non plus. Elle était usée, elle ne faisait que diviser ; elle était le produit du privilège, pas d'un destin historique. Le communisme, c'était ce qu'il y avait de pire. Il livrait son pouvoir au peuple mais aussi aux trésoriers de Moscou.

Hitler savait qu'il devait donner aux Allemands ordinaires un aperçu de l'utopie dans laquelle la politique elle-même semblait s'être rachetée. Cela devait être l'hymne unique du dessein national. Une promesse se dégagea pour attirer le peuple vers Hitler : c'était l'unité raciale. Toute la violence et toutes les crises avaient été le prix à payer pour que l'Allemagne réalise sa plus grande création, celle que les nazis appelaient le *Volksgemeinschaft*, une communauté du peuple qui se prétendait à la fois sans classes et désintéressée. C'était un rêve puissant et Hitler en incarnait le symbole. « Je ne reconnais ni les bourgeois ni les prolétaires. Je ne reconnais que les Allemands », avait-il proclamé en 1927. Tous les Allemands, même ceux qui étaient mal disposés envers le nazisme, accueillirent le projet avec enthousiasme.

En quelques semaines, même les apolitiques furent fascinés par le génie charismatique d'Hitler. Des millions de conservateurs allemands furent aussi impressionnés par la brutalité avec laquelle il avait écrasé la gauche, que ravis par la façon dont il incarnait leurs espoirs et leurs rêves les plus profonds. Nombreux étaient ceux de l'âge de Bruno qui ne ressentirent rien d'autre qu'un éveil à la foi.

La politique d'Hitler séduisait d'autant plus qu'elle semblait dictée par une doctrine de justice nationale. Il n'avait de cesse de tempêter contre les inégalités dont il prétendait que l'Allemagne souffrait toujours. Les injustices du passé regroupaient le « coup de poignard dans le dos », de 1918, le Traité de Versailles, l'inflation et le chômage. Il y avait aussi les injustices de l'avenir qui se baseraient sur le fait que l'Allemagne refuserait toujours la place qu'elle méritait au soleil. Les crimes contre le *Volk* allemand avaient été perpétrés par les mêmes traîtres que ceux qui avaient inauguré Weimar et vendu le destin de l'Allemagne. De la justice naissait la justification. C'est la justice que Bruno et les voyous de la SA ont pratiquée dans les sous-sols et dans les cellules de détention qu'ils ont improvisées. Leur brutalité n'était pas le fait du hasard. Ils ont administré un châtiment.

La justice nazie n'admettait pas le compromis. Les opposants devaient payer pour leur trahison politique. Ils devaient subir la souffrance, l'humiliation et même la mort. Les nazis se sentaient autorisés à incarner cet esprit pharisien de vengeance car ceux qui s'étaient opposés à eux avaient perdu le droit à la pitié. La brutalité était l'arme politique la plus redoutable des nazis. La victoire contre les forces bolchéviques ne marqua pas que le triomphe du parti, mais le moment où les Allemands laissèrent la politique derrière eux pour assumer leur rôle légitime, celui du peuple qui dominait l'Europe parce qu'il était la race supérieure. Bien sûr, il fallait en payer le prix. Cela impliquait une soumission totale au *Führer* dont les fonctions représentaient la forme sublime, exagérée de ce qu'il y avait de mieux dans le *Volk*. La récompense ? L'infaillibilité enchanteresse d'Hitler qui pavait le chemin vers un avenir unique, exclusif.

Il y avait des limites, pas à la criminalité, mais à la motivation. Beaucoup des membres du nouveau régime nazi ne sortirent pas indemnes de la violence imposée par Hitler. Les hommes de la SA qui avaient aidé à remporter la victoire étaient aussi ceux qui la menaçaient le plus. Une fois le pouvoir acquis, nombreux furent ceux qui, dans le courant politique, se sentaient mal à l'aise face à la brutalité légale de la SA. Ils n'avaient plus confiance dans les chemises brunes qui paradaient. Cela les révoltait de voir le plaisir que les sections d'assaut éprouvaient tant à torturer et à terroriser. Leur méfiance se reportait sur Hitler qui devait justement afficher un air respectable et déterminé. Ce n'était pas grave si tous ces gens avaient perdu leurs illusions à l'époque de Weimar qui leur avait imposé toutes les privations et toutes les frustrations. Mais aujourd'hui, personne ne pensait que livrer le pays à une armée de chômeurs et de bons à rien sans logis serait une bonne idée.

À l'intérieur de la SA, on récriminait à voix basse aussi. Quelle était la récompense des sections d'assaut ? Cueillir leurs vieux ennemis et avoir quartier libre pour terroriser et intimider ne suffisaient pas. Il était temps que le parti règle ses dettes. Pour une partie de la SA, cela signifiait simplement de partager le butin de la victoire, c'est-à-dire les aider à obtenir un emploi et à gagner de l'argent. C'était la juste rétribution de ceux qui avaient gagné. Pour d'autres, cela signifiait se réfugier dans le rêve que ce seraient eux et non pas le parti, qui domineraient la nouvelle Allemagne. Ils la dirigeraient avec une junte composée des officiers supérieurs des sections d'assaut. Ce qu'ils virent les stupéfia. Le nouveau régime semblait manquer à toutes les promesses qu'il avait faites à la SA. Il commençait une politique d'ouverture vers les élites quand justement la SA les avait considérées comme ses ennemis politiques. Adolph Hitler se rapprochait des fonctionnaires, des officiers, des magnats de l'industrie, des juristes, des intellectuels et des hommes qui faisaient carrière dans la politique, en un mot il nouait des contacts avec ceux que la SA considérait les pires dans l'autosatisfaction bourgeoise.

Au sein de la direction nazie, beaucoup trouvaient que les sections d'assaut constituaient une gêne, voire un bloc rival puissant. La SA avait contribué à guider le parti vers le pouvoir, mais il était temps qu'elle s'affaiblisse pour finalement disparaître. Une campagne de rumeurs commença. Il ne fallait pas faire confiance à Ernst Roehm, le chef de la SA, car Roehm, prétendait-on, avait toujours nourri l'ambition de doubler Hitler et d'en faire le porte-parole politique de la SA.

Roehm préparait un nouveau *putsch*, donc. Il complotait avec des puissances étrangères. Cette intraitable mauvaise langue faisait sentir son influence. Contrairement à Staline, Hitler se sentait profondément lié au monde de ses combattants de la vieille garde, mais pas à n'importe quel prix. Ce ne fut pas difficile de le convaincre que ce genre de sédition était typique de Roehm et de la SA en général. C'était ce qui marquait son histoire. Elle avait vu Roehm contraint de s'exiler en Bolivie en 1925, son successeur Pfeffer von Salomon démis de ses fonctions en 1930, ses partisans organiser une mutinerie en 1931, menée par Stennes et finalement écrasée. Le fossé entre le parti et la SA recommençait à se creuser.

L'armée, dont le soutien était absolument essentiel aux projets d'avenir d'Hitler, avait aussi annoncé clairement qu'elle ne tolérerait jamais d'être sous les ordres de Roehm, ni même d'avoir à rivaliser avec la SA pour la fourniture en armements et les fonds accordés. Pour Hitler, qui nourrissait des ambitions si grandes que personne, même les généraux de l'armée, ne pouvait soupçonner, cela posait un vrai dilemme. Même si l'armée était très limitée en nombre d'hommes, elle savait mener une offensive réelle. Elle représentait une valeur stratégique. Les vigiles de la rue ne pouvaient plus, maintenant qu'ils avaient rempli leur rôle, le guider vers le pouvoir. Hitler n'avait aucune intention de regarder en arrière, de peur de surprendre un SA lui donner un coup de couteau dans le dos ou pire encore, de peur d'être obligé de limiter ses ambitions pour d'incessantes querelles meurtrières.

Hitler vénérait les talents d'organisation de Roehm, mais il n'avait aucune confiance dans ses intentions. On rapportait maintenant à Hitler que la SA fomentait une « deuxième révolution » et complotait activement avec des puissances étrangères, la France notamment, pour le renverser. À la fin du printemps 1934, sa paranoïa se transforma en panique totale. Bruno, qui se tient informé comme n'importe quel membre d'un parti, n'a aucune idée des forces qu'on assemble contre Roehm et la direction de la SA. La SA tout entière se fit prendre en défaut. Elle paya le fait de ne pas avoir de bureaux de renseignements efficaces. Elle se fit ni plus ni moins rouler par ses nombreux rivaux.

Roehm, qui n'avait rien vu venir, ordonna joyeusement à toute la SA de prendre des vacances d'été prolongées, qui commenceraient le 1er juillet. Pour Himmler, Goering et tous ceux qui complotaient dur pour provoquer la chute de Roehm, il était urgent de passer à l'action. Après le début du mois de juillet, il serait beaucoup plus difficile à Hitler d'arguer d'un coup d'état imminent de la SA. Étant en vacances, aucun membre ne porterait l'uniforme en juillet. Des preuves inventées de toutes pièces et la « liste des hommes à abattre » de la SA furent présentées à Hitler. Il ne restait plus qu'un jour ou deux avant que la SA ne parte en vacances. Hitler réagit immédiatement.

Roehm avait commencé ses propres vacances par une cure dans la ville de Bad Wiessee en Bavière où il soignait un certain nombre de petites maladies. Il avait un problème au cœur et souffrait des blessures qu'il avait reçues lors de la Première Guerre mondiale. Lui et son entourage séjournaient à l'hôtel, inconscients du danger qui allait bientôt les menacer. Hitler et un petit groupe d'officiers supérieurs de la SS arrivèrent en voiture tôt le dimanche 30 juin. Ils se précipitèrent dans les chambres sans se faire annoncer et arrêtèrent un groupe d'hommes de la SA stupéfaits, qui ne comprenaient pas ce qu'il se passait. Roehm en faisait partie. Ils se firent morigéner, bousculer, accuser de trahison. On les emmena à la prison de *Stadelheim* à Munich. Roehm, matricule 4034, était enfermé dans la cellule 474, sans doute celle qu'il avait occupée en 1923 lorsqu'il avait été arrêté après le *putsch* de la brasserie. Des arrestations semblables eurent lieu à Berlin et à Breslau.

La fin arriva vite. Elle fut impitoyable. Environ 85 hommes trouvèrent la mort dans la « Nuit des longs couteaux », soit sur le lieu de leur arrestation, chez eux assis à leurs bureaux, soit face aux escouades armées dépêchées à Munich, Berlin, Breslau et Dachau. Les SS firent régner le chaos pour régler leurs comptes aux personnalités les plus rétives au mouvement. Parmi eux se trouvait la plume du vice-chancelier von Papen. Il avait récemment rédigé un discours particulièrement hostile au régime.

Le tour de Roehm arriva. On donna un revolver chargé à l'homme qui avait été le mentor d'Hitler et son allié le plus proche. Il fallait qu'il se suicide. Il refusa de prendre part à cette comédie en jouant sa propre culpabilité. Il se découvrit le torse et se tourna vers les deux officiers de la SS entrés dans sa cellule. Ils l'abattirent à bout portant. On raconta qu'il aurait dit : « Toutes les révolutions mangent leurs propres enfants. » On avait donné l'ordre de cesser la tuerie avant le 2 juillet. Les certificats de décès de ceux qui furent assassinés à partir du 3 furent antidatés.

La SA n'existait plus. Pendant toute la période qui lui restait à vivre, elle n'échappa plus jamais au contrôle du parti. Elle fut considérablement réduite sur la forme et sur le nombre. La plupart de ses armes lui furent confisquées et confiées à l'armée. Ses effectifs s'effondrèrent, passant de quatre millions environ à deux millions et demi d'hommes en septembre 1934. En avril 1938, la SA perdit encore un million et demi de membres. Les bureaux politiques des officiers supérieurs furent interdits. La SA n'était même plus représentée à la direction du parti. Après la guerre, cette perte de pouvoir de décision lui valut de ne pas être déclarée organisation criminelle par les autorités alliées. À la section d'assaut, Bruno n'est pas le seul à devoir s'accorder avec le fait que la direction de la SA a vraiment fait un mauvais pari et a perdu.

Dans les jours qui suivirent, la population allemande accepta l'explication officielle de l'assassinat de Roehm. La SA, tapageuse et rebelle, n'était pas populaire. Personne ne sembla d'humeur à contester la version des événements qui donnaient l'avantage à Hitler. Même si Hitler avait répugné à tuer son plus vieil ami, son geste impitoyable fut bientôt récompensé. Il attendit à peine un mois pour vérifier que son pari avait payé. Le 2 août, le vieux président Hindenburg mourut enfin. Hitler s'appropria immédiatement son bureau. Il avait enfin le pouvoir sur tout le pays, pas seulement au *Reichstag*. Deux semaines plus tard, le 19 août, il organisa un plébiscite pour ratifier sa prise de pouvoir. 89 % des électeurs l'approuvèrent. À ce stade tardif des événements, quatre millions et demi d'Allemands eurent le courage de dire « non ». En vain. Ce fut un raz-de-marée.

Neutraliser la direction de la SA impliquait un prix à payer. Hitler insista pour que chaque soldat au service de la *Reichswehr* prête un serment d'allégeance. Il obtint gain de cause. « Je jure devant Dieu que je fais serment d'obéissance inconditionnelle à Adolf Hitler, *Führer* du *Reich* et du peuple allemand, commandant suprême des forces armées. En tant que brave soldat, je me prépare à risquer ma vie à tout moment pour respecter ce serment. » Assassiner Roehm avait conditionné une immense générosité politique à l'égard d'Hitler. L'armée avait renoncé formellement à son indépendance. L'agressivité des chemises brunes avait été réfrénée. Même l'opposition de droite avait été déjouée. L'assassinat de la plume de von Papen fit comprendre à l'opposition – parmi laquelle beaucoup pensaient qu'Hitler serait apprivoisé facilement – que l'époque où elle jouait les fauteurs de troubles était révolue. Les nationalistes, les monarchistes et tous ceux qui s'accrochaient aux vieux dirigeants prussiens étaient bannis.

Ironie du sort, c'est en rendant l'âme que la SA rendit à Hitler un dernier service. Elle lui ouvrit la voie vers le pouvoir absolu. Finalement, Roehm rapportait bien plus mort que vivant. Le chef de la section d'assaut était devenu un emblème puissant de la résolution inébranlable d'Hitler à faire tous les sacrifices nécessaires pour imposer la loi et l'ordre. Rien n'arrangeait davantage ceux qui hésitaient à se conformer à l'Allemagne d'Hitler et à accepter ce nouveau régime que d'observer le *Führer* réfréner brutalement ses propres partisans. La SA était atterrée. L'ensemble de la classe moyenne allemande applaudit.

Pour ceux qui, comme Bruno, appartiennent au mouvement, c'est une autre leçon qu'il faut apprendre. La naïveté de Roehm s'est révélée encore plus dangereuse qu'une véritable trahison. L'avenir de l'Allemagne repose sur Hitler et son parti et non sur les sections d'assaut armées. C'était une dictature raciale, pas simplement militaire. Les prix étaient remis à ceux qui passaient à l'acte, armés de l'idéologie, pas de fusils. C'est une chance pour Bruno qui possède une particularité encore plus puissante que l'uniforme qu'il porte. Cette particularité accentue sa valeur auprès des nazis. C'est sa perspicacité politique. Bruno s'est rangé du côté du parti plutôt que de la SA, parce que, contrairement à la majorité de ses camarades des sections d'assaut, il voit le tableau en grandeur réelle. Il comprend que le national-socialisme est trop important pour se faire réduire à un intérêt personnel à court terme. Sa loyauté lui vaut l'un des insignes les plus puissants du nouveau régime. Il porte fièrement ce trophée sur sa veste.

Les nazis s'avérèrent doués pour remercier les hommes fidèles au parti. Hitler avait compris le pouvoir des symboles. À la fin de l'année précédente, en 1933, le parti avait instauré un système de prix et de médailles. Ce programme glorifiait la loyauté et permettait aux combattants de la vieille garde de se démarquer des jeunes adhérents. Parmi les marques les plus prestigieuses se trouvait l'Insigne d'or du parti, rond, cerclé d'or, qui était remis pour marquer un statut d'élite dans le parti. Pour se voir accorder cet honneur, les critères étaient stricts : il fallait être inscrit au parti depuis longtemps, sans interruption et posséder un numéro d'adhérent inférieur à 100 000. Bruno se trouve parmi les 22 000 Berlinois à se qualifier. Porter cet insigne confère aux vétérans nazis un surnom envié : Bruno est un « Faisan d'or » – un signe d'assentiment est donné avec la couronne d'or qui se déploie tout autour de la médaille et le galon rouge que les officiels du parti aiment fixer à leurs épaulettes. C'est aussi l'occasion de se moquer de ceux qui se donnent un air important en affichant cette décoration. Cela restera la preuve irréfutable que Bruno a un statut de VIP dans la nouvelle Allemagne, tout au long du Troisième *Reich*.

Bien sûr, parmi les élus, beaucoup furent décorés parce qu'ils appartenaient au parti depuis des années. L'insigne remis à Bruno revêt une signification plus profonde. Parce qu'il s'est rangé du côté du parti plutôt que de la SA, Bruno a droit à une deuxième distinction. Il est nommé au jury d'honneur de la SA, le *Ehrengericht.* On a remarqué le soin de Bruno à ne pas prendre le parti des conspirateurs. Ses supérieurs reconnaissent aussi qu'il est un atout indéniable dans le combat que mène la SA pour regagner la confiance d'Hitler après le tumulte. Il joue un rôle clé dans la tentative de réhabilitation de la SA.

Ce jury d'honneur constitue une réponse directe des nazis au désordre qui a surgi pendant l'été des « longs couteaux ». Le 1er août 1934, le commandement en chef de la SA (OSAF) décréta qu'un jury spécial, le *Sondergericht der OSAF,* serait établi pour enquêter et juger les affaires qui « ont été ou seront mises en évidence par la purge ». Les jurys étaient censés se pencher sur des affaires directement liées au *putsch* du 30 juin 1934 et purger la SA de tous les membres dont on ne voulait plus. Cela concernait en particulier tous ceux qui ne menaient pas une vie décente. Cela allait de l'immoralité à la prodigalité, en passant par le carriérisme, le matérialisme, la fraude, les excès de boisson et la vantardise.

En réalité, le jury d'honneur permettait au parti de resserrer un peu plus son étau sur les mutins des sections d'assaut et de justifier la tuerie du mois de juin. Selon la version officielle, on se souciait d'insister sur le fait qu'Hitler avait répugné à commettre cet acte motivé par la seule préoccupation du bien-être national et dénué de tout intérêt personnel. Les jurys d'honneur servaient à s'assurer que cette version des événements était acceptable. Bruno y voit une nouvelle preuve de la grande confiance que lui témoignent ses supérieurs politiques. Ne purent y siéger que ceux qui fournirent des documents retraçant leurs activités menées de longue date en faveur d'Hitler et qui n'avaient pas été, selon les termes nazis, « sujets aux symptômes de la maladie de la SA ».

Ce jury d'honneur de Berlin-Brandenburg fut établi le 8 août par le nouveau chef de la SA de Bruno à Berlin, l'*Obergruppenführer* Dietrich von Jagow. Il fut accueilli dans les vastes locaux centraux de la SA, au 4 Tiergartenstrasse, un lieu nouveau, important. Plus tard, il abriterait le programme d'euthanasie des nazis qui porterait le nom de ce bâtiment : « T4 ». Bruno fait partie d'un des jurys les plus importants. Il est entouré d'officiers qui occupent un rang bien supérieur au sien. Son obéissance inconditionnelle à Hitler, ses convictions idéologiques, sa capacité de résistance à la désobéissance de la SA ont reçu la bénédiction officielle de la direction nazie. Cela va bien au-delà de l'insigne qui lui a été remis. Le rôle de ce jury d'honneur exige de lui qu'il joue les procureurs du parti. Il surveillera et punira les transgressions. Quelle plus grande justification pourrait-il exister pour Bruno, ce membre actif du parti, que de participer au jugement de tous ceux que le parti entend retrouver ?

Avec tous ces pièges établis en bonne et due forme, avec toutes les distinctions qu'il a reçues, Bruno ne participe à rien d'autre qu'à une comédie. La tentative de la SA de distinguer le légal de l'illégal relève de la farce. Bruno ne voit aucune contradiction à légiférer contre les écarts tels que le vol, l'ivresse, ou le simple fait de manquer de fiabilité et, au même moment, à approuver la torture, l'emprisonnement illégal, l'intimidation et le meurtre. Rien ne semble compromettre le sens de l'honneur de la SA. Les nazis ne perdent jamais autant la tête que lorsqu'ils légitiment leurs actes et les compilent dans un code.

La suppression inattendue de l'aile révolutionnaire du parti marqua de façon décisive les agissements du régime. Jusqu'alors, le parti avait axé ses priorités sur l'aspect révolutionnaire, quasi militaire de sa doctrine, en écrasant les opposants de longue date et en obligeant les Allemands à se conformer aux limites qu'il avait fixées. Mais ce n'étaient que les prémices de la construction du Troisième *Reich*.

Le moment était venu. Après presque deux ans de tumulte et d'agitation permanente, Hitler démontra l'étendue de son pouvoir absolu. Il y avait eu des marches et des processions, mais les événements à venir prendraient une dimension jusqu'alors inconnue. Ce serait un assaut sur l'Histoire. Il démontrerait au *Volk* que les nazis agissaient à un niveau situé bien au-delà de la politique classique. Ils n'auraient plus à lui rendre de comptes, pas plus qu'on ne serait soumis aux règles habituelles. Derrière les gestes qu'il accomplissait et le spectacle qu'il donnait, Hitler cachait toujours une décision. Ce qu'il s'apprêtait à faire ne ferait pas exception. Puisqu'ils avaient éliminé les dirigeants de la SA, les nazis devaient à tout prix ramener au parti les sections d'assaut qui regroupaient plus de trois millions de membres. Hitler convoqua les chefs les plus puissants, Goebbels, le maître de la persuasion et Albert Speer, le jeune architecte qui faisait partie de ses hommes de confiance, pour réaliser le spectacle somptueux qu'il voulait. Le régime nazi se définissait par la propagande qu'il menait, l'implication de la masse et le rituel de la participation. Il existait un lieu où ces trois composantes se retrouvaient davantage qu'à Berlin. C'étaient les rassemblements de Nuremberg. Les documents SS de Bruno prouvent qu'il a assisté à quatre de ces rassemblements annuels. En 1929, 1933, 1934 et 1935. C'étaient les grandes dates de son calendrier nazi. Leur dimension, leur orgueil, leur idolâtrie et, une fois la nuit tombée, la boisson, la fête et le tumulte qui caractérisaient toutes les réunions de la SA, avaient pour but de susciter une crainte mêlée d'admiration auprès de ceux qui participaient aux rassemblements.

Le rassemblement de 1934 fut un chef-d'œuvre. La marche de la victoire à la Porte de Brandenburg, le 30 janvier 1933, avait marqué l'entrée des nazis dans la politique. Nuremberg fut incomparablement plus grand. Il transmit un message tout à fait différent : la durée du *Reich* des nazis s'étendrait sur mille ans. Le rassemblement de 1934 est resté dans l'histoire en y apposant l'empreinte du triomphalisme nazi porté à son comble avant la Seconde Guerre mondiale.

Ce n'est pas étonnant qu'Hitler l'ait baptisé le Triomphe de la volonté. La programmation de ce triomphe ne pouvait pas mieux tomber. Le rassemblement eut lieu à peine quelques semaines après la mort du président Hindenburg. Adolf Hitler venait de se débarrasser du dernier obstacle qui l'empêchait de s'auto-déclarer *Führer*. En combinant le *Durbar* impérial, le triomphe de Rome, la présentation au drapeau des Britanniques et le défilé à l'américaine sous une pluie de serpentins et de confetti, le rassemblement de 1934 marqua la fin d'une opposition réelle à Hitler.

Ils sont plus de 5 000 Berlinois à être inscrits au parti. Bruno en est. Avec tous ces membres et les sections d'assaut de la SA, il monte dans un des trains bondés, spécialement affrétés entre le 1er et le 3 septembre. Leur destination : Nuremberg, la ville située au nord de la Bavière. Il s'échappe de Berlin. C'est une chance pour lui de pouvoir s'immerger dans le foyer spirituel du mouvement : la vieille Bavière et ses paysages bucoliques plutôt que la Prusse toute grise et collet monté.

Le choix du lieu était symbolique : il y avait tout d'abord la beauté médiévale de la vieille ville. Nuremberg est proche du centre du pays sur le plan géographique. Elle est profondément associée à l'histoire allemande, au saint Empire germanique. Ses maisons en bois, ses rues étroites et sinueuses donnaient une alternative *völkisch* sympathique, agréable face à la modernité du « bitume » de Berlin. Toutefois, les lèche-bottes du pouvoir nazi ne voulaient pas se contenter d'évoquer le patrimoine national. Hitler chargea donc Albert Speer, le jeune architecte plein de talent, de dessiner et de réaliser un stade gigantesque, flambant neuf, dans lequel on pourrait réunir des formations entières de sections d'assaut qui défileraient, rassemblées en forme de damiers. Le projet fut réalisé à temps pour le rassemblement de 1934. En associant le béton compact, luisant, de Speer à l'aspect médiéval d'une ville qui semblait sortir tout droit d'un conte de fée avec ses maisons à colombages, le rassemblement d'Hitler revêtit une double apparence : on y ressentait le choc de l'ancien et du nouveau, de l'individu et de la masse, du folklore et de la brutalité.

D'année en année, ce n'est pas l'habitude qui motive Bruno à se rendre à Nuremberg. L'ampleur de l'organisation l'enchante. Les nazis voulaient appartenir au mythe. Hitler ne se considérait pas comme le dieu de l'Allemagne, mais comme le plus grand artiste du pays et Nuremberg était sa toile. Les rassemblements lui permettaient de présenter la politique nazie comme l'expression de la volonté populaire nationale, même s'il méprisait le processus démocratique. Derrière la pompe et le symbolisme de 1934 se cachait une intention politique très particulière : s'adresser aux hommes qui portaient l'uniforme brun de Bruno et, si possible, combler la brèche entre le parti et les paramilitaires de la SA. Les souvenirs des événements du 30 juin et de la « Nuit des longs couteaux » restaient nets et pavés d'incertitudes. Le rassemblement imposait à la SA le plus grand examen de loyauté qui soit après les effusions de sang. Soit elle s'adaptait à Hitler, soit elle subissait de nouvelles purges.

Finalement, le parti n'avait rien à craindre. Pour des hommes comme Bruno, ce n'est pas un sacrifice que de montrer au *Führer* que la SA s'est à nouveau réintégrée dans le Troisième *Reich* et que l'époque où elle semait le désordre est terminée. Hitler aurait sa parade de la victoire. Le tumulte et le sang versé du *Kampfzeit* prendraient fin. L'âge d'or du Troisième *Reich* commencerait.

Le rassemblement, plus grand que tous les autres rassemblements précédents, exploita encore le modèle bien rôdé des défilés, des consécrations, des appels et des processions à la torche. Cette fois, Hitler réussit à s'emparer de ce rassemblement gigantesque. Speer l'avait organisé sur l'esplanade Zeppelin dont la base offrait des proportions démesurées tandis que les dimensions choisies pour la parade dépassaient l'entendement. C'était un forum idéal pour réunir les masses. Par sa présence physique, le *Führer* pouvait faire valoir le *Volk*, et le *Volk*, son *Führer*. Bruno et ses camarades de la SA sont logés dans de grandes tentes dressées dans des champs à l'extérieur de la ville, près de celles qui abritent les contingents des autres organisations.

Le rassemblement s'ouvrit le mardi 4 septembre. Tout commença par l'accueil de la presse internationale. Puis l'arrivée d'Hitler. Ce fut le moment le plus fort. Le reste de la semaine s'organisa autour de journées à thèmes. Elle fut lancée par le jour de l'ouverture du congrès. Rudolf Hess et d'autres grands maîtres prononcèrent leurs discours au Luitpold Hall. Le jeudi 6 septembre symbolisa le jour du travail. Le Service du travail avait été convoqué en masse à cet effet. Il se composait des hommes que l'on avait recrutés pour construire les routes les plus importantes. En lançant ce programme, Hitler projetait de s'attaquer au chômage national. Puis ce fut au tour des organisations politiques d'occuper la scène, suivies des Jeunesses hitlériennes le samedi. Les deux derniers jours furent consacrés à la SA et à la SS. Dans un couronnement qui venait clore les négociations secrètes menées du début du printemps à la fin de l'été, le rassemblement se termina sur la proclamation de l'armée. En masse cette fois, mais d'une seule voix, elle prêta encore serment d'allégeance à Hitler.

Chacune de ces journées appliquait les recettes habituelles. Les discours, par exemple. Certains étaient prononcés à l'intérieur, d'autres à l'extérieur, dans la journée, mais aussi de nuit. L'éclairage était fourni par des torches qui enfumaient l'atmosphère et des projecteurs qui balayaient le terrain. C'était assez terrifiant de poser son regard sur la foule. La fidélité nazie atteignait des proportions tout à fait démesurées. Le mouvement avait toujours compté des milliers de sympathisants, parfois des dizaines de milliers. Mais à présent, cela dépassait l'entendement. Comparez une photo du rassemblement de 1934 à la photo prise en 1925, seulement neuf ans plus tôt, celle où l'on voit Bruno qui se penche en arrière au milieu de ses copains du *Frontbann*. Ils rentrent tous à l'aise dans l'objectif. On peut identifier chacun des visages. À Nuremberg, il était impossible de remarquer la présence de Bruno. Speer, l'architecte, avait réussi à réaliser son projet initial. Aucune loupe ne serait jamais suffisamment puissante pour trouver Bruno au milieu de toutes ces formations gigantesques. Il est là quelque part, bien sûr, mais il est complètement perdu parmi le grand rassemblement des représentants du nouveau *Volksgemeinschaft*. La SA que l'on connaît bien n'est pas venue seule. La SS est présente elle aussi et, avec elle, des légions de Jeunesses hitlériennes, des membres du parti et beaucoup d'autres armées de fonctionnaires nazis.

Dans le courant de la semaine, Bruno écoute les dirigeants nazis, Hitler également, prononcer des discours au Luipold Hall au milieu d'une assemblée qui applaudit à tout rompre, le bras tendu à l'extrême pour faire le salut nazi à tout moment. Une fois que la nuit tombe, les vieilles habitudes de la SA ressurgissent et Bruno rejoint ses camarades de Charlottenburg dans leurs beuveries nocturnes. Ils hurlent tout au long du chemin du camp à la ville et de la ville au camp. Ils provoquent de nombreuses bagarres. Ils distribuent des coups de poing et envoient des dizaines d'opposants de la SA à l'hôpital. « Une nuit, au cours du rassemblement de Nuremberg de 1934, des événements se produisirent dans le camp des chemises brunes. Un SA rédigea un rapport. Il indiqua que tout le monde était saoul et qu'une grosse bagarre avait éclaté à une heure du matin entre deux groupes venant de régions différentes. Plusieurs hommes reçurent des coups de couteaux. En rentrant au camp, les membres des sections d'assaut attaquèrent des voitures, lancèrent des bouteilles et des pierres sur les vitres et tabassèrent leurs occupants. Toute la police de Nuremberg fut mobilisée pour mettre un terme aux troubles. Une chemise brune fut sortie des latrines dans lesquelles elle était tombée en état de semi-coma éthylique, mais l'homme mourut peu après, victime d'empoisonnement par le chlore. Le calme ne fut rétabli dans le camp que vers quatre heures du matin. On comptait alors six morts, trente blessés, et une vingtaine d'autres qui s'étaient blessés en sautant sur les voitures ou les camions puis sur le sol. »[1]

Cependant, ce qui restait dans les mémoires, c'était la parade en uniforme complet et la participation à l'un de ces grands tableaux qui sont devenus le symbole du spectacle nazi. Les immenses colonnes en marche prenaient l'allure d'une chorégraphie. Des dizaines et des dizaines

(1) Richard J. Evans, *The Third Reich in Power.*

de milliers d'hommes casqués défilaient en parfaite formation, telle une marée de visages qu'on ne pouvait pas discerner. Pour quelqu'un qui avait passé sa vie enivré par la pompe militaire, c'était épuisant mais cela rendait heureux. Les bottes, les casques, le cuir qui luisait, incarnaient le symbole puissant de la mobilisation des sections d'assaut légendaires. Enfin, l'esprit d'Ernst Jünger que Bruno aimait tant, ressurgissait du carnage du fond de l'ouest. Il revenait à la vie, prenant une forme immaculée et redoutable.

Mais cette année, Bruno se sent encore plus encouragé à ouvrir son cœur, à se tenir aussi droit que possible sur le parcours de la parade. Parmi les dizaines de milliers d'hommes rassemblés dans ce gigantesque tableau vivant, Bruno a décidé qu'il jouerait son rôle. Car, cette année-là, le rassemblement était filmé. Même si rien de plus monumental n'existait, le rassemblement ne suffisait pas à calmer la soif d'immortalité d'Hitler, surtout qu'il venait de passer son nouvel habit, celui qui durerait « mille ans ». Parmi les monuments les plus importants qu'il érigerait, il faudrait compter ceux qui seraient fabriqués à base de celluloïd. L'Allemagne aimait le grand écran et l'extraordinaire nouveauté de ses technologies. Le son venait de s'ajouter à l'image. Il n'était que la dernière d'une longue série d'innovations. Dès le début des années trente, les salles de cinéma avaient ouvert dans toute l'Allemagne. Goebbels avait parfaitement compris que les films transmettaient les émotions nationales encore mieux que les écrits. Hitler décida de faire un film sur le rassemblement.

Bruno connaît le monde de la nuit berlinoise. Il aime beaucoup aller au cinéma et il a l'œil pour les femmes. Il connaît très bien le nom de cette ex-danseuse devenue actrice puis réalisatrice, à qui on a confié ce travail qui consiste à transformer tous ces discours et ces défilés au pas de l'oie en une image épique de la nation en marche : Leni Riefenstahl. Elle a fait sensation à Berlin, avec son charme et son ambition démesurée. On lui a confié la réalisation d'un chef-d'œuvre cinématographique pour fêter le régime comme les colonnes et les arcs de triomphe fêtaient les leurs autrefois. Elle releva le défi, gonflée de sa détermination et de son arrogance. On lui accorda un budget illimité et plus d'une douzaine des meilleurs réalisateurs. Le film fut la plus grande réalisation cinématographique au monde. Leni Riefenstahl était le maître de la dimension. Elle savait que rien ne semblait plus petit à l'écran que la plus grande scène du monde. Elle ne se contenterait pas de saisir l'ampleur de la liesse de la foule allemande, elle imprimerait aussi sa force sur l'image.

Leni Riefenstahl avait associé son nom à des films qu'on appelait les « films de la Montagne ». En tant qu'actrice, elle y avait parfois décroché le rôle principal, mais elle avait aussi été réalisatrice. Ces films étaient des mélodrames démodés. Les plans étaient réalisés à des milliers de mètres au-dessus du niveau de la mer. Ils plaquaient une suite de plans vertigineux sur des scénarios *kitsch*. Leni Riefenstahl eut le génie d'utiliser ce procédé pour les rassemblements. Au lieu de tendre vers le Zugspitze, le sommet le plus haut d'Allemagne, les caméras se dirigeaient désespérément vers Hitler. Aux crevasses, aux canyons, aux cîmes, aux versants de granit, elle substitua des plans d'hommes en uniforme. Réalisés en contre-plongée, ces plans découvraient l'immensité des terrains de la parade de Nuremberg. On aurait dit un mélange du Circus Maximus de *Ben Hur* et d'un paysage de Caspar

David Friedrich. C'était irréel. L'architecture que Speer avait réalisée à Nuremberg –marbre luisant sur granit étincelant – représentait pour elle une vision vivante de Sparte, le lieu idéal pour un rassemblement, celui des corps, des armes et des flammes. Aucun réalisateur ne fit jamais appel à une telle armée de figurants aussi disciplinée. Les centaines de milliers d'hommes comme Bruno étaient déterminés à créer un événement dont on se souviendrait. Personne non plus ne se tourna jamais vers une star ou un charisme aussi transcendantal que celui du nouveau *Führer*. Des rassemblements avaient déjà témoigné de l'adoration des foules, mais 1934 déplaça les projecteurs vers la balise du pays : le grand *Führer*. Le visage d'Hitler, dur, creusé par les rides, apparaissait en gros plan de façon à ce que le chef s'élève au-dessus du champ de la politique traditionnelle.

Il fallut attendre des mois avant de découvrir le résultat de ces incroyables efforts. La première eut lieu le 29 mars 1935. Bruno est un membre de la vieille garde du parti et il a participé au rassemblement. Je ne prends pratiquement aucun risque en affirmant qu'il y a peu de chance qu'il ait raté la projection. Au moment où la salle plonge dans l'obscurité, Bruno sait qu'il s'apprête à savourer la plus grande expérience cinématographique de sa vie de nazi. Le film dure deux heures vingt : il fait date et il continuera de le faire, dans la mégalomanie cinématographique.

Je connais très bien ce film. En 1993, j'avais persuadé la BBC de le diffuser pour répondre à la publication de la récente autobiographie de Riefenstahl autour de laquelle on avait fait beaucoup de publicité : *The Sieve of Time*, (Le Temps passé au crible). En présentation du film, j'avais réalisé un documentaire de quarante minutes. J'alternais des extraits du film et des entretiens d'historiens, de réalisateurs et de commentateurs. Pendant des semaines, dans une pâle imitation des efforts que Leni Riefenstahl avait fournis pour son film, je restai assis à mon bureau de West End à Londres. Je faisais défiler les images du « Triomphe de la volonté ». Je les rembobinais pour me faire une idée du film tout en cherchant sur quelles séquences historiques cela vaudrait le coup de s'arrêter. Je réalisais à quel point c'était étrange de voir tout le film. On était tellement habitués à n'en voir que des images ou des passages. Riefenstahl entendait faire de ce film une merveille cinématographique. Je n'en revenais pas de découvrir qu'à chaque prise de vue qui, d'ailleurs, me stupéfiait par son aspect « mauvais conte de fée », correspondait une foule de scènes qui révélaient une incompétence cinématographique incompréhensible. L'histoire est décousue. Tous ceux qui regarderaient le film aujourd'hui seraient incapables de se souvenir de l'ordre précis des scènes et de la fin du film. Cela n'avait aucune importance lors de cette première. Seul comptait l'effet radieux que ce film produirait. Le contenu ne comptait pas.

À l'époque, je n'imaginais pas que mon grand-père avait pu jouer un rôle dans ce film. Il ne m'était jamais venu à l'idée qu'il aurait pu être l'un de ces hoplites SS au visage dur qui défilaient dans ces formations réunies à l'infini. Aujourd'hui, lorsque je regarde ce film, je le vois très différemment. J'essaie de le voir avec les yeux de Bruno, ceux de cette nuit de la fin du mois de mars 35. C'est pour moi le moyen de comprendre ce que Riefenstahl a réussi à faire. Le film de la paix. C'est ce qu'elle affirma par la suite.

Comme le *Führer*, ce film ne semble pas avoir de programme particulier. Ce qu'il présente, et c'est ce qui a tellement enchanté les premiers spectateurs, les partisans, c'est l'image renversante d'un État fasciste qui fonctionne comme une machine bien huilée : la base se fond dans la direction du parti. Le grand chef incarne et modèle la volonté nationale. La masse s'assemble pour ressentir le pouvoir de la force collective au moment où elle abandonne toute son autorité. Surtout, le film met au défi le spectateur de résister à son invitation permanente : Viens ! Marche avec nous ! J'imagine combien le film a dû exalter Bruno, à quel point il a dû se pavaner en sortant du cinéma.

Si Bruno a trouvé le film enivrant, il symbolise tout ce qu'il connaît déjà. Le but caché est de mettre un terme à la rupture entre la SA traumatisée et le parti victorieux. Mais là encore, c'est quelque chose que Bruno pratique depuis longtemps. Pour un membre des sections d'assaut aussi ambitieux que Bruno, l'affaire Roehm, c'est de l'histoire ancienne à la fin 1935. Malheureusement, la SA, c'est aussi de l'histoire ancienne. Leur pouvoir s'affaiblit ces temps-ci. Ne plus être en froid avec la direction du parti, s'être réconcilié même, c'est peut-être simplement ce à quoi les soldats de la base aspirent. Pas Bruno. Il déteste sûrement que la SA soit tombée aussi bas. En cherchant dans divers papiers des sections d'assaut qui retraçaient ses états de service, je tombai sur une déclaration sur l'honneur. C'était un document extraordinaire. Je n'en revenais pas de découvrir que l'idée de quitter la SA le plongeait dans un état de désespoir et en même temps avec quelle brutalité il s'apprêtait à la quitter. Comme son CV SS, il avait rédigé cette déclaration de sa propre main. Cela me permit de voir précisément quel genre de nazi il était devenu.

Ce nouvel épisode de la vie de Bruno ne fut pas une réédition des mutineries et des querelles des années Stennes/Roehm, quand l'aile gauche du mouvement nazi avait cherché à imprimer davantage de socialisme dans la politique d'Hitler. En fait, c'était le contraire. Au cours du Troisième *Reich*, la corruption, le copinage et les pots de vin étaient devenus monnaie courante. C'était la face sombre du nouveau pouvoir politique, une vraie mine d'or dans un régime qui pensait qu'être puissant, c'était la bonne solution et que la loi du pouvoir, c'était d'accepter tous les prix qu'il offrirait. Évidemment, certains nazis exagérèrent. Un fanatique tel que Bruno en est atterré. Il fait visiblement la différence entre recevoir une récompense méritée après des années de loyauté et de sacrifice et tout simplement piquer dans la caisse. Pour lui, un vrai fanatique ne peut ignorer l'immoralité, même si elle sévit au sein de son propre bataillon de la SA. Il a acquis ce réflexe au jury d'honneur de la SA, où il a servi pendant des mois. Les sections d'assaut de la SA doivent évidemment faire de leur mieux pour redevenir les incorruptibles de l'empire d'Hitler. Si elles n'y arrivent pas, alors Bruno n'aura plus rien à faire auprès de la SA. En 1936, Bruno a la chance de mettre ses convictions au service de l'action. C'est lui qui va donner les coups de sifflets.

Bruno affiche une vigilance de rapace. Sa victime est un certain Heinrich Rohmeyer, un officier avec qui il a été au *Sturm 31* de la SA. Il le connaît depuis des années. Rohmeyer est une grande gueule, mais on le juge utile au bataillon. Il fait beaucoup de bruit au Zur Altstadt, leur brasserie de la SA, qu'ils appellent aussi la Robert Reissig, du nom du patron. C'est ce qui attire l'attention de Bruno. Voilà un homme qui se prétend chômeur, mais qui n'arrête pas de dépenser de l'argent, qui paie tout le temps la tournée générale et des cigarettes à tout le monde. Bruno est convaincu que quelque chose ne tourne pas rond avec ce gars-là. C'est sûrement un trafiquant. Il décide de le faire surveiller. « Je ne croyais pas du tout à sa trop grande générosité, pas plus que je ne croyais aux activités qu'il menait à l'étranger. Alors, j'ai commencé à le surveiller. » Bruno partage ses doutes avec son chef, le *Sturmbannführer* Feldmann. Le nouveau chef du *Sturm 31* encourage Bruno à pousser plus loin son enquête.

Bruno mène son opération tout seul. Il se répand vite au-delà de la SA. Il s'échauffe. Il prend contact avec ses vieux « camarades du parti » qui travaillent maintenant à la *Gestapo* et au Service de la sécurité. Le dossier de Rohmeyer s'alourdit lentement au fur et à mesure que l'enquête progresse et qu'on réunit les charges qui pèsent contre lui. Finalement, Bruno n'a qu'un seul choix : aborder la question avec Hahn, le *Standartenführer* de la SA, supérieur direct de Rohmeyer, qu'il connaît depuis l'époque du *Frontbann*. Bruno se heurte à un mur. Hahn n'essaie même pas de nier que Rohmeyer est une personnalité douteuse. Mais « Laisse tomber, dit-il à Bruno, Rohmeyer nous est vraiment utile. Je ne veux pas qu'on y touche. » Le talent dont il fait preuve, c'est sa capacité à « se procurer du matériel utile ». Hahn ne veut pas que l'on pose trop de questions ; il veut encore moins que ce soit un collègue de la SA qui fasse preuve de zèle en voulant prouver quelque chose. Pour Bruno, la brouille est évidente. Rohmeyer détourne sûrement de l'argent : soit son vieux copain Hahn le couvre, soit il est de mèche avec lui, ce qui paraît plus probable.

On trouve toute l'histoire dans les dossiers des archives. Rohmeyer avait été chargé de remettre à neuf le nouveau QG du régiment au 1, Kastanienallee, une magnifique villa totalement délabrée dans un quartier élégant de Berlin. Le montant des travaux avait largement dépassé l'estimation de départ. Entre temps, Rohmeyer qui était officiellement chômeur, se faisait régulièrement emmener à son travail dans sa limousine avec chauffeur et n'était jamais à court d'argent. Ce qui avait commencé par l'achat de matériaux de construction s'était rapidement transformé en « dons » financiers. En peu de temps, il avait réussi à ratisser des milliers de marks. L'escroquerie ne s'arrêtait pas là. Rohmeyer avait un complice au ministère de l'Aviation du *Reich*. C'était précisément le genre de façon de faire que beaucoup à la SA considéraient comme le privilège du pouvoir. Bruno est déterminé à le faire savoir. Évidemment, cela ne le perturbe pas que la maison de Kastanienallee soit aussi l'endroit où la SA a commis toutes ses horreurs pendant la terreur de 1933. À l'époque, c'était simplement le train-train. La vraie faute de Rohmeyer avait nécessité un an d'enquête approfondie, des mois au jury d'honneur de la SA, des conseils de guerre, et finalement un procès au pénal. Cette faute concernait le détournement de 15 000 marks et de matériaux de construction.

Malheureusement pour Rohmeyer, et pour le *Standartenführer* Hahn, son chef, les dirigeants de la SA, soucieux de protéger leur réputation face au parti, partageaient le point de vue de Bruno. Quand l'affaire fut finalement présentée au jury d'honneur de la SA, Rohmeyer fut jugé coupable. La SA conclut qu'il avait effectivement « agi contre la discipline de la SA » et l'exclut de ses rangs. Bruno fait preuve de ténacité. Il remporte un résultat triomphant. Sa droiture se révèle encore plus forte que la solidarité entre les membres de la SA. Nourri de vantardise et trop plein du sentiment d'incarner la loi, Bruno, lui, a placé son fanatisme nazi au premier rang de ses devoirs. Il se fait approuver pour trois raisons. D'abord, parce que ses soupçons se sont révélés vrais. Ensuite et surtout, parce qu'il s'est élevé contre la corruption, en plaçant la propriété nazie au-dessus de l'attitude de ses camarades de bataillon. Enfin parce qu'il a prouvé au Service de la sécurité à quel point il sait coopérer. Il ne s'est pas contenté de parler, il est passé à l'action. Pour Rohmeyer, le pire l'attendait. Quand la SA en eut terminé avec lui, elle renvoya l'affaire au pénal. Il fut condamné à deux ans de prison pour détournement de fonds et enrichissement personnel.

Pourtant, Bruno exprime une pointe de regret dans ses déclarations. Il doit savoir que ce qu'il a fait ne fera qu'aggraver le cas de la SA. Il doit avoir conscience aussi qu'il a aidé à provoquer la chute de Fritz Hahn, son vieux collègue et son mentor. Il a essayé d'en limiter l'impact en ajoutant une note de conclusion à sa déclaration sur l'honneur. Il y fait part de l'admiration qu'il porte depuis longtemps à son vieux camarade. Il parle de sa conduite militaire irréprochable. Bruno a toujours considéré Hahn comme un type « franc et droit » qui « donne la meilleure impression sur le plan humain ». C'est ce qu'il écrit dans son petit paragraphe de conclusion plutôt mielleux. Mais c'est sans appel. Hahn se fit lui aussi exclure de la SA et évita la prison de justesse. Heureusement pour lui, le jury d'honneur lui accorda le bénéfice du doute. Ils conclurent qu'en tant que « combattant de la vieille garde », il n'avait pas participé de façon active aux malversations financières de Rohmeyer. Il s'était simplement fait duper. Bruno est navré de voir la réputation de son camarade éclaboussée, mais il n'y peut rien. Il a été contraint d'agir. Il a fait ce qu'il devait faire. Et il a servi la cause nazie.

La lecture de ces documents révèle aujourd'hui à quel point les valeurs de la justice nazie s'étaient inversées, à quel point elles avaient été perverties. Hahn s'était fait exclure de la SA pour une affaire de vol de matériaux de construction. En réalité, Hahn était violent. C'était un voyou, un meurtrier. Même le nouvel officier de commandement de Bruno, le *Sturmbannführer* Feldmann le savait. Il reconnaissait timidement son « agressivité et sa capacité à faire peur ». En 1931, Hahn avait abattu de sang-froid deux sociaux-démocrates et s'était enfui en Hollande pour éviter d'être poursuivi par la police de Weimar, jusqu'à ce qu'il puisse rentrer en Allemagne, une fois l'affaire oubliée. Pour Bruno, c'est le genre d'affaire qui exige plus de respect à l'égard d'hommes comme Hahn. Si seulement Hahn n'avait pas succombé à la tentation…

De toute évidence, l'affaire Rohmeyer a assis la réputation de Bruno. Cela n'a sans doute pas été le cas auprès de ses proches, à la SA. L'appétit de Bruno pour ce genre d'enquête s'est sûrement aiguisé aussi. Peut-être est-ce pour toutes ces raisons que le chapitre de la carrière de Bruno dans la SA touche à sa fin. Sa longue expérience des sections d'assaut a couvert les violences de Hans Maikowsky au *Sturm 33* et le fossé qu'avait creusé le *Sturm 31* du traître Heinrich Kuhr. Bruno est un observateur trop avisé du quadrillage du pouvoir nazi pour ne pas avoir remarqué que le prestige et l'influence de la SA ont entamé un déclin qui se précipite maintenant. Pour la première fois depuis douze ans, la SA n'est plus capable de lui procurer la satisfaction politique à laquelle il attache tant d'importance. Il va falloir qu'il place ses ambitions ailleurs. 1937 se profile. Bruno prend spontanément une décision. C'est l'une des seules qu'il prendra aussi vite. Il est temps d'abandonner la SA et de faire une demande d'admission auprès des véritables vainqueurs de la révolution nazie : les hommes en noir d'Himmler. La SS.

VII. Des hommes en noir
1937 – 1939

Il faudra plusieurs mois à Bruno pour parvenir à rejoindre la SS. De janvier à août 1937, il s'efforce de plaider sa cause, de démontrer sa loyauté et sa rigueur idéologique. On peut lui faire confiance. La lettre la plus importante de sa carrière nazie arrive enfin : « À dater du 12 septembre 1937, je vous compte dans la SS et vous promeus au rang de sous-lieutenant, *Untersturmführer*. » Il a léché les bottes du comité nazi qui procède à la plus sévère sélection qui soit. « Bruno Langbehn, *Sturmführer* de la SA, adhérent au parti depuis le 17 mai 1926 sous le numéro 36 931, a appartenu au *Frontbahn* de 1924 à 1926, avant d'intégrer la SA le 17 mai 1926 où il a servi comme dentiste au régiment I/I. Le 20 mars 1937, Langbehn a rejoint la SS, où d'une manière très efficace, il a mis à profit l'excellent réseau qu'il possédait. Il mène toujours son travail à terme avec beaucoup de prudence et d'énergie. Il a l'esprit vif et une intelligence au-dessus de la moyenne. Il est vivement recommandé de le nommer *Untersturmführer* dans la SS. »

Le reste n'est qu'une formalité. Des officiers supérieurs de la SS à Berlin approuvent. L'*Obersturmbannführer* Falkenberg, lieutenant-colonel, y apporte officiellement son appui. Bruno entre dans la SS. « Il n'y a aucune objection à ce que le *Sturmführer* Langbehn de la SA rejoigne la SS comme officier. Le Bureau régional de la SS accepte que le titre de *Untersturmführer* soit donné au *Sturmführer* de la SA Langbehn et qu'il soit officiellement intégré à la SS. Le bureau réclame l'approbation de cette recommandation. » Tous ceux qui ne connaissent pas l'organisation complexe du mouvement national-socialiste pourraient croire que Bruno est simplement transféré d'une branche à l'autre de l'État nazi. Bruno sait que ce n'est pas le cas. Il a compris que son admission à la SS va donner une nouvelle impulsion à sa carrière. Il se rapproche du cœur de l'élite nazie. Il est maintenant un homme mûr. Un nazi accompli. Il a sans doute l'impression que son long apprentissage parsemé de violences lui vaut enfin la reconnaissance tant espérée.

Si 1937 est l'année de l'apothéose pour Bruno, elle l'est aussi pour toute la nation. Cette année-là, le combat pour le salut de l'Allemagne est des plus intenses. Il s'agit de transformer le pays à l'image du *Führer*.

Cela a commencé dès l'accession d'Hitler au pouvoir. Bruno a bien rempli son rôle. Toutefois, dans l'évolution que connaît le Troisième *Reich*, aucun *apparatchik* nazi ne peut se sentir tout à fait à l'abri. Pas même Bruno. Mais ce qu'on pouvait difficilement prévoir, c'est qu'il trouverait sa vraie vocation nazie dans son activité de dentiste et de bureaucrate. Pendant les quatre premières années du régime, Bruno, le « combattant de la vieille garde » qui s'est déchaîné dans la rue, aspire de plus en plus à devenir un nazi parfait, mais d'un tout autre genre. Il reflète ainsi les changements bien plus inquiétants qui s'opèrent et s'enracinent profondément dans le régime.

Avant 1933, pendant sa période de formation, Bruno occupe celle d'un second rôle. Il le sait parfaitement. 1933 marque la rupture. À partir de cette date, la guerre se déroule à l'intérieur du pays. Bruno et ses camarades partagent la même vision. Ils en fixent les modalités, puisqu'ils détiennent les leviers du pouvoir. Ils sont déterminés à utiliser tous les moyens que leur nouveau statut d'initié leur offre pour parvenir à leurs fins. L'objectif est de gagner les cœurs et les esprits des Allemands favorables au nouveau style de gouvernement, mais aussi à intimider les plus rétifs. C'est par ce procédé que la société allemande fut nazifiée, pénétrée des idées, des méthodes et du vocabulaire du parti.

Aucun aspect de la vie ne fut écarté ou jugé trop insignifiant. Le modèle du comportement nazi s'imposait à tous. Pour un camarade de la race, un *Volksgenosse*, aussi motivé que Bruno, chaque jour lui offre la possibilité d'exhiber ses références au parti. Il fallait maîtriser le langage spécialisé que le parti venait d'inventer. Cela commençait par le « Salut à Hitler ». Il était maintenant obligatoire de le faire, le bras tendu, et de l'accompagner d'un « *Heil Hitler* » prononcé d'une voix forte. Cela s'étendait aux nombreuses organisations nazies nouvellement mises en place et qui inondaient le Troisième *Reich*. Ce monde débordait d'acronymes, d'abstractions, de grades au sein du parti. Comme tout cela a dû sembler agréable à Bruno. Il y voit la preuve évidente que la nation et le parti ne forment plus qu'un seul corps.

Bruno a toujours été un adhérent compulsif. C'est l'homme le plus heureux qui soit au cœur des institutions, le membre naturel des comités. Plus tard dans sa vie, bien après la guerre, lorsque la société allemande aura perdu nombre de ses usages d'autrefois, Bruno aimera toujours appartenir à des associations, assister à des réceptions, collectionner les insignes. Toute sa vie, il restera très pointilleux sur le protocole, même à l'âge où la majorité y renonce.

Bruno est dans son élément. Le système mesurait la loyauté au *Reich* à travers l'adhésion des masses à une société ancrée dans le quotidien. Adhérer passivement à cette société ne suffisait évidemment pas à débarrasser le nouveau gouvernement de ses soupçons. Un principe avait été établi selon lequel les Allemands devaient manifester leur adhésion à l'État nazi et leur fidélité à ses valeurs. Il fallait être actif, démonstratif. D'immenses cérémonies étaient sans cesse organisées, sans oublier les journées nationales, les défilés, les réunions pour les œuvres de bienfaisance. Toutes ces manifestations exigeaient une participation enthousiaste, des dons financiers parfois, et toujours des drapeaux et des acclamations. Un pilier du régime comme Bruno en tire à chaque fois le meilleur parti.

Chaque groupe d'immeubles, chaque rue, chaque quartier avaient son « gardien » ; l'ensemble constituait une armée sur le qui-vive, surveillant tout du coin de l'œil et bondissant à la moindre transgression, au moindre geste perçu comme un manque de respect. Pour beaucoup d'Allemands, une plaisanterie surprise par le voisin, ou le simple fait de lever les yeux au ciel se soldait par des conséquences terrifiantes. Ce n'est pas le cas de Bruno. Il n'a pas besoin de se retirer dans sa sphère privée, dans son moi intérieur comme le font les Allemands qui souffrent de l'autorité nazie. Il affiche ses affiliations politiques depuis son adolescence. Il l'a même fait à chaque fois que le gouvernement de Weimar les a jugées illégales. S'engager aujourd'hui n'est pas un devoir ; c'est une source de profonde satisfaction. Cela transforme chacune de ses journées en une sorte de petit rassemblement de Nuremberg.

Bruno doit s'habiller pour jouer ce rôle. Il vit dans une société où tout le monde a envie de porter l'uniforme, quel que soit le métier exercé. Les postiers, les dirigeants des chemins de fer et les fonctionnaires, peu importe s'ils exercent une fonction modeste. Bien avant la SS, avec sa chemise brune et son insigne d'or du parti, Bruno avait déjà dix ans d'avance sur eux. Faire porter l'uniforme était un stratagème nazi. Selon Hitler, il fallait que « les Allemands puissent marcher bras dessus, bras dessous sans se préoccuper de la position qu'ils occupent dans la vie ». En remplaçant les vêtements par les uniformes, les différences sociales s'effaçaient. La direction du parti établit une hiérarchie du statut, qu'elle contrôla soigneusement.

Dans l'État nazi, les loisirs devaient tendre vers des buts approuvés au préalable. Ce n'est pas un souci pour Bruno. Il a toujours aimé la vie collective. Il ne peut envisager de passer le temps libre que lui laisse son travail ou ses activités au parti qu'avec ses compagnons qui partagent ce point de vue. Son CV nazi fait allusion à son implication dans « La Force par la joie ». Cette organisation touristique du KdF organisait les vacances des fidèles travailleurs allemands, s'assurant qu'on les emmènerait dans des endroits qui leur plairaient et les élèveraient moralement. Le KdF ratissa le territoire allemand à la recherche de lieux à associer à la montée du national-socialisme. Il trouva des sites pour ériger des monuments, rappeler les batailles importantes, et ceux qui avaient formé la toile de fond de l'accession au pouvoir des nazis, ceux qui bénéficiaient d'une beauté naturelle hors du commun pour inspirer au visiteur la vision de cette merveille qu'était l'Allemagne. Même en vacances, Bruno, le nazi parfait, n'a pas de temps libre.

Le processus par lequel le moindre aspect de la vie était remodelé pour refléter les valeurs nazies portait évidemment un nom. C'était la « coordination nationale », le

Gleichschaltung. « Le Triomphe de la volonté » de Léni Riefenstahl avait offert aux Allemands un aperçu cinématographique de ce processus. Mais il n'était pas question de se limiter aux films et à l'élaboration du mythe. Le national-socialisme ne se reposerait pas tant qu'il n'aurait pas réussi à pénétrer tous les esprits et tant qu'il ne se serait pas infiltré dans chaque parcelle du *Volk* allemand. Cela s'appliquait spécialement au monde du travail, qui comprenait entre autres les classes moyennes. Bruno en fait partie.

Peu de cols blancs se jetèrent aux pieds d'Hitler avec autant d'enthousiasme que le monde judiciaire et le monde médical. Les médecins, les pharmaciens – et les dentistes – ne rivalisèrent avec les juges, les avocats et les magistrats que pour se mettre à la disposition du nouveau régime le plus vite et le mieux possible. Bruno est un nazi aussi fervent dans son cabinet dentaire qu'il l'a été sur les terrains de manœuvre de la SA. Ses efforts civils et paramilitaires doivent servir la nation. En fait, c'est en tant que dentiste et non pas membre d'une section d'assaut qu'il en vient à réclamer sa récompense. C'est la plus significative et il la demande pour toutes les années qu'il a passées à servir le mouvement en première ligne.

La plus puissante des nouvelles institutions était la DAF, le Front des travailleurs allemands. Elle remplaça brusquement tous les syndicats allemands et garantit aux nazis le contrôle de l'économie allemande. Les cols bleus et les cols blancs furent parmi les premiers parmi la population à percevoir la puissance de l'expérience sociale que menait Hitler. Pour Bruno, c'est une opportunité en or. À peine âgé de 30 ans, il est nommé à un poste de direction sous l'égide du Front des travailleurs, en tant que *Gaufachschaftswalter*, superviseur principal. Ce n'est que le premier des deux rôles majeurs qu'il va jouer. Celui qu'il décrochera bientôt sera encore plus important. Le plus grand corps professionnel, le plus éminent aussi pour représenter les dentistes, était le *Reichsverband Deutscher Dentisten*, le RDD. L'ordre des dentistes allemands du *Reich* pouvait se vanter de rassembler plus de 18 000 membres en 1934, soit 90 % de tous les *Dentisten* allemands. Il faisait partie des institutions qui dataient de l'époque de Weimar. Toutes furent réorganisées entre 1934 et 1935 avec la fermeté des nazis. Les bureaux régionaux furent rebaptisés Services régionaux, *Landesdienststellen*, pour témoigner de leur nouvelle affiliation politique. Les vieux patrons furent remplacés par des nazis sur lesquels on pouvait compter. Bruno abat toutes ses cartes. Il décroche le plus gros lot de sa vie professionnelle. À la fin des années trente – je n'ai pas réussi à trouver quand exactement – il est nommé *Landesdienststellenleiter* pour toute la ville de Berlin. À peu de chose près, c'est le poste le plus important de tous les services régionaux. Il est à présent responsable des carrières de 2 000 *Dentisten* qui pratiquent leur métier dans la ville. Bruno n'aurait jamais obtenu une telle nomination à l'époque de la République de Weimar. Jamais un tel poste n'aurait été confié à une personne aussi jeune. Son dévouement sans relâche envers le parti a fini par être payant.

Bruno n'en reste pas là. Non seulement son adhésion au parti lui fournit du travail, mais elle lui dicte aussi comment exercer ses fonctions. En tant que dentiste fonctionnaire de haut rang de la DAF, ses responsabilités s'étendent bien au-delà des fonctions terre-à-terre que sont les « traitements et les comptes ». Ses expertises médicales lui permettent de s'impliquer dans la politique sociale nazie, celle qui définit la stratégie et les préoccupations du parti. Elle recouvre la santé publique et la valeur qu'il faut accorder à la vie humaine.

Dès qu'ils accédèrent au pouvoir, les nazis cherchèrent à purger et à réorganiser les professions médicales pour en faire le reflet de leurs convictions idéologiques. Si, en prenant une échelle de valeurs, l'égalité absolue n'existait pas lorsqu'on appliquait cette gradation à la vie humaine – si, comme les nazis le croyaient, certaines vies humaines valaient d'être vécues plus que d'autres – alors il était nécessaire de réorganiser les organismes de santé de façon à appliquer cette règle. Au bout du compte, cela conduirait à des actes totalement diaboliques réalisés au nom d'une science médicale pervertie. Mais cette idée trouvait ses origines dans une question plus simple. Si protéger la santé d'un *Volk* de race pure était le premier devoir de l'État, qui alors devait se charger de mener à bien cette tâche qui relevait de la plus haute importance ? Avant de se demander qui mériterait ce traitement, l'État nazi essaya de déterminer qui serait le mieux à même de le fournir. Qui devrait être autorisé à exercer la médecine si tant est qu'il devait y avoir quelqu'un ? Pour tous les nazis comme Bruno, la réponse est simple. À l'intérieur de la « communauté raciale », il n'existe pas de profession exerçant une responsabilité plus grande que celle des médecins et des dentistes. Par conséquent, il faut absolument exclure les juifs de cette profession.

Des centaines de médecins juifs furent démis de leurs fonctions. À Berlin, c'est le Reichsverband de Bruno qui s'en charge. Ceux que l'on n'arrivait pas à convaincre de démissionner subissaient le feu des calomnies : « Les médecins non juifs n'éprouvaient aucune difficulté à diffamer leurs collègues. Les mesures prises contre les médecins furent bientôt appliquées aux dentistes. Les « *Stürmer* » se chargeaient de les diffamer en exhibant des photos de matériel sale et d'actes chirurgicaux sordides. L'un de ces juifs, le professeur Heinz Moral de l'Université de Rostok, auteur d'un manuel remarqué sur le diagnostic dentaire, se suicida après avoir été démis de son poste à l'université. »

Dans le monde médical, les juifs étaient stigmatisés et ni plus ni moins renvoyés. Ils furent aussi la cible de persécutions bureaucratiques, ce qui était le propre de l'État nazi. En radiant les dentistes juifs du système complexe du secteur privé et du secteur public qui versait leur salaire, on était sûr de leur faire quitter la profession. Bruno, qui exerce en tant que dentiste, bénéficie de tout un système de paiements : de l'État, des œuvres de bienfaisance et des compagnies d'assurance maladie privées. Au sommet de l'Ordre des dentistes, il s'assure que les juifs sont privés de l'accès aux sources essentielles de leurs revenus. Pour Victor Klemperer, cela présageait d'un avenir inquiétant. Il le nota dans son journal personnel : « L'exclusion brutale des médecins qui n'étaient pas des aryens du système d'assurance privée » l'alarmait. Il y voyait une preuve supplémentaire « de l'étau qui se resserrait autour des juifs ».

Klemperer avait raison de se faire du souci. La restructuration du système de santé allemand avait des implications qui se propageaient jusqu'au cœur de la politique nazie. La malveillance d'Hitler régnait jusqu'au fin fond de la bureaucratie, d'un bout à l'autre de l'Allemagne. Des hommes comme Bruno se plongent dans des domaines qui entraîneront les conséquences les plus sombres. Que signifiait la santé pour le *Volk* ? Quelle valeur lui donner ? Qui fallait-il prévoir de protéger et d'élever ? Ceux qui étaient utiles à la race et à la société ? Qui, en revanche, ne pouvait pas apporter sa contribution ? Qui, dans le domaine de la race, du comportement, des talents, n'avait réellement aucune qualification pour participer pleinement à l'avenir du *Reich* ?

Il y avait différentes façons de poser la question suivante : que vaut telle vie par rapport à telle autre ? Ces débats occupèrent chaque jour le terrain.

Réfléchir à ce type de questions, c'était justement le travail quotidien de bureaucrates comme Bruno. Des questions qui supposaient des réponses qu'il faudrait transformer en décisions et les appliquer. Les bureaucrates furent les pionniers d'une politique qui modifia tous les principes sur lesquels le monde occidental avait fondé sa morale. L'administration donna une impulsion au mal. Les nazis avaient amorcé leur régime en politisant la médecine, en interdisant à ceux qui ne répondaient pas au critère racial de la pratiquer. Ils avaient obligé les médecins, les dentistes, les pharmaciens à s'impliquer fermement dans le nazisme s'ils voulaient garder leur métier sans pour autant leur garantir une promotion. À la tête de l'Ordre des dentistes, Bruno en a bien profité mais il ne s'en contente pas. Il joue un rôle actif, déterminant, pour que cette obligation soit étendue à toute la capitale. C'est en prenant cette décision que Bruno et d'autres se rendirent à nouveau responsables d'un dérapage de la pensée encore plus net. Les nazis médicalisaient la politique. Les deux termes étaient maintenant indivisibles. La question de la dignité ne concernait plus seulement les hôpitaux et la chirurgie, mais l'État. Elle se basait sur ce principe biologique fondamental et en dépendait. Le droit à la santé physique et morale – et donc le droit à la vie elle-même – n'était plus considéré comme une valeur humaine absolue. Au contraire, il fallait que des hommes qualifiés évaluent ce droit, l'analysent, puis s'appuient sur des expertises et des critères avant de se prononcer sur l'aptitude à vivre. Bruno, à la fois bureaucrate et dentiste, a parfaitement tenu ce rôle.

La vie de Bruno passe vite. Dans son foyer aussi. Il a épousé Thusnelda il y a plus de trois ans. Leur premier enfant est né au printemps de cette année. C'est une fille. Pleins d'enthousiasme, ils l'ont appelée Gudrun. C'est un prénom aux résonances *völkisch*. Himmler aussi a donné ce prénom à son premier enfant. Le salaire de Bruno a augmenté. Il gagne maintenant plus de 450 marks par mois. Ce n'est pas une fortune mais un salaire confortable. Cela permet à la famille d'emménager dans un appartement plus grand dans la Berliner Strasse –actuellement Otto-Suhr-Allee – au cœur de Charlottenburg, son quartier préféré. De son côté, Thusnelda fait maintenant partie de l'association nazie des femmes allemandes. Ewald, le frère de Thusnelda, a suivi l'exemple de Bruno. Il appartient à la SA. Lui aussi porte fièrement sa chemise brune. Ida, la mère de Thusnelda, imprime toujours son autorité sur la famille. Elle a conservé son cabinet de dentiste et y exerce toujours. Cela ne se fait pas pour une épouse respectable. Elle aime beaucoup organiser des soirées chez elle. On y retrouve des gens haut placés. Ce sont des relations très influentes, et chez Ida, elles débattent des questions du jour. Ida a un réseau social très étendu. Elle se sent vraiment chez elle dans cette nouvelle Allemagne qui se donne bien du souci pour faire comme il faut. Être conforme, c'est un travail difficile. L'officier militaire Friedrich, le second mari d'Ida, sert dans la *Reichswehr*. Grâce à son diplôme d'ingénieur, il assure la liaison avec les usines d'armement. Il joue son rôle pour aider l'armée à échapper aux conditions imposées par le Traité de Versailles. Les Langbehn atteignent l'apothéose en 1936, quand Gisela, la meilleure amie de Thusnelda, tire le gros lot dans l'âpre compétition nationale. Elle est sélectionnée comme danseuse-gymnaste pour participer à la cérémonie d'ouverture des Jeux olympiques de Berlin. Ce fut le plus grand moment de fierté de l'Allemagne nazie. Le monde entier déferle sur le pays et ne verra de l'Allemagne que la version aseptisée que veut bien lui présenter Hitler.

Que pourrait vouloir de plus Bruno ? Les quatre premières années du Troisième *Reich* ont nourri sa vie. Il en a tiré profit à tout point de vue, sur le plan personnel, familial, professionnel et politique. Une chose cependant le tracasse. Il se sent tout à fait à l'aise dans cette nouvelle Allemagne mais c'est aussi le cas de dizaines de millions d'autres Allemands. C'est là où se situe son problème. Pendant plus de dix ans, il a appartenu à cette petite minorité que constituait l'élite nazie, celle des adhérents de la première heure. Cela lui a plu. Mais maintenant, tout le monde cherche à entrer au parti. Il y a tellement de candidats que, pendant un temps, il faut ajourner les demandes d'adhésion pour éviter de se faire déborder. Le culte du *Führer* bat son plein. Le rythme est effréné. Il attire un nombre incroyable d'Allemands. Ce qui relevait auparavant de l'exclusivité est devenu la norme. Bruno se sent menacé. Il a peur de se faire voler sa récompense, celle qu'il garde jalousement parce qu'elle le différencie des autres. C'est le prestige du combattant de la vieille garde. La dernière chose qu'il souhaite, c'est être un nazi ordinaire. C'est justement ce qu'il est en train de devenir, à moins qu'il ne prenne rapidement les choses en mains, qu'il agisse d'une manière décisive.

Même son uniforme de la SA ne lui assure pas un statut très élevé auprès de ses compatriotes. Personne ne se préoccupe de la difficulté de son travail à la SA, ce travail qu'il a fourni avec les sections d'assaut pour réhabiliter le statut de la SA après l'affaire Roehm. Tout cela n'a servi à rien. La force de la SA, c'est du passé. On l'a réduite à des tâches subalternes. Elle s'occupe de jouer les videurs dans les réunions et de distribuer des tracts. En soi, ce n'est peut-être pas très important. Mais Bruno voit les choses d'un autre œil. Il n'y a pas « d'anciens participants » dans l'Allemagne nazie. Soit vous faites partie du cercle intime du régime et vous recevez les honneurs, soit vous n'êtes rien. C'est une situation que Bruno n'est pas prêt à affronter. Il a trop bien appris la leçon du Troisième *Reich* pour commettre cette erreur.

L'unité sociale du *Volksgemeinschaft* est une illusion pour Bruno qui voit clairement les choses. Il vit dans un régime qui ne récompense que l'instinct prédateur. On n'accorde de l'avancement qu'à ceux qui sont déterminés à s'attaquer aux autres, quel qu'en soit le coût. Le flot des discours de propagande de Goebbels a payé. Il a obtenu en apparence la vertu escomptée, celle d'une société sans classe fonctionnant au mérite. En fait, ce qui fait vraiment avancer le Troisième *Reich*, c'est sa capacité à jouer les charognards en montant les individus les uns contre les autres. Ce qui compte maintenant, c'est le lien de proximité avec le pouvoir, la domination sur les autres. Tout le reste, la compassion, la réciprocité, la coopération, c'est du superflu. La SA ne sert plus à rien à Bruno. Il faut la laisser tomber.

Les ambitions de Bruno ne sont pas seulement dictées par l'intérêt personnel. C'est aussi un véritable idéaliste. Le chaos, l'anarchie, même, qui régnaient au sein de l'administration et qui caractérisaient la politique nazie masquaient une curieuse vérité. Malgré toutes les rivalités et le combat fratricide, le Troisième *Reich* prenait une allure vraiment terrifiante. Les projets d'Hitler se précisaient. Les succès qui avaient émaillé les quatre années précédentes n'étaient qu'un point de départ vers d'autres buts. Bruno est impliqué dans le national-socialisme depuis longtemps. Il est déterminé à jouer un rôle dans la prochaine croisade. Il compte bien ne pas rester à l'écart.

Hitler était obsédé par trois ambitions qu'il n'avait pas encore réalisées. Elles émanaient du cœur de son système et rien, même pas le pouvoir, ne pourrait l'en faire dévier. Tout en haut de la liste des urgences que les nazis avaient établie, se trouvait la Première Guerre mondiale et cette humiliation qu'ils n'avaient pas vengée. Vingt ans s'étaient écoulés depuis l'horreur insoutenable de la défaite, mais la blessure n'avait pas cicatrisé. Ce ne serait que lorsque la France et l'Angleterre seraient vaincues et que le Traité de Versailles serait annulé que l'Allemagne pourrait retrouver la grandeur qui lui était due.

Venait ensuite l'appel de l'Empire. Il se faisait plus pressant au fur et à mesure qu'Hitler resserrait son étreinte sur l'Allemagne. Maintenant qu'il dominait le pays, il était inévitable qu'il commence à regarder au-delà des frontières. Hitler ne se départit jamais de sa lubie de créer un immense *Lebensraum* à l'est. Une fois réalisé, ce projet permettrait aux prochaines générations allemandes de devenir les maîtres de l'Europe. Bruno a vécu ces deux expériences fondamentales. Elles justifient son implication totale dans le nationalisme de la droite allemande. C'est à partir de ces deux expériences qu'il bâtit le rêve du succès futur de son pays. Ni le *Gleichsaltung*, ni la prospérité matérielle du monde ne pourraient jamais indemniser l'Allemagne. C'est vrai autant pour un fanatique comme Bruno que pour Hitler. Le Troisième *Reich* ne pourrait se réaliser qu'après avoir pulvérisé le souvenir de la Première Guerre mondiale, et pas avant que l'Allemagne ne domine l'Europe.

Le peuple avait trouvé un chef qui avait les mains libres pour réaliser ses desseins les plus terrifiants, quelles que puissent être l'ampleur de ses projets et surtout les conséquences qu'ils risquaient d'entraîner. Ce fut le génie d'Hitler d'arriver à convaincre ses partisans qu'il était le seul à maîtriser le destin de l'Empire, une sorte de mission d'ordre divin. Ni plus ni moins. Lui seul, affirmait-il, possédait la détermination et la vision nécessaires pour assurer le succès de cette entreprise.

Le plus noir de ses desseins exerçait une pression confinant à l'obsession chez le *Führer*. Bien plus que la guerre ou l'Empire, c'étaient la « Question juive » et le sort qui leur était réservé. Si Hitler n'avait pas de projet précis pour répondre à cette question, cela ne l'empêchait pas de croire que l'Allemagne ne retrouverait pas sa grandeur tant qu'un seul juif vivrait à l'intérieur de ses frontières.

Pour le noyau dur des nazis, l'antisémitisme allait bien au-delà de la haine raciale. L'antisémitisme définissait la fidélité même au national-socialisme. Il allait envahir et pervertir toutes les facettes du Troisième *Reich*.

En 1935, Bruno participe à nouveau au grand rassemblement annuel de Nuremberg, comme il l'a si souvent fait par le passé. Cette fois, le but de cette manifestation de masse ne ressemblerait en rien à celui de l'année précédente. En 1934, Nuremberg fêtait le nouveau *Führer*. Celui de 1935 s'annonce très différent. Le faste n'est pas destiné aux caméras de Leni Riefenstahl mais à quelque chose de beaucoup plus pernicieux. On annonça avec fierté et avec tout le faste requis les « lois de Nuremberg », cette législation menée contre les juifs allemands. L'objectif était de les isoler, de les priver de leur citoyenneté et des dernières protections que leur offrait la loi. Le 17 septembre, Klemperer écrivit dans son journal personnel : « À Nuremberg le Reichstag a voté les lois sur le sang et l'honneur allemands : les juifs et les "Allemands" qui se marieront ou auront des relations hors mariage seront emprisonnés... » Quelques mois plus tard, il ironisa sur la façon dont Hitler justifiait sa politique : « Je ne suis pas un dictateur, je n'ai fait que simplifier la démocratie... ». C'était un rire amer. Avec ces lois antisémites, Hitler venait d'expliquer ce que signifiait être nazi. Cela allait bien au-delà des histoires d'uniforme, de salut et d'acclamations faites au *Führer*.

Les injures faites aux juifs ont été à la base de toute la carrière politique de Bruno. Pour les nazis, l'antisémitisme allait au-delà du simple préjugé. À les en croire, la science moderne allait les aider à justifier leur haine. De même, dans le domaine de l'art, de la culture et de la politique, un certain nombre d'experts regardait les juifs avec suspicion. C'était un truisme nazi de dire que les juifs étaient à la fois des sous-hommes et des surhommes, des *Untermenschen* sous-évolués, dégénérés, mais aussi des perfectionnistes cosmopolites surévolués essayant sans cesse de contrôler les rouages du monde nouveau. Un nazi comme Bruno relève partout avec obsession les signes de l'influence maléfique des juifs. À chaque fois que les nazis écrivaient à leur banque, qu'ils payaient leur loyer, faisaient leurs courses dans les grands magasins, écoutaient malgré eux de la musique américaine, entendaient des références aux théories de la relativité d'Einstein ou débattaient des contradictions du capitalisme, ils étaient convaincus qu'ils avaient affaire au spectre de la juiverie internationale. Ils voyaient des juifs partout autour d'eux, affirmant qu'ils pouvaient détecter des particules juives lorsqu'ils examinaient des bactéries au microscope, ou lorsqu'ils étaient confrontés à l'art moderne et son style primitif et dégénéré. Les juifs soutenaient la propagande gauchiste, le pacifisme ou le féminisme ; c'était une attitude qualifiée de folie dangereuse.

Tel était le diagnostic. Le traitement était tout trouvé. Les *pogroms* se généralisèrent. De la malveillance et du harcèlement quotidiens, l'hostilité s'étendit aux intimidations physiques et à une diabolisation systématique du juif dans les journaux et les films. On faisait sans cesse appel au « bon sens de la justice des Allemands » de la plus hypocrite des façons. Victor Klemperer, qui relevait avec beaucoup de talent les nuances du jargon nazi, raconta qu'en 1938 on lui supprima son permis de conduire en toute légalité parce qu'il était juif. Il écrivit d'un ton froid et moqueur : « On ne peut pas faire confiance aux juifs. Par conséquent, ils n'ont pas le droit de s'asseoir au volant. Le fait qu'ils aient eu le droit de conduire est une offense à la circulation de la communauté allemande, d'autant que les juifs ont eu l'arrogance de circuler sur les autoroutes du *Reich*, qui ont été construites par les travailleurs allemands. »

Le ton était donné. Largement répandu, l'antisémitisme était devenu une réalité et les Allemands s'en accommodaient. Certains avaient le cœur lourd. D'autres y étaient plus réceptifs. Même ceux qui déclaraient ne ressentir aucune hostilité à l'égard de leurs voisins juifs, estimèrent qu'il était impossible de nier la réalité de la Question juive. Les employeurs étaient obligés de décider s'ils devaient licencier leurs collègues juifs ou non. Wibke Bruhns a relevé les commentaires de son père dans son journal intime, à l'époque où ces questions le torturaient. Il dirigeait une entreprise. 3 avril 1933 : « Ce soir, réunion de l'association des employeurs. Licenciement envisagé pour Jacobson. Il est juif. Signe des temps. » 13 avril : « Au début de la matinée : bureau, puis réunion de la direction avec l'association des employeurs. Herr Jacobson, parce qu'il est juif, doit être licencié. C'est l'évolution de la politique[1]. » Cela dit, j'ai rencontré plus d'un vieil Allemand épouvanté, autant qu'on peut l'être, par ce qui s'était passé plus tard dans les camps ; c'est-à-dire par l'Holocauste. Pourtant, tous m'ont confié, mais à demi-mot, qu'à l'époque leurs « parents et grands-parents » pensaient que LA question méritait une solution, mais certainement pas le meurtre en masse. Ils essayaient de me raisonner : « Il faut que tu comprennes, disaient-ils, les juifs possédaient tout, les grands magasins, les journaux. Cela ne pouvait pas continuer comme ça. »

D'autres essayèrent de soutenir que l'antisémitisme était l'obsession d'un seul homme : Hitler. Une aberration, disaient-ils, dans un système social qui, mis à part cette question, était solide. Pour Sebastian Haffner, ce refus de reconnaître que la haine des juifs était au cœur du régime était de l'auto-illusion totale. À la fin des années 1930, il écrivit : « Cela montre à quel point cette attitude, à laquelle on continue de faire face en Allemagne, est ridicule : elle consiste à affirmer que l'antisémitisme des nazis est une question à part. Au pire, c'est un défaut mineur du mouvement. On peut le regretter ou l'accepter, en fonction de ce que l'on ressent personnellement à l'égard des juifs. Cela ne « signifie pas grand-chose comparé aux grands débats nationaux ». En réalité, ces « grands débats nationaux » ne comptent pas. Alors que l'antisémitisme des nazis est un danger fondamental. Il fait surgir la menace du crépuscule de l'humanité. »

Pour certains admirateurs étrangers d'Hitler, c'était précisément son refus de cacher son antisémitisme qui le rendait aussi attrayant. La plus connue était Unity Mitford, une

(1) Wibke Bruhns, *My Father's Country.*

aristocrate anglaise qu'un observateur allemand aurait pu situer « quelque part entre l'archange et le mannequin dans une publicité pour les détergents sanitaires ». Elle faisait la cour à Hitler, bien déterminée à « devenir reine d'Allemagne »...

Cependant, pour Hitler, affirmer cet antisémitisme violent n'était qu'un début. Il voulait savoir comment cette « Question juive » allait être réglée. Comme la question raciale arrivait en tête des priorités du Troisième *Reich*, les militants nazis se disputaient pour être les premiers à apporter la réponse et jouer un rôle décisif. Ce n'est pas étonnant. Cependant, il existait une organisation d'état aussi féroce que convaincue. Son administration était impitoyable, fonctionnant avec un implacable sang-froid. C'est à elle que l'on prévoyait de confier la sale besogne. Elle serait chargée de réaliser les rêves du *Führer*, de régler la « Question juive ». Cette organisation s'appelait la SS.

La décision de Bruno de se porter candidat à la SS n'est pas seulement motivée par son opportunisme ou son ambition. Elle revêt une autre signification. Bruno se trouve maintenant au cœur de la transformation cruciale lancée par le Troisième *Reich*. Le régime basculait, de la dictature fasciste autoritaire à un État purement nazi fondé sur l'exclusion raciale et l'agression internationale. Le Troisième *Reich* était en pleine évolution. Il posait les fondations de sa politique. Tout ce qu'incarnait Hitler passait de la rhétorique à la pratique, de la théorie à la politique appliquée.

La SS, pleinement consciente du rôle primordial qu'elle s'apprêtait à jouer dans cette transition, insista sur le fait que seuls les nazis les plus déterminés pourraient déposer leur candidature auprès de son organisation. Lorsqu'en 1926, Bruno a rejoint le parti et la SA, il fallait augmenter le nombre des adhérents, ce qui signifiait qu'il n'y avait aucun processus de sélection. Cependant, aux alentours de 1937, la SS était beaucoup plus perspicace. Elle n'avait besoin que d'officiers de haut rang. Contrairement à la SA de Bruno, la SS ne fut pas créée en réponse à des pressions extérieures telles que la guerre, le chômage ou une catastrophe économique. Elle émergea du cœur même du monde nazi. Ses membres ne se jetaient dans ses bras ni par désespoir ni par naïveté coupable. C'étaient des hommes mûrs, réellement, sincèrement imprégnés des préceptes du national-socialisme. Bruno est-il l'un de ces hommes ? Est-il « profondément » déterminé à agir vraiment, en « s'appuyant sur ses convictions », *aus Überzeugnung* ? En quoi sera-t-il un atout pour réaliser la vision d'Hitler ? Celle d'un super État allemand, puissant et purgé de ses citoyens impurs. Il s'agit d'une croisade qui exigera une implication totale, fanatique. La SS se prépare à passer plusieurs mois à vérifier si Bruno a les qualités requises.

La période d'essai de Bruno commence en janvier 1937. Cela débute par un petit travail de surveillance qui n'exige pas de grandes compétences. Cela ne l'autorise pas encore à porter l'uniforme SS. On le charge d'infiltrer les vieux cercles de droite, de s'imprégner de leurs activités, de les analyser puis de rédiger un rapport. Il devra aussi noter les opinions qu'ils manifestent à l'égard de l'administration et de sa direction. Bruno a un bon réseau. Visiblement, il est ravi de remplir cette mission clandestine. Finalement, courant août, on lui transmet une bonne nouvelle. Sa période d'essai est concluante. Quelques semaines plus tard, il est incorporé officiellement à la SS. On lui donne un nouveau point de repère nazi. Il l'ajoutera à son numéro d'inscription au parti : 36 931. Pour la SS, il est le numéro 290 261. Il a réussi.

Il est aisé de comprendre ce qui a motivé Bruno à rejoindre la SS. Aucune autre organisation nazie ne baigne dans une atmosphère aussi sombre et aussi menaçante. Cette adhésion n'est pas seulement la dernière démarche de Bruno au cœur d'une suite de formations paramilitaires. La SS possédait un esprit de corps. Elle était imprégnée d'une sorte de mysticisme et de rituel que les nazis ont assimilés. La SS savait comment s'y prendre avec ses amulettes et ses insignes. Les deux éclairs runiques de la SS en argent brillant, les bagues, les dagues et l'insigne à tête de mort venaient compléter l'emblème des tuniques noires avec leur casquette, leur chemise blanche et leur brassard rouge sang, les couleurs du drapeau nationaliste.

Dans un état prétendant avoir supprimé les hiérarchies sociales, la SS représentait le symbole de la doctrine nazie. Tous les Allemands appartenaient à la race supérieure. Mais la SS se proclamait d'une race supérieure encore au-dessus de la race supérieure, car elle possédait des liens particuliers. Himmler prétendait avec force que ces liens avaient caractérisé toutes les organisations secrètes les plus puissantes de l'histoire, les jésuites ou les chevaliers teutoniques par exemple. C'était à l'intérieur de la seule SS que coulait le sang national reliant les ancêtres germaniques aux futurs descendants du Volk. Tout en pratiquant ouvertement la terreur et l'intimidation, ils se proclamaient l'incarnation même de l'honneur et de l'esprit chevaleresque. Visiblement, Bruno trouve cela très attrayant.

Heinrich Himmler, chef de la SS, *Reichsführer*, en était le responsable. Personne ne travailla aux leviers du pouvoir nazi aussi habilement que lui. Personne non plus ne fit exécuter avec autant de subtilité les deux volontés d'Hitler : sa soif absolue du pouvoir et son inébranlable conception du monde. Himmler y répondait avec un mélange de pragmatisme et de fanatisme aveugle. Le *Reichsführer* SS, avec sa voix douce et son menton trop court, savait mieux que n'importe quel autre grand favori exercer son autorité sur le Troisième *Reich*. Autrement dit, il savait parler au *Führer*.

Hitler fonda sa politique sur un paradoxe. Sa pensée était dominée par un petit nombre de dogmes dont il ne se départit jamais. Aucun, jamais, ne fit l'objet d'une loi écrite. Négligent, lent dans ses habitudes quotidiennes, il semblait incapable par nature de prendre une décision et encore moins de s'y tenir. Il était obnubilé par une seule priorité : s'entourer de structures afin de rendre impossible toute constitution de groupes hostiles. Il passa outre le rôle parlementaire du *Reichstag* et ignora le gouvernement. Il déléguait systématiquement son autorité à plusieurs personnes à la fois pour être sûr de multiplier les rivalités et donc d'empêcher toute alliance menaçante. Himmler avait compris la méthode. Il l'utilisa pour servir ses intérêts.

Non contente de vouer une loyauté fanatique à l'égard de son *Führer*, la SS se croyait liée à lui par une sorte d'amitié, se croyant du coup autorisée à réaliser ses désirs, même ceux qu'il n'exprimait pas. La SS comprenait le but que poursuivait Hitler, même lorsque celui-ci était incapable de formuler précisément ce qu'il souhaitait. Ni la SA, ni l'armée n'y étaient parvenues. Au fur et à mesure que les atrocités nazies empiraient, le système permettait à l'innommable de se transformer en non-dit, même si les acteurs du système savaient pertinemment de quoi il retournait. Un historien l'avait compris. Il écrivit noir sur blanc : « Marcher vers le *Führer* ». C'était un système de délégation du pouvoir et de soumission tacite. Les nazis franchissaient les limites de la soumission, par respect pour l'ardeur qu'il fallait mettre à la tâche, même lorsqu'on ne leur avait transmis aucune instruction particulière. Himmler fit preuve d'une efficacité clinique. Il rendit la SS indispensable à Hitler en flattant sa mégalomanie, mais sans jamais menacer sa paranoïa.

Himmler prit tout d'abord le contrôle du système pénal. Au réseau traditionnel des prisons, il ajouta les camps de concentration qu'il fit construire sur le modèle de Dachau. Ensuite vint la police. Les unités étaient découpées en régions. Il les réunit en commençant par la Bavière et la Prusse. Il en fit une seule entité nationale. Puis il la redivisa, non pas en unités géographiques mais selon les fonctions qui leur étaient attribuées. Les détectives en civil de la *Gestapo*, la police secrète d'État récemment créée, furent séparés de la police criminelle, la *Kripo*, la *Kriminalpolizei.* Il regroupa enfin la *Kripo* et la *Gestapo* sous le sigle SIPO, *Sicherheitspolizei.* Autrement dit police de sécurité. Himmler bâtit un empire. Il multiplia les départements et les subdivisa encore. Toutes ces forces différentes furent placées sous la férule d'un seul et même chef : Himmler. En 1936, la police d'État, en pleine restructuration, avait commencé à imposer sa tyrannie. À présent, l'homme qui la dirigeait avait achevé de constituer un état policier.

L'Allemagne nazie ne se différenciait pas des autres dictatures. Les Soviétiques avaient eux aussi leur police secrète, leurs camps, leurs principes arbitraires, draconiens, d'intimidation et d'injustice. Ce qui rendit la SS unique, ce fut le rôle qu'elle joua dans sa politique d'eugénisme. L'État nazi se définissait par la race. C'était un truisme de dire que les sociétés étaient organiques, ce qui signifiait qu'on pouvait les « soigner » et les guérir dans l'intérêt général. Cela signifiait aussi que ces sociétés étaient vulnérables, qu'elles pouvaient se faire malmener, contaminer par les caprices de la population, ce « cheptel humain ». Dans les années 1930, Himmler s'appuya sur un puissant courant d'intolérance pour mener une campagne de terreur biologique contre tous ceux qui ne se joindraient pas ou ne pourraient pas se joindre au rêve *volkisch*. En alliant fatalement le critère légal et médical, la SS se débarrassa de tous ceux qui « offensaient la bonne santé du peuple ». La SS se vantait de son talent à soumettre totalement les Allemands sur le plan idéologique. Elle s'y employa avec toute la précision dont les brutes désorganisées de la SA avaient manqué.

Plus que jamais, les nazis furent satisfaits quand ils réussirent à faire entrer dans des catégories bien définies des populations qui vivaient en marge de la société. Ils les appelaient les *Asoziale*. Leur délit, c'était en général leur travail ou leur sexe. Ils entraient dans la catégorie des ennemis passifs du Troisième *Reich*, « qui, en commettant des infractions mineures à la loi, ont démontré qu'ils ne se soumettaient pas à l'ordre social qui est la condition fondamentale d'un état national-socialiste. Ce sont les mendiants, les vagabonds, les bohémiens, les prostituées, les alcooliques, ceux qui présentent des maladies contagieuses, particulièrement des maladies sexuellement transmissibles, ceux qui ne répondent pas aux critères établis par les autorités de santé publique. » Les handicapés physiques et mentaux étaient jugés encore plus suspects biologiquement. Verdict de la SS : « inutiles », parce qu'ils « mettaient en danger » les générations futures. Plus dangereux encore, ceux que l'on considérait comme les ennemis actifs du national-socialisme. Ils étaient accusés de poser un problème à la fois biologique et moral à la « rivière de sang » allemande. C'étaient les « étrangers à la race », les *Rassenfremde*, qu'il fallait considérer comme une sorte de maladie ethnique.

On légiféra. Parmi eux se trouvaient par exemple les manouches qui regroupaient deux catégories : les Roms et les Sintis.

Et puis, il y eut ceux à qui on ne colla pas l'étiquette d'étrangers à la race, mais d' « ennemis de la race », *Rassenfeinde*. Ils représentaient un danger encore plus grand puisqu'ils pouvaient entraîner l'anéantissement total du *Reich* aryen. C'étaient les juifs. Personne ne pouvait rivaliser avec la SS dans le Troisième *Reich*, ni avec sa mission prioritaire. La SS ne poliçait pas seulement l'État, elle contrôlait son essence biologique. Il ne faut pas s'étonner que Bruno ait été aussi déterminé à y adhérer.

On dirait que passer le processus d'admission à la SS ne l'a pas pleinement satisfait. Bruno reçoit des nouvelles bien meilleures encore. On ne s'est pas contenté de le nommer au sein de la SS dans n'importe quel service. Non, il est rattaché au service le plus important : le SD *Hauptamt*, le bureau principal du Service de la sécurité. Il est aussi nommé au *Reichsführung* SS, le RFSS, un bureau éminent au sein de la SD, attaché à la direction de la SS. C'est un cap décisif. Il repositionne Bruno en première ligne du combat le plus important du Troisième *Reich*. Il ne s'agit pas seulement de combattre les opposants à la race, mais les « ennemis de la conception du monde ». C'est une mission qu'on ne peut confier qu'aux agents les plus rigoureux, les seuls sur lesquels on puisse véritablement s'appuyer.

La SD fut inventée par Reinhard Heydrich, l'une des étoiles les plus noires du Troisième *Reich*. Pour beaucoup, le bras droit d'Himmler était une figure encore plus terrifiante que le chef de la SS. Peu d'hommes ont incarné à ce point le paradoxe de la puissance nazie ; Heydrich était aussi à l'aise à l'escrime ou au violon qu'à organiser les escadrons de la mort ou les équipes de bureaucrates pour préparer l'Holocauste. Il transforma la SD, un petit organe du parti, en l'un des instruments de la police du Troisième *Reich* les plus impliqués dans le régime. Bientôt, la plus infime parcelle du système nazi fut sous contrôle. Il se baptisa lui-même « C », par pur mimétisme des services secrets britanniques qu'il affirmait tant admirer.

Heydrich était déterminé à ce que la SD s'infiltre dans toutes les institutions allemandes, les compagnies, les corps ou les principales organisations. Il ne faisait encore aucune différence entre une rumeur et une accusation avec des preuves contre les membres du parti. L'une ou l'autre pouvaient être conservées et utilisées plus tard. Notre connaissance de « l'opinion publique » du Troisième *Reich* provient essentiellement des documents retrouvés sur la SD qui avait cette particularité de sonder les humeurs de l'opinion à des moments décisifs. Mais elle ne constituait pas un « service d'observation de l'opinion » nazie. Heydrich prenait des notes sur toutes les activités de ses agents de la SD. Il recueillait leurs résultats comme on remplit une fiche de scores. « Parallèlement aux informations qu'il recevait des cercles les plus élevés du pouvoir, “C” rassemblait chaque jour les documents de la *Gestapo* de tous les *Gaue* pour voir comment l'élimination fonctionnait. Le document du 13 octobre 1936, par exemple, dresse la liste des arrestations. Berlin : 36, Hambourg : 21, Düsseldorf : 17, Dortmund : 12, Bielefeld : 10, Francfort-centre : 4, Francfort Oder : 1. »

Dès le début, la SD poursuivit un but différent du reste de la SS. Elle ne s'impliqua pas dans les camps. Elle n'était pas non plus chargée de fournir des gardes du corps à Hitler. Sa sphère d'activité principale, c'était l'intelligence, dans tous les sens du mot. Elle mit en place un réseau d'espions et collecta des renseignements. Parallèlement à la *Gestapo* dirigée par l'État, elle centralisait tout ce que les Allemands pensaient ou disaient.

Mais la SD ne voulait pas se contenter d'écouter aux portes. Heydrich avait décidé que la SD deviendrait la force dynamique de tout le mouvement. Il voulait ébaucher puis exécuter les décisions politiques nazies les plus pressantes. En 1934, quelques jours après la « Nuit des longs couteaux », un ordre « répartit le travail entre la SD et la Gestapo. La police combattrait les ennemis de l'État national-socialiste, tandis que la SD s'en prendrait aux ennemis des idées nationales-socialistes. » Comme Heydrich le fit remarquer, il poursuivait un but beaucoup plus noble qu'une simple arrestation dans la rue : « En tant que Service de sécurité, nous ne nous intéressons pas au fait de savoir si la cellule du KPD à Berlin-Wedding a été neutralisée ou non. C'est une question qui intéresse l'exécutif... » Heydrich avait constitué une garde prétorienne autour de la personne d'Hitler et de sa conception du monde.

La SD était davantage qu'un repaire de nazis. Elle avait aussi une action à mener. La lutte contre les opposants au nazisme avait changé. Les nazis ne s'attaquaient plus à la gauche, comme ils l'avaient fait au cours des premières années dans des cellules improvisées et les centres de détention de la SA alors qu'ils n'avaient aucun motif d'accusation. Il n'y avait plus de communistes ni de socialistes à enfermer. Cela ne signifiait pas que l'opposition avait disparu. Aux yeux de la SD, cette opposition prenait une forme différente, plus élaborée.

La SD que Bruno a rejointe est divisée en *Ämter*. Ce sont trois services principaux. L'*Amt 1* est chargé de l'administration et de l'organisation. L'*Amt 2* s'occupe de la sécurité à l'intérieur des frontières du *Reich*. Il vise particulièrement toutes les institutions et les individus qui soutiennent des politiques étrangères incompatibles avec le national-socialisme : les « ennemis de la conception du monde ». L' *Amt 3* étend ce réseau d'opérations secrètes à l'étranger. Heydrich voulait diriger un réseau de services secrets national et international. Il lui fallait recruter des hommes comme Bruno, dont les états de services étaient irréprochables, des hommes qui avaient des convictions inébranlables et qui témoignaient d'une énergie suffisante pour aider le mouvement nazi à parvenir à ses fins.

La troisième semaine de septembre 1937 fut l'une des plus heureuses de la vie de Bruno. Il s'est à peine écoulé quelques jours depuis la confirmation officielle de son entrée à la SD et sa nouvelle promotion au grade de *Untersturmführer* quand Thusnelda accouche. C'est encore une fille, la seconde : ma mère. Ils l'appellent Frauke.

À la SS, l'activité de Bruno ne couvre qu'un mi-temps. Il exerce toujours son métier de dentiste, et siège toujours au *Reichsverband Deutscher Dentisten.* Il ne gagne rien à la SD. Les salaires sont réservés à un petit nombre d'officiers. Cela fait partie de la stratégie d'Heydrich de suppléer à leurs maigres ressources financières. La SD ne tient pas compte d'un grade élevé ni du statut. Bruno n'a jamais pensé qu'il s'y enrichirait. En revanche, il a pensé qu'y travailler le rendrait indispensable.

Bruno est tout d'abord rattaché au deuxième des trois services principaux de la SD, l'*Amt 2*, qui s'occupe des ennemis philosophiques du nazisme. Sa mission consiste à mener le combat contre ceux qui s'opposent au principe de gouvernance de l'État nazi. C'est la branche la plus secrète de la SD. La seule de tout l'État nazi dans laquelle les membres se vantent de leur statut. Ce sont des intellectuels qui ont vraiment réussi. Les nouveaux collègues de Bruno sont tout à fait différents de ceux qu'il a connus à la SA. Il ne baigne plus dans l'ambiance du *Sturmlokal* où grouillaient des brutes qui crachaient sur les autres et les tabassaient. Ici, c'est la crème de l'université allemande, du moins c'est ainsi que se présentent ses collègues, surtout au service des juristes. C'est pour le moins flatteur pour Bruno, lui qui n'est jamais allé à l'université. Sans compter qu'à l'intérieur de la SS, la SD est perçue comme l'élite de l'élite.

On y trouvait des juristes comme Reinhard Höhn, dont la jurisprudence pervertie cherchait une justification pour déclarer la guerre aux pays qui se trouvaient dans la « zone d'influence » de l'Allemagne. Dans cette SD qui s'était constituée une nouvelle apparence, on rencontrait aussi d'autres étoiles montantes. Otto Ohlendorf, par exemple. Le cadet de Bruno d'un an avait initié les « rapports du *Reich* ». Il fournissait aux nazis des instantanés de l'opinion et des rapports sur l'état de la morale allemande à travers tout le pays. L'homme qui fournit à la SD sa prétention intellectuelle s'appelait Franz Six, journaliste et universitaire. Il fut à l'origine du *Gegnerforschung*, la « recherche dans l'opposition ». Il avait mis au point un ignoble système de fiches avec un code de couleurs selon le rattachement à une classe politique ou le degré d'opposition politique atteint. Pour le bon fonctionnement de la SD, Heydrich avait engagé Werner Best, un autre juriste. Il apporta son concours pour établir la meilleure juridiction possible dans la guerre contre les juifs. Il y avait enfin Walter Schellenberg qui, en 1938, était le suppléant d'Heydrich. Il allait jouer un rôle déterminant dans la carrière SS de Bruno.

Fait révélateur, tous ces hommes avaient à peu près le même âge. Ils étaient davantage que Bruno le produit de leur génération. Mais, comme Bruno, leurs expériences de jeunesse les avaient poussés à intégrer la droite nationaliste, jusqu'aux échelons supérieurs du service de la SS le plus engagé sur le plan politique. Bruno n'atteindra jamais les hauteurs vertigineuses auxquelles sont parvenus Six ou Schellenberg. Toutefois, c'est un interprète suffisamment astucieux des « idéologies ennemies » pour gagner une place convoitée dans cette branche de la SD. Tous ces hommes partagent la même ambition, à savoir qu'aucune pensée, aucune opinion, aucune politique, aucune thèse ni aucune analyse de la société ne germera en Allemagne sans que la SD ne le sache. Bruno travaille dans un service que l'on pourrait appeler le service des coupures de presse. Il découpe, annote la moindre brochure, le moindre éditorial ou article de presse, presque tout ce qui est publié en allemand. Il les parcourt pour trouver la preuve d'une pensée qui s'oppose discrètement au régime. C'est elle qui constitue la menace la plus grave aux yeux d'Heydrich. C'est la mission de la SD « d'identifier et de surveiller les “ennemis” de l'intérieur », avant de les neutraliser et de les éliminer.

Cela supposait de tenir à jour un dossier sur tous les intellectuels allemands reconnus ou toute autre personnalité publique dont les opinions nécessitaient d'établir une surveillance. Un document baptisé « Rapport sur les personnalités du système actuel », le *Erfassung fürhender Männer der Systemzeit*, une appellation que l'époque de Weimar aurait jugé diffamante, donne une idée de leur contenu. Cela fait une drôle d'impression de jeter un œil sur le dossier. Bruno a dû le consulter il y a de cela soixante-dix ans. Répartis en catégories, selon leur milieu d'origine et leurs convictions, plus de 600 noms sont listés. On y trouve les personnalités de premier plan, de l'époque pré-nazie. Cela va de Waldemar Abegg à Bruno Walther. Entre les deux émergent des futurs géants politiques de l'Allemagne de l'ouest, Konrad Adenauer, Théodore Heuss, les écrivains Max Brod et Thomas Mann, les artistes Emil Nolde et Käthe Kollwitz, l'impresario Max Reinhardt. Cela, avant même d'arriver à Albert Einstein ou Sigmund Freud. Après 1933, ces listes s'allongèrent à l'infini. Elles croulaient sous le poids de milliers de noms nouveaux qui attiraient l'attention de la police secrète.

La SD se chargea de regrouper les opposants au nazisme en catégories identifiables. Elle mena cette activité minutieusement, systématiquement. Chaque *Amt* était subdivisé en unités plus petites ; on les appelait des « bureaux ». Chacun se chargeait d'un « ennemi » différent. Cela donnait jour à des descriptions subtiles des menaces que l'on imaginait progresser dans l'État nazi. La structure subdivisée de la SD donnait une représentation du monde sous la forme d'un microcosme. Aucune secte n'était jugée trop petite ou trop étrange. Toutes étaient qualifiées d'antiallemandes : les Témoins de Jéhovah, le club des Rotarys. Même les scouts étaient accusés d'ouvrir le front à la rupture internationale. Il fallait les surveiller de près.

Ce n'étaient pas les marxistes qui se trouvaient en haut de la liste mais les francs-maçons. La SD voyait en permanence dans les *Freimauern* l'exemple ultime du côté sombre du national-socialisme. Ils étaient l'ennemi numéro un. Les francs-maçons, considérés comme les pères fouettards les plus à craindre, apparaissaient sans cesse dans les dossiers, beaucoup plus souvent que les églises ou les systèmes politiques des autres superpuissances. Des bureaux entiers de la SD se consacraient à découvrir leurs influences secrètes. Heydrich, qui ne perdit jamais de vue l'objectif qu'il s'était fixé, fit même construire un musée au siège de la SD, consacré aux objets macabres des francs-maçons. Heydrich aimait les montrer à ses invités les plus prestigieux. Il s'en vantait.

Je ne résistai pas à l'envie de rire en lisant les documents de la SD qui décrivaient la perversité des francs-maçons. Au moment où, en 1924, Bruno adhère au *Frontbann*, mon autre grand-père, l'Écossais qui a fait la Première Guerre mondiale dans les tranchées, devient franc-maçon, motivé par la bienveillance, par l'aide réciproque, au moment où l'incertitude économique domine le monde de l'après-guerre. Il est également déterminé à rester aussi proche que possible d'un grand nombre de « camarades » qu'il s'est faits dans les *Seaford Highlanders*. Dans sa ville de Dingwall, il fait même de l'ancienne loge maçonnique le premier cinéma de la région, qu'il dirige jusqu'à sa mort dans les années 1950. L'idée que la franc-maçonnerie participait à l'élaboration d'un plan destiné à s'emparer du monde me fit bien rire. Il n'empêche que les nazis restaient convaincus qu'ils n'affrontaient pas d'ennemis plus diaboliques que les maçons.

Bruno travaille dans un bureau différent : l'*Amt II*, unité 123. Sa cible, ce ne sont ni les juifs, ni les prêtres catholiques et encore moins les francs-maçons. Ce sont ceux que les nazis appellent la *Reaktion*, les « conservateurs réactionnaires » de la droite allemande. Ils sont jugés suspects. À première vue, ils semblaient les moins intimidants de tous les opposants allemands. Contrairement aux communistes ou aux démocrates, leur politique avait des points communs avec le national-socialisme. Ils étaient autoritaires, chauvins et impérialistes. Reclus dans leurs mess d'officiers, dans leurs salles de conseils d'administration ou dans leurs propriétés, ces hommes riches et importants entendaient conserver leurs droits. Ils devaient une bonne partie de leurs privilèges à la politique d'Hitler. La majorité d'entre eux approuvait la doctrine nazie, et plus particulièrement la façon dont elle démolissait la démocratie.

Cependant, ils émettaient des réserves. Leur plus fort mécontentement émanait naturellement de leur sang bleu. Tous manifestaient leur condescendance à l'égard du *Führer*, « ce démagogue vulgaire, avec sa mèche de "maquereau", son élégance de truand, son accent des faubourgs viennois, ses péroraisons interminables, son allure d'épileptique avec sa gestuelle de sauvage, son écume à la bouche et ses yeux qui soit roulaient sans cesse soit vous fixaient avec attention, ses menaces, sa cruauté, ses fantasmes d'exécution et sa soif de sang[2]. »

Le mécontentement de l'opposition dépassait le seul aspect social. Dans les rangs des opposants on comptait à gauche des Bolchéviques et à droite des monarchistes en chambre. Chacun prétendant être l'héritier authentique de la République de Weimar. D'un côté, ils avaient la nostalgie des valeurs du *Kaiser*, de l'autre, ils prêchaient un nationalisme au nom duquel les hiérarchies sociales devaient être abolies. De gauche ou de droite, ils pouvaient constituer un véritable groupe d'opposition au Parti nazi. Sebastian Haffner écrivit : « Les seuls opposants ou rivaux qu'Hitler devait prendre au sérieux et auxquels il devait parfois s'attaquer dans l'arène politique intérieure étaient les conservateurs. Ils se trouvaient dans l'armée, dans la diplomatie et l'administration. Ils ne cessèrent de représenter un vrai problème politique pour Hitler. Indispensables aux opérations quotidiennes, certains à moitié des alliés ou à moitié des opposants, quand d'autres étaient des opposants farouches. »

(2) Haffner, *Defying Hitler*.

Ils avaient tort de croire qu'ils pouvaient tirer profit du Troisième *Reich* sans devenir les esclaves du *Führer*. Au mieux, ils étaient des nazis provisoires, enchantés que le Troisième *Reich* ait désormais les pleins pouvoirs, mais refusant que soit sacrifié pour la cause leur statut économique ou social qu'ils avaient si âprement acquis. Pour les nazis purs et durs, ils étaient pires qu'un « coup de poignard dans le dos ». Ils étaient l'incarnation des traîtres qui se faufilaient derrière vous pour empêcher le Troisième *Reich* d'avancer. Ils ne sabotaient pas la politique d'Hitler mais ils replongeaient dans le confort qu'ils avaient connu dans le passé. Au moment où Hitler décidait d'ouvrir un nouveau chapitre dans la politique du Troisième Reich, ces hommes menaçaient de lui serrer la bride. Le bureau de Bruno, l'*Amt II/123* n'est pas du tout à l'écart. En réalité, il se situe juste sur la ligne de faille du Régime. En 1937, c'est lui qui contrôle la dernière source d'opposition possible à Hitler. Contrairement aux juifs et aux francs-maçons qui, en réalité, n'avaient aucun pouvoir et dont la menace à l'égard des nazis relevait du pur fantasme, la droite conservatrice contrôlait une bonne partie de l'organisation allemande.

Bruno a passé des années dans les cercles nationalistes *völkisch* d'extrême droite. Il connaît de façon intime ces hommes et leurs organisations. À tel point qu'il peut flairer un conservateur à des kilomètres à la ronde. C'est un peu grâce à son père, sympathisant de longue date des groupes de vétérans, s'il connaît si bien leur façon d'être et de penser. Par conséquent, il endosse sans grande difficulté ses nouvelles responsabilités à la SD. Il appartient à une équipe de spécialistes qui se consacrent à défendre l'autorité du *Führer*, épaulés par la puissance terrifiante de la SS. Pour la première fois de sa vie, Bruno prend vraiment goût au pouvoir. Tous ces hommes de l'aile droite, ces fouineurs, ces officiers supérieurs, cette aristocratie allemande, doivent maintenant rendre des comptes à une petite équipe d'officiers des services de renseignements. Parmi eux se trouve Bruno, ce jeune dentiste de 31 ans, membre du parti depuis des années. Qui doutait encore des bienfaits de la politique nazie allait maintenant devoir rendre des comptes à la SD servie aveuglément par des hommes comme Bruno ou Klaus Barbie, le futur chef de la *Gestapo* de Lyon, le bourreau de Jean Moulin. Lui aussi s'est fait recruter à l'*Amt II/123*. Comme Bruno, à Berlin, mais pas dans le même bureau.

Bruno a gagné la confiance des hommes les plus puissants du *Reich*. Il agit maintenant en leur nom.

L'adhésion de Bruno à la SD est le point culminant de la carrière de Bruno au sein de l'appareil nazi. Ce qui avait commencé dans l'acharnement, la violence physique et aveugle, s'est transformé en une situation très différente : paisible, objective, rationnelle. C'est vrai pour tous les fonctionnaires de la nouvelle génération nazie dont Bruno fait partie. Comme lui, ils ont utilisé la violence. Comme lui, ils ont mûri dans la rue. Les nazis de la première heure avaient établi une sorte de frontière entre la « tête » et les « jambes ». Aujourd'hui, ils continuaient hypocritement d'affirmer que la violence et la politique étaient deux choses différentes. Ils mentaient. Pour la SS et plus particulièrement la SD, la violence avait été sublimée, moins visible, plus intellectuelle, mais bien réelle presque cachée derrière la discipline tranquille d'une implacable bureaucratie. Une violence capitale dans le fonctionnement de l'appareil nazi, à ce point qu'elle ne pouvait pas être abandonnée à des voyous.

La SD, comme la Gestapo, était les yeux et les oreilles de Himmler. Ils n'étaient pas nombreux ces hommes engagés dans une lutte à mort contre toute opposition, réelle ou imaginaire, mais ils étaient diablement efficaces. La machine tournait à plein rendement avec, d'un côté, des bureaucrates zélés comme Bruno examinant leurs fiches ou remplissant leurs dossiers et, de l'autre, pour parachever le travail, un système judiciaire avec ses policiers, ses tribunaux, ses prisons et ses camps. Une association mortelle.

Pourtant, les penseurs formés à l'université, qui entouraient Bruno à la SD, estimaient que leur travail allait bien au-delà de la mission qu'on leur avait confiée. C'est ce que laissent deviner les documents de la SD qui ont survécu où chaque ligne, chaque mot, trahit une certaine arrogance intellectuelle. Leur style relevait davantage de la thèse universitaire que de la prise de simples notes bureaucratiques. Du libéralisme à la franc-maçonnerie, du capitalisme à la démocratie parlementaire britannique, ils passaient en revue tous les systèmes politiques, toutes les formes de croyances. Ils se délectaient d'en relever les incohérences.

Mais, aux yeux du pouvoir, cette critique permanente et systématique pouvait à la longue paraître négative. Aussi, Bruno et ses collègues de la SD, s'arrogent un autre rôle ; ils seront porteurs de la « bonne nouvelle » nazie. Ils répandront cette idée que le national-socialisme n'est pas la politique d'une seule catégorie d'hommes mais bien la conception d'un monde nouveau capable d'illuminer la condition humaine comme, en leur temps, le firent le catholicisme ou l'humanisme. Pour y parvenir, l'*Amt II* de Bruno publie des cours et les diffuse à grande échelle. Le bureau y ajoute des listes de textes à se procurer ayant pour but d'éclairer le soi-disant intellectuel sur les valeurs qui sont l'ossature du Régime. Les lectures quotidiennes de Bruno ne s'arrêtent pas à la littérature politique des groupuscules suspects ou interdits. Elles s'étendent aux textes développant les thèses national-socialistes. Le Centre de la documentation de Berlin regorge de ces listes et de ces registres de la SD dont les titres apportent un éclairage précieux sur le style intellectuel que le service de la sécurité de Heydrich voulait adopter. En voici des exemples :

- *Die geistigen Grundlagen der engl. Weltmachtpolitik* (Les fondements spirituels de la politique britannique)
- *Dieser Krieg ist ein Weltanschaulicher Krieg* (Cette guerre est la guerre de la conception du monde)
- *Der Weg zum Reich* (Vers le *Reich*)
- *Der Dollar rollt* (Les fluctuations du dollar)
- *SS-Mann u.Blutsfrage* (Le SS et la question du sang)
- *Die Sowjetunion – Raum u. Völker* (L'Union soviétique. Espace et peuplements)
- *Der Weg der NSDAP* (Vers le NSDAP)
- *Rassenpolitik* (La politique raciale)
- *Bauerntum* (Les fermiers et l'agriculture)
- *Sicherung Europas* (La sécurité de l'Europe).

En parcourant quelques-unes de ces listes, je trouvai un exemple du mode de fonctionnement totalement arbitraire de la SS dans le domaine culturel. Le 26 octobre 1937, peu après la nomination de Bruno à la SD, Himmler fit circuler une note dans laquelle il annonçait que « chaque année, la SS participerait à la semaine nationale du livre allemand », « *Jedes Jahr mimmt die SS an der Woche des Deutschen Buches teil* ». C'est le cas en 1937. La SS donna même tous les livres qu'elle avait réunis pour cet événement important au BDM, le Syndicat des femmes allemandes. Le national-socialisme avait atteint des sommets dans la littérature comparée européenne. Ses racines s'enchevêtraient profondément dans l'imagination occidentale.

Il y avait même un registre renfermant la liste des livres *geeigniter Bücher* qu'il convenait de lire. L'amicale nazie avait constitué cette liste et tout intellectuel de la SD qui se respectait devait lire les œuvres proposées. Cette liste s'ouvrait sur *Mein Kampf* d'Adolf Hitler. Juste derrière arrivaient les travaux d'Alfred Rosenberg, *Le Mythe du Vingtième Siècle*, et de Reinhard Heydrich, *Les transformations de notre combat*. Les deux idéologues arrivaient *ex-aequo*, en deuxième position, derrière Hitler. Himmler, plus modeste reléguait sa propre participation au bas de la liste : *La SS, une organisation de combat anti bolchévique*. Un certain Hans F. Günther fournit les cinq titres suivants : *La santé de la race du peuple allemand, Le cavalier, La mort et le diable, La Noblesse et la Race, L'urbanisation*. Puis, je survolai les travaux de Walter Darré, *L'agriculture, source de vie de la race nordique, La nouvelle noblesse du sang et de la terre*. Je parcourus les romans de l'aurore boréale, rédigés par des auteurs d'Europe du nord, aux titres évocateurs : *Les loups-garous, Le livre de la Vérité, Les hommes, Entre le blanc et le rouge, Sous les chênes, Les bois chantent éternellement, L'enfant de la Tourbière*, et le livre de John Retcliffe, un roman antisémite scandaleux, *Dans le cimetière juif de Prague*. La mélancolie des Celtes du nord résonnait dans l'imaginaire des nazis. Ils se détournaient du monde contemporain, dévasté par les taudis, la technologie et la décadence, pour se repaître de paysages grandioses remontant à l'aube de la terre.

Le vingt-troisième livre de la liste me sauta aux yeux : Neil Gunn, *Das verlorene leben*, un titre qu'il faut traduire ainsi : *La vie perdue*. Ce qui me parut encore plus extraordinaire, c'est que je venais d'établir un nouveau lien avec Donald Davidson, mon grand-père écossais. Gunn comptait parmi ses amis les plus proches. Il était souvent venu à Dingwall rendre visite à ma famille. Dans ce roman, Gunn se lamentait sur un épisode de l'histoire écossaise du XVIIIe siècle. Une génération de petits fermiers des Highlands se fit expulser de ses terres pour laisser place à l'élevage de moutons, plus rémunérateur. Ces petits fermiers durent, soit émigrer, soit s'installer sur la côte écossaise et mener une vie misérable dans une nature hostile.

Nombre de romans de Neil Gunn résonnent d'un écho presque mystique. Ils touchèrent profondément les habitants des Highlands. Cette lecture les laissa songeurs et les attrista, surtout les fermiers et les pêcheurs dont la perception des choses relève parfois du sixième sens. Visiblement, le *Reichsführer* SS fut impressionné par cette lecture. Il dut avoir le sentiment qu'un drame entre l'instinct et la race se jouait au cœur du livre. Il en recommanda donc la lecture aux officiers de la SS. J'avais l'avantage d'arriver soixante-dix ans après. J'avais sous les yeux le spectacle de mes deux grands-pères, se rejoignant sans le savoir à travers le même auteur, puis se séparant sur la plus grande incompréhension qu'il soit possible d'imaginer. Donald Davidson lisait un livre qu'un de ses amis avait écrit, y découvrant une parabole touchante sur la vie rude des fermiers des Highlands, une région qu'il connaissait bien. Au même moment, Bruno lisait une allégorie des souffrances et de la noblesse de la communauté raciale du nord, enfermée dans un combat pour sa survie, à l'époque moderne du « bitume » judéo-chrétien.

Malgré cette apparente « objectivité », la SD n'était que le pâle reflet de l'Allemagne d'Hitler. Les listes de livres, les conférences, la prose qui se voulait savante, rien ne pourrait la détourner de ce que le nazisme était réellement, profondément. Le système s'affirmait par la violence et une haine raciale meurtrière. En voyant Bruno passer de la SA à la

SD, on pourrait croire qu'il illustre le désir du Troisième *Reich* de remplacer la soif de sang par une quête plus intellectuelle. En réalité, les nazis pouvaient toujours compter sur la brutalité viscérale de leurs premières années. Ils pouvaient la faire resurgir à tout moment. Elle faisait partie de leurs méthodes habituelles, presque inscrite dans leurs gènes. Le nombre de bureaux que la SD dirigeait ou le nombre de juristes passés par l'université qu'elle employait importait peu. Des hommes comme Bruno étaient passés d'un univers à l'autre sans difficulté aucune. Finalement, porter un uniforme tout neuf et travailler avec des gens plus raffinés n'avaient pas fait disparaître ses instincts de la section d'assaut.

Dans la nuit du 9 novembre 1938, les brasseries de l'Allemagne nazie grouillaient des membres du parti, de leurs partisans et des membres de la SA qui faisaient la fête. Ils étaient réunis pour l'anniversaire de l'échec du putsch de la brasserie[3], devenu une des grandes dates du calendrier nazi. Mais, cette nuit-là, ils en avaient gros sur le cœur et n'avaient plus vraiment envie de se saouler à mort, contrairement à leur habitude. Ils étaient encore sous le choc de la nouvelle : Ernst vom Rath, un membre du consulat d'Allemagne à Paris, s'était fait assassiner par un juif polonais de 17 ans. Dans toute l'Allemagne, les nazis bouillaient de *Judenkoller*, la colère anti juive. Le siège du parti publia une série de communiqués exigeant un acte de vengeance nationale contre les juifs d'Allemagne.

(3) Le *putsch* de Munich fut une tentative de prise du pouvoir par la force, en Bavière, menée par Adolf Hitler, le 8 novembre 1923. Elle se déroula principalement à la Bürgerbräukeller, une brasserie de Munich. Hermann Göring, Ernst Röhm, Rudolf Hess, Heinrich Himmler et Julius Streicher y participèrent. Condamné à cinq ans de détention, Adolf Hitler ne passera que quatorze mois à la prison de Landsberg, mettant son incarcération à profit pour rédiger *Mein Kampf*.

« La Nuit de Cristal », *Kristallnacht*, allait commencer. Ce fut une explosion de haine sans précédent. La violence ne se déchaîna nulle part en Allemagne avec autant de force qu'à Berlin, dans le quartier de Charlottenburg, celui de Bruno, là où ses vieux camarades de la SA avaient été si actifs. Cette partie de la ville – celle des centres commerciaux de l'extrémité ouest autour du Kurfürstendamm – abritait un grand nombre de magasins juifs et de synagogues. On peut difficilement imaginer que Bruno, qui est maintenant officier dans la SS, ne soit pas en train de boire avec ses *Kameraden* au *Zur Altstadt*, son *Sturmlokal* habituel. On a du mal à croire aussi qu'un peu plus tard, dans la soirée, il renoncera à participer à cette nuit, alors que tant d'hommes qu'il connaît et avec lesquels il se bat depuis plus de dix ans, quitteront les brasseries précipitamment pour se ruer dans la rue, armés de marteaux de forgerons et de bidons d'essence. Je ne saurai jamais si cette nuit-là il a choisi de rester chez lui. A-t-il voulu rompre avec les habitudes qu'il a prises ? S'est-il interdit de participer à la plus grande explosion d'antisémitisme qui ait jamais existé en Allemagne ? Y a-t-il renoncé, alors qu'elle a été ordonnée par Hitler et Goebbels en personne, alors qu'elle a lieu devant sa porte ? Avec ou sans Bruno, des escouades de la SA, des membres officiels du parti et des civils déferlèrent dans les rues pour une nuit de pillages et de tumulte. Tous se déchaînèrent dans le quartier de la maison de Bruno, près du cœur commercial de Charlottenburg et dans le voisinage de Wilmersdorf, brisant les vitrines, incendiant les magasins. Leur tâche fut facilitée par le fait que chaque magasin juif était frappé d'une étoile jaune. La loi les y obligeait. Nombre de ces commerces étaient des boutiques de luxe, ce qui en faisait les cibles idéales pour des actes de vandalisme et de pillage généralisé.

À Charlottenburg cette nuit-là, la première cible fut un magasin de pianos à Joachimstaler Strasse, une rue située en dehors du Kurfürstendamm. Le raid atteignit des sommets lorsqu'un piano à queue de Bechstein fut jeté par la fenêtre du premier étage. La foule se rua vers le magasin d'à côté, une parfumerie, Kopp et Joseph. Elle fut mise à sac et totalement dévalisée. Il fallut peu de temps aux émeutiers pour s'occuper d'une série de grands magasins à Wilmersdorfer Strasse. Ils brisèrent les vitrines d'Etam, de Tietz et de Suss, en volèrent le contenu ainsi que celui des réserves. Puis les nazis passèrent à une attaque plus organisée. Ils contrôlèrent le pillage en postant des gardes devant les portes qu'ils avaient défoncées. Ils vidèrent méthodiquement un magasin de chocolat à Bismarckstrasse et celui d'un tailleur. La foule avait grossi, rejointe par des hommes de la SA, des membres du parti et de plus en plus de civils et de voisins inquiets de ne pas profiter du pillage. Puis ce fut le tour des appartements. Les gardiens d'immeubles ouvrirent grand les portes et les juifs se firent dévaliser.

L'attention se concentra alors sur des établissements juifs encore plus voyants : les synagogues, nombreuses dans le quartier. La plus grande, située à Fasanenstrasse, fut aussi la première à être mise à sac. Les placards furent vidés, les livres de prières déchirés, l'orgue détruit. Finalement, elle fut incendiée. Les pompiers arrivèrent rapidement sur les lieux, mais se contentèrent d'empêcher les flammes d'atteindre les autres bâtiments. Les mêmes événements se répétèrent dans une autre synagogue, à Pestalozzisstrasse. La synagogue de Kantstrasse eut plus de chance : des appartements donnaient sur la cour principale. Dans l'un des appartements vivait un membre éminent du parti qui, terrorisé à l'idée que sa maison ne parte en fumée, sermonna ses camarades de la SA et les persuada d'aller se faire pendre ailleurs. Ailleurs, ce fut un peu plus loin, à Meinekestrasse, où ils choisirent d'attaquer un centre commercial qui abritait le siège d'une organisation sioniste, un quotidien juif et le bureau de l'émigration palestinienne. Ils furent rapidement envahis par les flammes.

La dernière synagogue de Charlottenburg, située à Schulstrasse – actuellement Behaimstrasse – fut brûlée plus tard dans la nuit. Elle fut elle aussi « protégée » des pompiers de Berlin par des hommes de la SA. Le lendemain, 10 novembre, on estima que 7 500 magasins avaient été attaqués d'un bout à l'autre de l'Allemagne, que 30 000 juifs avaient été arrêtés, parmi lesquels bon nombre avaient été envoyés dans les camps. Environ quatre-vingt dix d'entre eux moururent au cours de ces deux nuits, plusieurs centaines d'autres succombèrent dans les semaines qui suivirent.

Bruno vient de vivre la violence de la rue pour la dernière fois. La *Kristallnacht* a atteint le paroxysme d'une décennie de haine, de brutalités et d'intimidations. Comme lui, les nazis peuvent se féliciter d'avoir réalisé un aussi bon travail la nuit précédente. Mais ils savent que cela n'arrivera plus. Le prix de toute cette violence se solde par la désapprobation et l'angoisse. Elle ne s'exprime pas à l'égard des victimes juives, mais par un dégoût des méthodes employées. L'Allemagne venait aussi d'offrir un cadeau aux critiques étrangères. Une femme issue d'un milieu aisé s'indignait : « On a mis le feu aux synagogues. Les magasins et les maisons des juifs sont complètement détruits. L'image que nous donnons est encore plus désastreuse que celle des Huns. On a honte d'être Allemands. On nous présente tout cela comme un acte spontané. Spontané ! Dans un pays organisé d'une manière tellement rigide ! C'est un déshonneur. Et les pays qui nous sont hostiles disent à juste titre qu'ils n'ont pas besoin de monter une campagne contre nous. Nous leur avons nous-mêmes fourni les éléments. Ils n'auraient jamais pu en inventer d'aussi bons[4]. »

Les autorités nazies partagèrent ce point de vue. Les événements de cette nuit-là étaient catastrophiques. La « Question juive » exigeait une « solution » qui puisse échapper au regard inquisiteur des puissances ennemies et qui soit compatible avec l'estime que l'on pouvait porter à la culture allemande. Le combat continuerait, mais on le mènerait d'une manière plus systématique, moins anarchique. La *Kristallnacht* avait interrompu de façon désastreuse tout le travail de fond réalisé de la façon la plus méthodique qui soit par la SS et sa filiale, la SD.

À la fin de l'année 1939, parfaitement à l'aise dans son uniforme noir de SS, Bruno peut se tourner vers le passé et se sentir pleinement satisfait. Il a su gérer ses deux principaux centres d'intérêt, le service de santé allemand et les activités des mouvements d'opposition de droite. Le rapport trimestriel sur la situation actuelle l'a confirmé. Rédigé par la SD, ce rapport fait le point sur l'avancée du national-socialisme face à cette opposition conservatrice. On y découvre qu'en réalité, la droite a dû se tourner massivement vers l'étranger pour chercher un appui. Surtout, ce rapport confirme que la *November Aktion*, c'est-à-dire la *Kristallnacht*, a, entre autres, permis de clore le dossier de la « Question juive » dans le monde médical. « À dater du 31 janvier 1939, le service de la santé – dentistes et pharmaciens inclus – était absolument purgé de tous les juifs. » Bruno a de quoi se réjouir.

(4) Wibke Bruhns, *My Father's Country*.

Avec la SD, il peut maintenant se concentrer sur les nouveaux objectifs : la guerre et le combat ethnique. La guerre, pour se venger des superpuissances occidentales qui ont « gagné » en 1918 parce que le front allemand était miné de l'intérieur par les traîtres. Le combat ethnique pour éliminer la communauté la plus menaçante pour la race aryenne : les juifs. Hitler en était convaincu.

La *Wehrmacht*, l'armée allemande, mènera la guerre. La SS combattra les juifs. Bruno a un rôle à jouer sur les deux fronts.

VIII. La guerre !
1939 – 1944

Le 28 avril 1939, Bruno et Thusnelda, comme toute la population allemande, écoutent la radio. Le *Führer* s'adresse à la nation. Il prend soin d'annoncer, une à une, toutes les prouesses qu'il a accomplies pour son peuple. Il n'a qu'un objectif : dresser l'inventaire de la transformation du pays : « J'ai vaincu le chaos en Allemagne, j'ai fait augmenter considérablement la production de tous les secteurs de l'économie nationale. J'ai réussi à fournir des emplois utiles à nos sept millions de chômeurs qui nous brisaient le cœur. Non seulement, j'ai recréé une unité nationale sur le plan politique, mais sur le plan militaire, j'ai aussi réarmé le pays. De plus, j'ai essayé de liquider ce traité dont les 448 articles constituent le viol le plus abject auquel des humains se soient jamais soumis. J'ai rendu au *Reich* les provinces dont nous avions été spoliés en 1919. J'ai ramené à la patrie des millions d'Allemands profondément malheureux d'en avoir été arrachés. J'ai restauré l'unité territoriale de l'Allemagne vieille d'un millénaire. J'ai essayé de parvenir à toutes ces réalisations sans verser une goutte de sang et sans imposer à mon peuple ni à aucun autre les souffrances de la guerre. J'ai accompli tout cela grâce à mes propres efforts, alors qu'il y a 21 ans, j'étais un travailleur inconnu, un soldat pour mon peuple. »

Chez les Langbehn et les Pahnke-Lietzner, personne n'émet la moindre critique. Chacun se joint à ces millions d'Allemands qui soutiennent avec enthousiasme chaque point du discours. Hitler, ce grand homme d'état, leur Führer, avait déjoué les manœuvres des Alliés sans provoquer la guerre. Le chômage semblait appartenir au passé. Le réarmement secret tournait en dérision le Traité de Versailles. L'Allemagne commençait à occuper le devant de la scène internationale qui devait désormais compter avec Hitler. Ce soutien populaire au Troisième *Reich*, les dossiers que Bruno élabore à la SD le confirment régulièrement, même s'il subsiste un mécontentement résiduel. Goebbels avait beau diriger la propagande, il n'arrivait pas à en venir à bout.

Bruno, lui, voit en Hitler l'homme qui a apaisé les deux grands traumatismes de la République de Weimar : l'humiliation de la Première Guerre mondiale et la catastrophe économique de la Grande dépression. Ceci explique pourquoi tant d'Allemands voyaient en Hitler l'homme providentiel. Il avait sauvé cette nation qui s'était perdue de vue.

Hitler ne s'était pas contenté de sauver la nation à l'intérieur des frontières. Qui aurait pu prévoir aussi son triomphe sur la scène internationale, tous ces succès remportés sans la moindre effusion de sang ? Les victimes de la *Kristallnacht*, la répression de la SS ou les lois de purification de la race ne comptaient pas. La Rhénanie avait été remilitarisée dans le dos de la Ligue des Nations. Mais l'acte d'éclat datait de mars 1938 : l'*Anschluss*. L'Autriche avait réintégré la mère patrie. Cette annexion ne s'était pas réalisée dans le consensus général et avait été accueillie avec une certaine réserve.

En septembre, une nouvelle étape avait été franchie avec le « rattachement » des Sudètes à l'Allemagne. L'usurpation de ce territoire frontalier, situé dans l'ouest de la Tchécoslovaquie, avait été organisée brillamment en prenant le prétexte des revendications – pas totalement infondées – de la minorité allemande. À Munich, Hitler avait atteint des sommets en convaincant le Premier ministre anglais, Neuville Chamberlain, que l'Europe ne devait pas s'inquiéter de ces bruits de bottes.

Tous ces événements avaient failli provoquer la guerre. Mais à chaque fois, Hitler avait retourné la situation en sa faveur, passant maître dans un jeu de dupes dont les Alliés allaient faire les frais. Rusé, habile à en devenir fascinant, il réussissait à obtenir des autres ce qu'il voulait. Les puissances étrangères reculaient devant la force intimidante de son armée et la volonté qu'il affichait de pouvoir l'utiliser. La diplomatie sortit ses queues de pie et ses chapeaux hauts de forme. On organisa des réunions internationales. À l'étranger, on tablait sur la politique de l'apaisement face à la peur qu'inspirait la remilitarisation à marche forcée de l'Allemagne. Cette politique agressive exaltait des millions de *Volksgenossen*, ces camarades unis dans une même race et que l'on regroupait avec triomphe dans un *Volksgemeinschaft* toujours plus nombreux. La nation allemande s'agitait à nouveau, mais n'avait apparemment pas envie de revivre les horreurs de la guerre de 1914-18. Son héritage funeste hantait toujours les mémoires des Allemands les plus âgés, incapables d'oublier l'époque des tranchées.

Hitler était heureux. Il profitait de l'exaltation que son peuple lui manifestait et se posait en « dictateur de la paix ». Cela ne durerait pas. Il commença à faire quelques allusions. La paix, c'était bien, mais ce n'était qu'un interlude. La guerre aurait lieu à un moment ou à un autre. « Depuis des années, les circonstances m'ont contraint à ne parler de rien d'autre que de la paix. Mais il est évident que la propagande pour la paix peut engendrer le défaitisme qui, à long terme, entacherait inévitablement le succès du régime actuel. Il est maintenant nécessaire d'apprendre progressivement au peuple allemand que des choses doivent être accomplies par la force si la paix signifie l'échec. »

Hitler s'inquiétait de voir les Allemands s'habituer progressivement à leur confort. Ils avaient d'ailleurs donné un nom à leurs victoires récentes. C'était la « guerre des fleurs » dans laquelle les seuls missiles lancés étaient des fleurs et des bouquets. L'idée de parvenir à la Grande Allemagne sans en payer le prix plaisait énormément et donc, se répandait largement. Mais Hitler veillait à ne pas trop l'encourager. Un jour, les avait-il avertis, la question de l'Allemagne exigerait une solution plus radicale : « J'ai pris sur moi de régler la question de l'espace vital. Soyez conscients qu'aussi longtemps que je vivrai, ma vie tout entière sera dominée par cette question. Soyez également convaincus que je ne reculerai jamais devant les mesures les plus radicales, parce que je suis persuadé que cette question devra se poser un jour ou l'autre. »

Le discours avait beau être flou, tout le monde avait compris que parmi les « mesures radicales » se trouvait évidemment la guerre. Aucune nation ne gagnait jamais son *Lebensraum* sans avoir à se battre. Les ressources mondiales étaient limitées. La population du globe se répartissait en strates, chacune ne devant rien aux autres. Les relations internationales étaient marquées par la méfiance réciproque et une compétitivité acharnée. Qu'on ne fasse pas la guerre ou qu'on la perde, le prix à payer était le même. Cela signifiait la dégradation, l'humiliation, l'immobilisme. La Grande dépression avait prouvé à Hitler que l'économie mondiale, c'était la guerre, dans pratiquement tous les domaines, sans jamais en prononcer le nom.

Bruno et les nazis impliqués dans le régime partagent les ambitions d'Hitler. Pour eux, la guerre est l'expression la plus pure de l'idéologie nazie. Une nation préparée au combat était une nation forte, en pleine possession d'elle-même. Mais la guerre représentait aussi l'apogée de la *Weltpolitik*. Les nazis ne pourraient parvenir à la forme de pouvoir qu'ils voulaient, de la manière la plus rapide et décisive qui soit, qu'en passant par la conquête et la domination militaire. Il était temps que le peuple allemand intègre cette idée. L'armée était la première concernée. Hitler avait orienté presque toute l'économie allemande vers le réarmement, provoquant la consternation internationale et balayé tous les ennemis de l'intérieur, qu'il s'agisse de la SA ou du peuple. L'heure était venue pour la *Wehrmacht* de lui faire allégeance, comme il l'avait fait pour elle, et de remplir le rôle que le *Führer* attendait qu'elle joue.

Rembourser l'Allemagne, tel qu'Hitler l'entendait, impliquait une action d'une telle ampleur qu'une fois lancée elle se propagerait bien au-delà des frontières de l'Allemagne et engloberait toute l'Europe. Peut-être existait-il encore des gens à Paris ou à Londres qui priaient pour que la guerre soit évitée à force de négociations. Je doute que cette pensée ait été largement répandue dans la SS. Hitler avait mis tous ses espoirs dans les forces armées, créé un appareil de sécurité qui dominait totalement les Allemands, prêchant inlassablement une idéologie raciale poussée à l'extrême. Chacun savait pertinemment où tout cela mènerait. Bruno est bien placé pour le comprendre. En 1939, il sait que la question à se poser est double : quand et contre qui mènera-t-on cette guerre ?

La Pologne et son couloir de Dantzig[1], séparant les Allemands, étaient un affront au Grand *Reich* depuis la fin de la Première Guerre mondiale lorsque l'Allemagne avait massivement occupé ses terres. Le plus grand voisin de tous les pays slaves apporta à Hitler la solution à ses rêves de futur *Lebensraum* à l'est. Bruno se réjouit, mais s'inquiète aussi de voir le *Führer* conduire l'Allemagne à la guerre. Cependant, le *Führer* devait lui-même se fabriquer des nerfs d'acier avant de franchir le pas.

Hitler réalisa deux prouesses diplomatiques, non pas contre les ennemis mais auprès des Alliés. Il commença par signer un traité avec l'Italie mussolinienne, de façon à protéger le flanc sud du *Reich*. Puis, alors que c'était inpensable, il conclut un pacte de non-agression pour protéger son flanc est. Il le signa avec le gouvernement qui occupait seul le haut de l'échelle dans la gradation que les nazis avaient instaurée pour classer les démons. C'était l'Union soviétique de Staline qui offrait d'ailleurs le même classement à l'Allemagne. Ce fut le pacte Molotov-Ribbentrop, qui porte le nom des deux ministres des affaires étrangères qui participèrent à son élaboration. Je ne sais absolument pas comment Bruno et ses camarades ont fait pour s'adapter à ce volte-face insensé. Ont-ils mesuré la portée de l'affront qu'il sous-entendait ? Ont-ils été obligés de dissimuler leur stupéfaction ? Quelles que soient leurs réactions, ces obstacles n'existent plus. La voie est dégagée. La guerre approche.

On confia à la SD le soin de trouver une ruse pour déclencher les hostilités. Il fallait s'y attendre. La SD remplit son

(1) Le couloir ou corridor de Dantzig séparait la Prusse orientale du reste de l'Allemagne. Créé à la suite du Traité de Versailles, ce territoire en partie germanophone permettait à la Pologne de disposer d'un accès à la mer Baltique.

rôle. Elle simula une attaque « polonaise » sur les ondes d'une station de radio située à la frontière allemande. Ce fut l'incident *Gleiwitz*. Il supposait des représailles absolues, « justifiées ». Dans la nuit du 31 août 1939, des agents de la SD vêtus d'uniformes polonais s'emparèrent de la radio et diffusèrent en polonais des messages anti-allemands. Le corps d'un sympathisant polonais bien connu fut abandonné sur place. Il fallait faire croire qu'un affrontement à coups de revolver avait eu lieu. Grâce à ce coup monté, l'Allemagne apparaîtrait comme la victime d'une provocation inacceptable. Tout se passa comme prévu. L'« insulte à la nation » provoqua l'invasion de la Pologne. L'« Opération blanche », c'était son nom de code, fut lancée le 1er septembre. Hitler s'accordait enfin les moyens de créer l'empire germanique, non pas autour d'une table de conférence, mais avec les chars d'assaut les plus modernes et les plus redoutables, l'infanterie et les bombardiers. Les Alliés jurèrent que toute invasion de la Pologne équivaudrait à une déclaration de guerre. Cette fois, ce n'était pas une parole en l'air. L'occident était allé au bout de sa politique d'apaisement. Quelques jours plus tard, l'Allemagne entrait une fois encore en guerre contre la Grande-Bretagne et la France.

Les années d'ouverture, de simulacre et de menaces de guerre incessantes étaient terminées. Bruno et des milliers d'autres se préparent à l'aventure militaire qu'ils ont anticipée avec tant d'enthousiasme. Quelques semaines plus tard, il s'enrôle dans l'armée. Il porte le poids de ses souvenirs. Il revoit son père partir à la guerre en 1917. Rien ne l'empêchera de s'engager maintenant qu'il a « sa » guerre ; ni la perspective d'une absence prolongée de son foyer, ni l'obligation de cesser ses activités à la SS, ni même la perte des revenus que son métier lui procure. Le service actif représente l'apothéose logique d'une vie passée à admirer ouvertement tout ce qui touche à l'armée. C'est l'occasion ou jamais de se mesurer à l'héroïsme des générations précédentes, mais surtout d'évaluer sa propre rhétorique nazie. Jamais plus un examen de cette ampleur ne lui sera proposé.

La guerre dominera la vie de Bruno pendant les six prochaines années. Ce sera le cas de millions d'autres hommes de part et d'autre de l'Allemagne, de l'Europe et finalement du monde entier. Toute la famille de Bruno participera à cette guerre. Certains en seront les protagonistes. D'autres les spectateurs malheureux. Cependant, malgré toute son ardeur militaire, Bruno se confronte à un certain nombre de vérités dérangeantes. Il a 33 ans maintenant. Il n'est pas vieux, mais il n'est plus vraiment dans sa première jeunesse. Quelles que soient ses prétentions d'ancien de la SA, il n'a pratiquement pas reçu de véritable formation militaire.

Il rejoint une unité de DCA, basée juste à côté de Berlin. Mais il est difficile de savoir s'il s'agit d'une DCA ou d'une unité d'artillerie classique. Quoi qu'il en soit, cela ressemble à un poste de vrai combattant. Cela lui plaît de se sentir proche de la pointe des fusils, mais le vrai défi, celui qui consiste à se battre ne concerne que les plus jeunes et les mieux formés. Je n'ai jamais réussi à trouver quel grade il occupait dans la Wehrmacht. Ce n'est mentionné nulle part dans ses dossiers. Mais je serais surpris d'apprendre qu'il était officier, étant donné son manque d'expérience militaire et la nature modeste de son poste. Ce qui est inhabituel, toutefois, c'est de voir un officier de la SS attaché à l'armée ordinaire plutôt qu'à la *Waffen* SS.

J'ai été surpris. Je l'admets. L'image de mon grand-père se dessinant à travers les documents est celle d'un idéologue forcené, de longue date. Elle contredit cette volonté apparente de servir en occupant une fonction aussi humble, presque subalterne. Je finis par me demander si le désir ardent qu'il avait de combattre et sa volonté d'y parvenir par n'importe quel moyen, même si on ne lui proposait qu'un rôle très modeste, ne prouvaient pas que ses souvenirs de la Première Guerre mondiale, dont les conséquences l'avaient autant poussé à s'engager politiquement, étaient finalement aussi puissants que son implication dans la SS. Bruno cède-t-il à la même illusion que Rupert Brooke, le poète de la Première Guerre mondiale, qui, 25 ans plus tôt, avait remercié Dieu « Qui nous a cueillis à Son heure / Qui nous a pris notre jeunesse et nous a tirés du sommeil ? »

Bruno n'est pas le seul Allemand à avoir rêvé que le combat serait une rédemption qui associerait excitation et purification. Ce qui lui importe, c'est d'être en route vers l'ouest, vers la France, vers les horizons vertigineux du nouvel Empire allemand. Il peut enfin vivre le rêve d'Ernst Jünger : devenir un casque d'acier et ne plus se contenter de ses lectures.

Au début de la guerre, mon grand-père, mon arrière-grand-père et mon grand-oncle sont des soldats très différents les uns des autres. Bruno, un vétéran de l'époque des combats de rue, a maintenant la chance de prouver qu'il peut affronter la réalité de la guerre. Mais il ne peut même pas entrer en compétition avec Friedrich, son beau-père, l'ingénieur diplômé, cet homme calme, ce vétéran de la Première Guerre mondiale, l'incarnation d'une nouvelle génération d'officiers prussiens. Il a été promu *Stabsoffizier*, officier d'état-major. Il est attaché au QG de l'armée où il dirige le ravitaillement en matériel militaire. Au début, il est capitaine. Plus tard, il sera commandant. Comme toute la *Wehrmacht* – c'est ainsi qu'on a rebaptisé la *Reichswehr* en

1935 – il a prêté serment de fidélité à Hitler. Il fait la guerre depuis un bureau parisien d'où il envoie ses notes et ses commandes avec l'efficacité d'un grand seigneur.

Comme il brille dans ce monde, par rapport à mon grand-oncle Ewald. Je ne l'ai jamais rencontré, mais je me souviens très bien de la façon dont la famille s'empressait toujours de le rabaisser. C'est le frère de ma grand-mère, celui qui n'a pas eu de chance, celui qui promettait tant et qui a si peu donné, d'après ce que j'ai compris. Dès qu'on prononçait son nom, il fallait s'attendre à une phrase méprisante qui venait immédiatement clore le sujet ; la langue allemande est d'une richesse inouïe pour ce genre de phrases. Contrairement à son beau-père ou même à son beau-frère, Ewald n'a jamais brillé ailleurs que dans la famille. Il est aussi anonyme et aussi peu soigné que sur la seule photo de lui qui a survécu. On le voit avec sa tunique. Il flotte dedans. Ses poches de poitrine sont bourrées de cigarettes. Ce qu'il a l'air résigné ! Personne ne s'attend à ce que ce gars-là, ou des millions d'autres du même genre d'ailleurs, n'aident à gagner la guerre. Son rôle consiste à se déplacer d'un champ parsemé de hangars à un autre. Des photos tristes comme celle-là, abandonnées, sont tout ce qu'il reste pour garder le souvenir de ces hommes. Il n'y a pas de flammes dans ses yeux, pas d'horizon lointain non plus pour cette infanterie misérable, abrutie par la boisson, qui fournira le gros des rangs de l'armée.

Au printemps 1940, cependant, tous les trois portent l'uniforme de la Wehrmacht et sont en route pour l'ouest. S'ils ont eu peur que cette guerre emprunte le même chemin cauchemardesque que la Première, leurs craintes se sont rapidement évaporées. Pour toujours. Les victoires allemandes sont extraordinaires. Bruno, Friedrich et Ewald participent, chacun à sa façon, à la nouvelle tactique de combat incroyablement efficace de l'armée allemande, la *Blitzkrieg*, la guerre éclair. Elle va si vite et remporte tellement de succès qu'ils sont sûrs de ne jamais revivre l'enlisement de 1914-18 dans les tranchées.

Toujours très en avance sur les autres, l'unité de Bruno ouvre les bouteilles de bière, sort les accordéons et se saoule à mort. Ma mère se souvient très bien du penchant de Bruno pour les chants de ralliement. Ils faisaient partie des victoires allemandes et on les chantait à tue-tête. Plus tard, il se vantera auprès de mon père d'avoir beaucoup chanté et beaucoup bu pendant les premiers mois de la guerre. Il suffit d'ouvrir un calendrier allemand et de rechercher les premières victoires. 9 avril 1940, invasion du Danemark et de la Norvège. Les Danois se rendirent le lendemain, les Norvégiens début juin. L'offensive à l'ouest commença le 10 mai en Hollande, en Belgique et au Luxembourg. La Hollande capitula le 15 mai, la Belgique, le 28. Je me demande comment Max, le père de Bruno, bercé par ses souvenirs de la Première Guerre mondiale au Régiment 39 en France et aux Pays-Bas, les interpréta. Est-ce qu'il accueillit la nouvelle de leurs avancées stupéfiantes en jubilant ? Ou est-ce qu'il eut un mauvais pressentiment ?

Pour donner le ton juste à l'assaut imminent en France, l'ennemi héréditaire de l'Allemagne, Hitler donna l'ordre de « laisser les drapeaux flotter dans tout le pays pendant huit jours, à dater de ce jour, de façon à saluer nos soldats. D'autre part, j'ordonne aussi qu'on fasse sonner les cloches pendant trois jours à partir d'aujourd'hui également. Leur son pourra s'unir aux prières dont la nation allemande accompagnera ses fils une nouvelle fois. » Le 14 juin, les Allemands entraient dans Paris. À peine six semaines après le début de la campagne, la France fut contrainte de signer l'armistice le 22 juin à Compiègne, dans le wagon qui avait servi aux Alliés en 1918.

C'était la guerre que le *Reich* entendait conduire pour parvenir à la Grande Allemagne et venger l'humiliation de 1918, la source de tous ses malheurs. Cette fois, ce serait au tour de la France et de la Grande-Bretagne de ressentir la douleur de l'humiliation et de la défaite, la même que celle que l'Allemagne avait connue vingt ans plus tôt. L'Allemagne ne vengeait pas seulement le Traité de Versailles et les incessantes invasions de la *Ruhr* par les Français. Elle les roulait dans la boue. « Le fait que l'Allemagne dirigée par Hitler ait écrasé la France en à peine six semaines, alors qu'elle s'y était cassé les dents quatre ans de suite au cours de la Première Guerre mondiale, confirma une fois encore la réputation d'Hitler, l'homme providentiel, le génie militaire. Aux yeux de ses admirateurs, gonflé de ses succès politiques sur le plan national et international, il devint également en 1940, le "plus grand général de tous les temps". »

Hitler offrit son plus beau cadeau au peuple allemand en remportant rapidement et facilement cette victoire sur la France. Le culte du *Führer* dépassa l'entendement.

Subjuguée, la population allemande passa l'été 1940 à s'adonner aux joies de ses premières victoires. Bruno, Friedrich et Ewald, vivent au cœur des succès allemands. Bruno dans son unité d'artillerie, Friedrich à son bureau, au QG de l'armée, et Ewald campé sur sa moto d'agent de transmission, d'un bout à l'autre de la guerre. À la fin du printemps, pourtant, la guerre leur renvoie la réplique. Bruno trouve qu'il est difficile de s'adapter aux contraintes physiques de la vie militaire. Plus tôt dans l'année, il a déjà souffert d'une crise de sciatique qui l'a immobilisé. Cela ne présage rien de bon. Il n'est pas encore parti pour le front qu'il est déjà en train de souffrir. Mais le pire est devant lui.

Un jour, Bruno me décrira ce qui l'attendait. Un accident, me racontera-t-il, qui lui a sauvé la vie. Lors d'un combat sanglant, son cheval s'emballe. Il se fait désarçonner et violemment projeter contre un mur. L'Allemagne a beau mettre l'armée française en pleine déroute, elle compte au moins 50 000 victimes. Bruno, lui, l'a échappé belle. Il a bien failli en faire partie. Il est maintenant hors de combat, grièvement blessé, mais toujours en vie. Il est sérieusement atteint au bras gauche. Il s'est fait écraser le poignet et il ne peut plus vraiment se servir de sa main. Son poignet ne se remettra jamais correctement. Plus tard, Bruno s'en vantera. Il dira que c'est le prix qu'il a payé pour échapper à la mort. Il est rapatrié à Berlin sur un brancard. Ce ne sera pas le dernier accident qui lui arrivera et qui se terminera bien.

Quelle déception a-t-il dû ressentir à l'époque ! Toute sa vie, l'idée d'inverser l'ignominie de la Première Guerre mondiale l'a obsédé. Le voilà exempté, tout cela à cause d'un cheval qui s'est énervé. C'est si peu héroïque. Cela vaut à peine la Croix de fer, même s'il a été suffisamment blessé pour mériter deux mois de convalescence à l'hôpital SS de Lichterfeld à Berlin.

Au moins, il a la chance de pouvoir se joindre à cette foule immense qui se rassemble dans le centre de Berlin, le 6 juillet, pour fêter le *Führer*. Hitler croule sous le poids des victoires et on organise une nouvelle parade en son honneur. Les Berlinois recouvrent de milliers de bouquets de fleurs le trajet que doit parcourir Hitler, de la gare à la Chancellerie. Même les tièdes du régime l'acclament à en perdre la voix. La SD de Bruno en témoigne : « L'admiration pour les exploits des troupes allemandes n'a plus de limites. Même de la part de ceux qui gardaient une certaine distance et ne cachaient pas leur scepticisme au début de la guerre. » Un autre rapport de la SD affirme que l'entrée des troupes allemandes dans Paris « avait suscité l'enthousiasme des foules de part et d'autre du *Reich* à un point que l'on n'aurait jamais imaginé. On ne comptait plus les places et les rues où les débordements de joie et les scènes d'enthousiasme se manifestaient. »

Pour le journaliste américain William Shirer, témoin de cette fête, le spectacle est vraiment terrifiant : « En les regardant, je me demandais si, parmi eux, il y en avait un seul qui comprenait ce qui se passait en Europe, s'ils avaient une vague idée que leur joie, que cette parade de la victoire des soldats marchant au pas de l'oie, reposaient sur une immense tragédie pour des millions d'autres gens que ces troupes et ces dirigeants avaient réduits en esclavage. Je parie qu'il n'y en eut pas un sur mille à être effleuré par cette pensée. » Non plus d'ailleurs qu'elle ne dut effleurer Goebbels. Pour lui, la défaite de la France avait balayé les derniers vestiges de la paralysie et de l'impuissance allemandes. « On a l'impression de renaître, la honte de Versailles est neutralisée. » C'était un nouveau départ, un *neue Grunderzeit.* « L'Europe nationaliste est en marche, tandis que le monde libéral est sur le point de s'effondrer. »

Restait la Grande-Bretagne. Mais après la débâcle de Dunkerque qui avait vu l'armée britannique abandonner la grande majorité de ses meilleurs équipements et rentrer précipitamment au pays grâce à une flotte constituée en toute hâte, il ne manquait plus que la *Luftwaffe* donne le coup de grâce. C'était une conclusion logique. Même si la plupart des troupes britanniques avaient réussi à battre en retraite, personne ne pensait qu'elles reviendraient sur le continent de sitôt. Les Britanniques n'avaient peut-être pas été vaincus, mais ils étaient pour ainsi dire sortis de la guerre. On entendait parler de projets d'invasion. Peut-être se réaliseraient-ils. Peut-être ne verraient-ils pas le jour. Quoi qu'il en soit, Hitler prendrait une décision au moment opportun.

Personne n'est mieux placé que les familles Langbehn et Pahnke-Lietzner pour savourer la victoire. Le *Stabsoffizier* Friedrisch Pahnke est à présent hors de danger, installé à Paris. Bruno est de retour à Berlin. Londres se recroquevillait sur elle-même sous le feu des hostilités et s'interrogeait sur la suite de la guerre. Il avait suffi de quelques mois pour que le *Volk* passe de vaincu de la Première Guerre mondiale à maître de tout le nord de l'Europe. C'était un renversement stupéfiant.

Le vin coulait à flot. Les bons plats débordaient. Pour Friedrich, tous les héros de la conquête pouvaient être fiers d'eux. À Paris, les Allemands pouvaient s'exposer aux critiques de ces Français déconfits. Rien ne pourrait assombrir la joie de leurs victoires prodigieuses. Si cela ne suffisait pas, il y avait des milliers de prostituées à portée de main à Paris. Elles les aideraient à s'accoutumer à leurs nouvelles fonctions de maîtres de la France.

Comme promis, cette guerre se révélait une aubaine pour les civils allemands, tout autant que pour les soldats. Les « fruits de la tyrannie » affluaient à Berlin à bord des trains de marchandises. Le reste de la famille Langbehn a la chance d'en profiter aussi. « Ces trésors de guerre entretenaient l'illusion de la prospérité et de la paix à Berlin. Pendant l'été, la capitale commençait à être inondée de vêtements magnifiques, de vivres, de parfums, de produits de luxe de toutes sortes. D'énormes conteneurs arrivaient, remplis de meubles et de porcelaines, de chaussures, de bottes, de lainages doux, de bas de soie et de lingerie, de peintures et d'objets d'art. Les magasins allemands vendaient du champagne français.

L'humeur de la ville rappelait celle des beaux jours des années folles et peu de gens prenaient un instant pour se souvenir qu'ils étaient toujours en guerre. »

Ida possède une incroyable collection de tapis perses et turcs. Il y en a tellement qu'elle devra en accrocher une bonne partie aux murs de son appartement de l'après-guerre. Cette collection trouvera certainement son origine dans les tapis que Friedrich réussit à lui envoyer de Paris. Il les acquiert sans aucun doute pour une somme tout à fait modique auprès de trafiquants soucieux de ne pas offenser ni de perdre leurs nouveaux dirigeants. Quelle que soit leur origine, Friedrich a l'œil pour la qualité. Il en expédie des dizaines. De son côté, Bruno entretiendra toute sa vie une passion pour les cognacs Courvoisier et Rémy Martin. Elle datera certainement de cette époque de fastes, lorsque les alcools français « importés » commencent à affluer dans les bars et les restaurants de Berlin par conteneurs entiers. Cette nouvelle richesse justifiait surtout la raison pour laquelle l'Allemagne était en guerre. Les produits laitiers et la viande arrivant de Norvège et du Danemark ajoutés à l'excellente qualité des machines provenant de Tchécoslovaquie, stimulaient l'économie allemande de manière décisive. Le Troisième *Reich* aurait été incapable d'y parvenir par ses propres moyens ou d'enrichir ses citoyens alors que le programme de réarmement battait son plein. L'Allemagne n'avait pas d'autre option que d'épuiser les ressources de ses voisins vaincus. L'économie allemande s'était préparée à la guerre, mais elle ne pouvait se rembourser qu'en bâtissant un empire sur le pillage : « Si nous gagnons, les milliards que nous avons dépensés ne pèseront rien dans la balance[2]. »

(2) Brendon, *The Dark Valley*.

Au même moment, Bruno lutte contre un héritage beaucoup moins confortable : ce bras gauche vraiment très abîmé que lui a valu sa maigre participation à la guerre. Son poignet brisé s'avère un désastre pour son métier de dentiste. Il ne peut plus exercer. Du moins pour l'instant. Abandonner son métier n'est qu'un petit sacrifice. Il est préoccupé par des défis beaucoup plus importants que les dents de ses patients. Quand il a été affecté dans l'armée, il a assuré ses arrières. Il reprend ses différentes activités dès qu'il est clair qu'il a fini son temps comme soldat sur le front dans la division d'artillerie. Il peut toujours servir dans la SS. C'est plus révélateur évidemment.

En mai 1940, il écrit au service du personnel de la SS pour les informer de sa situation et les prévenir qu'il a pris la décision de fermer son cabinet : « Le lieutenant de la SS Bruno Langbehn a cessé ses activités dans son cabinet de dentiste, à dater du 31 mai 1940. À dater du 1er juin 1940, il est employé principalement à l'Ordre des dentistes du *Reich* en tant que chef d'équipe de l'administration régionale. » Cette décision est certainement motivée par l'état de son poignet, mais Bruno est aussi un homme qui a soif de gérer des affaires dont les conséquences sont plus importantes que d'obturer des cavités dentaires et soigner des caries.

L'emploi de Bruno à l'Ordre des dentistes est une bonne nouvelle pour la SS qui pourra s'éviter la peine de le payer. Cela reste la priorité d'Heydrich qui cherche désespérément de l'argent. Pendant les trois années qu'il a passées à la SS comme officier, attaché au Bureau régional à Berlin, Bruno a prouvé qu'il était plus que compétent lorsqu'il surveillait la droite. En tant que nouvel *Inspekteur* de Berlin, chargé du Service de renseignements dans la capitale, il est transféré du bureau local, SD *Leitabschnitt*, situé derrière l'Alexanderplatz, au siège principal de l'infâme Prinz-Albert Strasse. C'est là qu'Himmler et Heydrich dirigent le réseau de terreur. Bruno replonge rapidement dans ses occupations. Il continue de surveiller l'humeur de l'opinion publique. C'est une tâche très importante au début de cette guerre qui inquiète profondément la majorité des Allemands. Hitler ne perdit jamais de vue la façon dont le peuple qui hurlait de joie pouvait se montrer hostile la minute suivante. C'est la responsabilité des officiers de la SD comme Bruno de s'assurer que ceci n'arrivera pas.

En 1940, la SD était méconnaissable. Beaucoup plus grande, beaucoup plus imposante que l'organisation que Bruno avait rejointe en 1937. Elle ne se contentait plus d'être la SD *Hauptamt*. Elle s'appelait à présent Bureau principal de renseignements du *Reich*, RSHA. Heydrich avait fusionné toutes les unités de police de l'État nazi. Elle était devenue tentaculaire, abritant à la fois la SD et la *Gestapo* que Heydrich avait réunies avec d'autres services. Puis il l'avait subdivisée en sept services différents. Les trois anciens n'existaient plus. À son rôle de gardien de la sécurité nationale, les conditions de la guerre lui avaient ajouté des impératifs encore plus grands. Il y avait longtemps que les priorités du combat avaient fait disparaître toutes les inhibitions qui persistaient en temps de paix au sujet des pouvoirs dictatoriaux de la SS et des libertés civiles qu'elle limitait d'une main de fer. Elle étendit considérablement sa sphère d'activités, bien au-delà des frontières du pays. Elle y trouva un avantage supplémentaire, celui d'agir loin du regard inquisiteur de la population allemande.

À Berlin, la SD comprenait aussi le bureau des juifs dirigé par Eichmann à Kurfürstenstrasse et le bâtiment qui autrefois abritait le jury d'honneur de la SA de Bruno, à Tiergarten.

Ce réseau de la SD commença à s'organiser pour exécuter une politique très différente. La guerre servit de prétexte au réseau pour intensifier et accélérer ses « projets vraiment spéciaux ». Elle donna aux dirigeants du T4 l'opportunité rêvée pour stimuler le programme d'euthanasie. Le T4 ne se contentait plus de mettre en quarantaine les handicapés mentaux ou les – prétendus – malades atteints de maladies héréditaires. Il les exterminait par milliers en leur injectant un produit mortel ou en les gazant après les avoir envoyés en Pologne.

Le pouvoir de la SS et de la SD allait encore se renforcer. Jusqu'à présent, l'armée avait réussi à réfréner l'influence de la SS qui ne cessait de gagner du terrain, plus particulièrement dans les nouveaux territoires conquis. L'armée s'assura que le nombre de SS reste faible et qu'on leur refuse l'accès aux décisions importantes. Toutefois, cela ne concernait que le front de l'ouest. Hitler méditait une autre guerre dans laquelle la SS jouerait un rôle de premier plan.

Après les victoires éclair de l'été 1940, le bombardement des villes britanniques au cours du *Blitz* de 1940 et 1941 et même la guerre des Balkans, grâce à laquelle il avait tiré d'affaire Mussolini après l'échec de l'invasion de la Grèce, Hitler s'inquiétait. Il n'avait toujours pas lancé la guerre nazie, le combat de ses rêves. Il était temps de mener une bataille qui ne relèverait plus de la pure tactique ni de l'acrobatie politique, mais qui serait entièrement motivée par l'idéologie et la vision de l'empire. Sur les nouvelles terres, les nazis pourraient implanter un super-état allemand, purifié biologiquement. L'heure était venue de se tourner vers l'est, d'y plaquer son regard, ce *Drang nach Osten*.

En juillet 1940, un mois à peine après son triomphe en France, « le plus grand général de tous les temps » avait commandé un projet pour l'un de ses rêves, le plus grand : la guerre de la race. Une guerre totale. Il l'avait esquissée avec un orgueil à faire froid dans le dos au temps de ses premiers discours. Il prenait pour cible tous les pays situés à l'est de la Pologne, et principalement l'Union soviétique. Après les deux guerres qu'il avait menées et gagnées – la guerre diplomatique puis la guerre pour se venger de l'humiliation de 1914-18 – il y aurait la guerre pour le *Lebensraum*. Elle entraînerait le déplacement obligatoire de populations entières et le meurtre en masse de « sous-humains », identifiés comme tels sur le plan biologique. Cette guerre serait menée par la SS. Bruno, membre de cette organisation, y prendra part.

En juillet 1941, un mois avant que Bruno et sa famille ne posent pour la photo utilisée pour la couverture de ce livre, les Allemands lançaient l'assaut. C'était l'Opération *Barbarossa*, l'invasion de l'Union soviétique où la guerre totale et les combats les plus atroces dépasseraient par la violence ceux qui avaient été menés en France et contre la Grande-Bretagne. Bruno a raison de prendre un air sombre sur cette photo. Cette invasion est sans précédent. Elle dictera la fin de la guerre.

Dès le début, le conflit n'eut rien d'ordinaire. Trois millions de soldats s'alignèrent sur la frontière en attendant d'envahir l'Union soviétique. Cette fois, le combat serait mené différemment. Ce ne serait pas simplement une guerre entre des États-Nations rivaux de longue date. Ce serait une guerre entre des super puissances mondiales et les idéologies qu'elles incarnaient. Une guerre de race entre deux peuples qui dominaient les populations eurasiennes, les Allemands teutons et les Russes d'Asie. Comparée au conflit qui s'était déroulé à l'ouest, ses enjeux étaient démesurés. Il n'était plus question de se venger des humiliations de la Première Guerre mondiale, ni de dominer le cœur du continent. Cette guerre serait la guerre du nazisme, pas seulement celle de l'Allemagne. Elle imposerait la lutte jusqu'à la mort. De la fumée qui s'échapperait des ruines de l'Union soviétique rayée de la carte jaillirait l'utopie nazie triomphante.

La campagne avait deux objectifs, militaire et culturel. La *Wehrmacht* se chargerait de la conquête de l'Union soviétique et la SS la nazifierait. L'Union soviétique deviendrait le laboratoire de la race. La SS démontrerait à la terre entière ce que représentait la réalité du monde national-socialiste. Elle n'avait pas pu le faire en France, en Scandinavie ou aux Pays-Bas. La guerre à l'est ne symboliserait pas simplement la « clé du destin » d'Hitler, mais celle de tous les nazis et plus particulièrement de ceux qui, comme Bruno, ont caressé ce rêve toute leur vie.

Les nazis justifièrent ce programme en se rappelant qui ils s'apprêtaient à combattre. Par leur nature, les Russes étaient tout ce qu'il y avait de moins allemand dans un monde se définissant par la race. L'Armée rouge était une façade derrière laquelle se cachait l'ennemi réel : le « juif bolchévique ». Un mélange mortel des trois composantes les plus honnies de la conception du monde national-socialiste : les juifs, les marxistes et les Slaves. Hitler l'annonça très clairement à ses troupes : « La guerre contre la Russie est un chapitre important dans l'existence de la Nation allemande. C'est la vieille bataille des peuples germaniques contre les peuples slaves, pour la défense de la culture européenne contre l'inondation asio-moscovite et l'anéantissement du bolchévisme juif. Chaque action militaire doit être guidée par ce projet qu'elle devra exécuter d'une main de fer, dans le but d'exterminer sans pitié et totalement l'ennemi. Aucun partisan du système russo-bolchévique actuel ne doit être épargné. »

Hitler n'avait nullement l'intention de faire de Varsovie, de Minsk, de Kiev, Leningrad ou Moscou la copie d'Amsterdam, Copenhague ou Paris. Lors de l'ultime bataille, il n'y aurait ni amnistie ni défaite, mais l'anéantissement.

La SD y jouerait un rôle déterminant. Elle concevrait puis dicterait les tactiques à adopter et les moyens requis pour réaliser cette tâche à venir. Hitler pouvait rester indécis sur le sort qu'il attribuerait finalement à la Grande-Bretagne. Il pouvait même vivre avec la réalité de la France qui se divisait sur la question de la collaboration. Rien de tout cela n'était incompatible avec ses obsessions national-socialistes. Pas à l'est. Comme en Pologne, tout était question d'y éradiquer les élites. Tout le monde connaît l'Ordre du commissaire donné le 6 juin 1941. Il atteint son paroxysme dans la phrase : « Les dirigeants politiques de haut niveau doivent être supprimés. Le but : “La germanisation de l'est en y introduisant des Allemands tandis que la population subira le traitement des Peaux Rouges”. »

L'invasion allemande commença le 22 juin 1941. Au début, elle sembla reproduire les batailles précédentes. Les Allemands reprenaient les méthodes qu'ils avaient testées et vérifiées, même si cette fois, leur mission était démesurée. La priorité avait été donnée à la vitesse et à l'anéantissement. Le chemin vers Moscou s'ouvrait à coups de bombardements pour anéantir l'armée rouge qui bloquait le passage. Sur le plan ethnique et idéologique, les nazis considéraient peut-être les Soviétiques comme leurs ennemis les plus redoutables mais, sur le plan politique, ils les méprisaient. Après la purge de Staline qui avait décimé la tête de l'Armée rouge, les généraux allemands considéraient qu'elle n'était plus qu'un château de cartes qu'il suffisait d'effleurer pour qu'il s'effondre. Les Allemands avaient été terrorisés à l'idée que la guerre contre la France ne dégénère en impasse meurtrière. Elle s'était finalement jouée en un mois et demi seulement. On prédisait avec assurance que ce serait exactement le contraire avec l'Union soviétique. La campagne ne se terminerait même pas aux alentours de Noël, mais à la fin de l'automne.

Pour l'instant, Bruno doit se contenter d'observer. Il se tient à la lisière des événements, dans son bureau de la SD, plongé dans ses occupations administratives. Mais il peut se consoler, car Berlin, encore épargnée par la guerre, prospère. Le gouffre qui sépare le front de l'est et la vie dans la capitale ne peut pas être plus profond, malgré les raids aériens occasionnels. Pour tous ceux qui soutiennent à fond le régime, la famille Langbehn par exemple, la vie est très douce. Les fonctions de Bruno et son rang à la SS valent à toute la famille un prestige enviable. Pour les filles qui fréquentent maintenant l'école primaire, ce sont les jours heureux. Ils apportent tour à tour leurs surprises préférées : les visites du zoo de Berlin où elles raffolent de l'aquarium dont le monde entier a entendu parler, les glaces achetées dans les bars du Kurfürstendamm, les baignades à la piscine du spectaculaire stade olympique à l'extrémité ouest de la ville, les sorties en bateau à rames ou en pédalo sur le fleuve Havel. Elles n'ont aucune idée du métier de leur père, mais elles reconnaissent facilement le prestige que lui confère sa tunique SS noire et argent. Pour leur mère et leur grand-mère, rien n'est plus plaisant que de se parer de leurs étoles en fourrure et de se promener dans les rues animées de la capitale affairée. On trouve toujours du café et des gâteaux et, pour l'instant, de la crème fouettée que l'on peut délicatement ajouter dessus.

C'est une source à laquelle je ne m'attendais pas du tout qui m'a fait découvrir le charme de cette vie. Mon cousin m'avait remis un document qu'on lui avait donné. C'était une page de l'annuaire de Berlin datée de 1941, un instantané fascinant de la vie au cœur du *Reich* au début de la guerre. Je trouvai évidemment Bruno : Langbehn Bruno *Landesdienststellenleiter*, Chlb, Berliner Str 86/87. 34 25 00

La simplicité de cette page la rendait curieusement fascinante. Par nature, les annuaires sont utilitaires. Pourtant, ils regorgent d'informations. La ligne concernant Bruno présentait les mêmes caractéristiques que les autres : nom, fonction, quartier, (Charlottenburg), adresse, numéro de téléphone. Ce qui me frappa en lisant cette page, ce fut de voir à quel point Berlin semblait inchangée, moderne, épargnée par la guerre. Une liste croustillante de noms, d'adresses et de numéros de téléphone décrit une ville qui semblait totalement étrangère à celle qu'elle serait plus tard : une ruine aux carcasses d'immeubles détruits par le feu après avoir subi les obus et les bombardements russes pendant trois ans.

Ces listes toutes simples présentaient l'image d'une ville qui n'avait pas souffert, pleine de vitalité. On y trouvait des maisons d'édition, des casinos, des instituts agricoles, un nombre important de jeunes filles toujours célibataires, leurs adresses et leurs numéros de téléphone, des professions civiles à profusion : juriste – il y en avait beaucoup ; ingénieur ; médecin ; maison de production de disques ; fabricant de serviettes et de linge ; concessionnaire automobile ; maître de conférence et enfin mon préféré : cordonnier. Travail sur mesure. Peut-être cela n'a-t-il rien de surprenant. Les numéros de téléphone à six chiffres indiquent qu'il était encore rare de posséder une ligne téléphonique. Il fallait donc s'attendre à ce que ce soient les professions des classes moyennes qui les possèdent. La page révélait une autre information, beaucoup plus sombre, une indication sur la vie à Berlin en 1941 et 1942.

Je ne réussis à trouver qu'un seul nom juif sur une page qui en contenait 200. « Ladsberger Kurt Israel, Dr Med… ». Je savais qu'il s'agissait d'un juif, parce que bien que « Lansberger » soit un nom sans connotation ethnique, « Israel » ne l'est pas. Il avait dû être obligé d'ajouter ce prénom, comme les femmes devaient apposer « Sarah » au leur, pour qu'on ne puisse plus avoir de doutes. Même en 1941 et encore en 1942, il était néanmoins toujours possible d'être juif et de se faire inscrire dans l'annuaire de Berlin. Mais comment le Dr Landsberger avait-il fait pour survivre d'une manière aussi voyante aussi longtemps en faisant de la publicité pour ses origines juives ? En donnant son adresse et son numéro de téléphone ? Était-ce un obstiné qui s'armait de courage ou manquait-il à ce point de clairvoyance ? Quelle chance avait-il de figurer dans l'édition de 1943 ? Bruno a-t-il remarqué ce nom qui n'est séparé du sien que par deux lignes ?

En réalité, les jours du Dr Landsberger étaient comptés. La branche dure des nazis s'exaspérait chaque jour davantage de constater que Berlin abritait toujours bon nombre de juifs allemands. Depuis le boycott de 1933, les lois de Nuremberg de 1935, puis le feu et le saccage de la *Kristallnacht* de 1938, les nazis débordaient d'imagination pour faire subir toutes les persécutions possibles aux juifs d'Allemagne. Bruno y joue son rôle. Pas seulement avec ses anciens copains bagarreurs du *Sturm 33*.

En tant que *Landesdienststellenleiter*, à la tête des dentistes de Berlin, il joue un rôle essentiel dans l'établissement des listes et la rédaction des notes sur tous les juifs exerçant encore à Berlin. En 1938, quelques-uns s'étaient vu accorder la permission de continuer à soigner leurs patients, à condition qu'ils soient juifs eux aussi. Comment explique-t-on que ces juifs vivent encore à Berlin ? s'indignait la presse nazie. Surtout maintenant, alors que les bombardements aériens s'intensifiaient. Cela signifiait que les familles d'Aryens avaient besoin de nouveaux appartements pour remplacer ceux qui avaient été détruits. Le pire, c'était qu'Hitler avait chargé Albert Speer de commencer à travailler à la reconstruction de Berlin, sur le modèle de la « Grande Allemagne », un projet gigantesque qui impliquait la destruction de milliers d'immeubles. Cela ajoutait une pression supplémentaire alors qu'il y avait déjà peu de logements disponibles. Il était temps de renvoyer les juifs de cette ville, non seulement parce que sur le plan de la race, ils salissaient le regard, mais parce qu'ils libéreraient des biens immobiliers précieux. Cela concernait aussi les dentistes juifs. Les listes de noms et d'adresses établis dans le bureau de Bruno sont transmises à la *Gestapo*. Les rafles commencent.

C'est en cherchant le rôle que Bruno a pu jouer que je tombai sur une thèse de doctorat rédigée dans les années 1990 par Michael kohn, un orthodontiste de Berlin, historien à ses heures. C'était une thèse inhabituelle. Kohn avait entrepris de retrouver l'identité du moindre juif, dentiste à Berlin. Leur âge, leur adresse et ce qui était beaucoup plus triste, quel sort les nazis leur avaient réservé. La liste contenait des noms tels que R. Isidor Seligman, né le 3 avril 1867 à Berlin. Cabinet situé à Charlottenburg, Berlin, 39 Mommenstrasse, a été nommé *Zahnbehandler*, dentiste uniquement pour des patients juifs, jusqu'en 1942. « Assassiné en 1943 à Theresienstadt » ou : Dr Herbert Ritter, né le 6 octobre 1887 à Preussisch, Friedland, en Prusse occidentale. Cabinet situé à Berlin SW, au 74 Charlottenstrasse. « Déporté à Auschwitz le 6 mars 1943. Porté disparu. » Dr Walter Oscher, né le 16 avril 1912 à Königsberg ; cabinet situé au 7 Neue Promenade. « Envoyé à Auschwitz. Porté disparu. » Dr Käthe Klein, née en 1907. Cabinet situé au 50 Kurfürstendamm. Parce qu'elle était d'origine juive, elle a été suspendue de ses fonctions. « Portée disparue ». Ou Dr Hermann Hirsekorn – Il se fit appeler plus tard Hirst- Né le 28 janvier 1903 à Wronke. Cabinet situé à Berlin NW 87, au 22 Levetzowstrasse. On lui a supprimé son droit de travailler au Service national de la santé le 29 juin 1933 parce qu'il était d'origine juive. Il « émigra à Glasgow », sans doute en juin 1938 ; il était inscrit au Registre des dentistes britanniques depuis le 27 avril 1937. Il mourut à Glasgow le 23 octobre 1982.

Un nom se détacha de la page. Celui de Hartmann Levy, né à Posen, en Pologne, en 1882. « Se suicida (Freitod) en octobre 1942. » Ce ne fut pas le nom qui me fit frémir mais l'adresse de son cabinet : Berlin, Charlottenburg, Reichstrasse, 5. Je reconnus immédiatement cette adresse. C'est là qu'Ida, mon arrière-grand-mère, vivait pendant la guerre, là que se trouvait son cabinet dentaire. Ce n'était pas difficile d'imaginer ce qui avait dû se passer. Après le suicide de Levy, Bruno, à la tête des *Dentisten* de Berlin, est le mieux placé pour remarquer que des appartements de dentistes ont été récemment libérés à Charlottenburg. Quoi de plus naturel que d'y installer sa belle-mère qui lui en sera très reconnaissante ? Elle pourra aussi bénéficier d'un cabinet tout neuf. Ce n'était qu'un exemple de plus. Il montrait comment des milliers de juifs s'étaient fait déposséder de leur logement, de leur argent et de leurs biens, comment on les leur avait volés et redistribués. En 1942, il est impossible que Bruno ait la moindre illusion sur le sort qu'on réserve à Levy et aux autres. Il sait qu'ils ont été choisis pour la déportation. Les rafles s'organisèrent. Les juifs de Berlin furent entassés dans des trains en partance pour Theresienstadt, un immense camp en Tchécoslovaquie, d'où on les envoyait à Auschwitz. Soit on les gazait à leur arrivée, soit on leur offrait un sursis, ce qui supposait qu'ils étaient « sélectionnés » pour travailler comme des esclaves dans les usines proches.

Ces déportations étaient censées être cachées à la population. Pas à Bruno. Il doit savoir précisément où ces dentistes juifs seront envoyés, car c'est la SD à laquelle il appartient qui a conçu, mis en forme et fait exécuter cette nouvelle étape de la guerre nazie contre les juifs. À l'époque où Hartmann Levy se suicida, alors que le nom du Dr Landsberger était imprimé dans l'annuaire, un nouveau seuil venait d'être franchi. Ce qui avait commencé sous le nom d'Opération *Barbarossa* – l'invasion de l'Union Soviétique –s'apprêtait à devenir l'Holocauste. Le suicide du Dr Levy n'en faisait pas une victime de la « Question juive », mais de la « Solution finale ». La SD de Bruno a préparé le terrain pour passer de la persécution au meurtre en masse. Aux alentours d'octobre 1942, l'Holocauste se déchaînait.

Un an plus tôt, en juin 1941, les Allemands avaient pris deux décisions primordiales au sujet du front de l'est. Premièrement, l'ennemi représentait tous les êtres humains qui y vivaient, pas seulement les hommes en uniforme. Tous les Slaves, particulièrement les Slaves de Russie, étaient des ennemis de la race, qu'ils dirigent leurs armes contre la *Wehrmacht* ou non. C'étaient encore plus vrai pour tous les millions de juifs russes. Les nazis savaient qu'ils se battraient dans un pays dont la superficie dépassait l'entendement. Contrairement à la France, la Russie était gigantesque, vide et lointaine. Dans cette guerre, la *Wehrmacht* progresserait de façon rapide. Ce serait un droit de protéger ses bases arrière de l'attaque. Cette nature sauvage était composée de steppes, de forêts, de marécages et de villages isolés. Elle faisait de la Russie un pays idéal pour les résistants. Mais, en ce qui concernait le point de vue de la SS, ce pays attendait de se faire débarrasser de sa population. Le vider totalement pourrait renforcer la germanité ethnique de la terre conquise. Hitler était enchanté que, de son côté, Staline ait décidé que ce serait une guerre de résistants car « cela nous donne l'opportunité d'exterminer tous ceux que nous croiserons sur notre chemin (was sich gegen uns stellt). Naturellement il faudra pacifier cette région immense aussi vite que possible.... »

La *Wehrmacht* fut incapable de gagner rapidement l'arrière-pays russe, non plus qu'elle ne réussit à consolider ses bases arrière qui se déployaient vite. Il fallait des renforts pour faire plier les territoires nouvellement conquis, un petit nombre d'hommes, certainement pas les trois millions de soldats de la *Wehrmacht*, car leurs victimes étaient immobilisées et ne possédaient pas d'armes. La SD répondit à l'appel. Elle créa des unités spéciales, les *Einsatzgruppen*, commandées par des intellectuels de la SD qui, pour la majorité, avaient été les supérieurs de Bruno à l'*Amt II*. On y trouvait des hommes comme Otto Ohlendorf, Martin Sandberger, le professeur Franz Six, Walter Blume et Erich Ehrlinger. Ils avaient tous passé leur thèse et tous été employés auparavant dans les bureaux à la tête de la SD. Le fait d'être issus d'un milieu intellectuel ne représentait pas un obstacle infranchissable. Ils s'impliquèrent tous dans le meurtre à grande échelle et l'anéantissement de la race.

Les *Einsatzgruppen* ne faisaient pas de différence entre mener une guerre contre les résistants et le nettoyage ethnique, car ils considéraient qu'il n'y avait pas de différences entre les insurgés et les juifs. Arthur Nebe, qui commandait le *Einsatzgruppe B*, affirma : « Là où il y a des partisans, il y a des juifs et là où il y a des juifs, il y a des partisans. » Otto Ohlendorf, son homologue du *Einsatzgruppe D*, tenait le même discours : « Le but, c'était de libérer les bases arrière de l'armée en tuant les juifs, les tsiganes et les activistes communistes. »

Hitler songeait déjà à son futur « jardin d'Eden ». Il le construirait à l'est. Himmler affichait une désinvolture scandaleuse, estimant qu'il faudrait déplacer 31 millions de personnes de façon à vider les terres pour bâtir leur nouveau paradis. Il faudrait sans doute les envoyer en Sibérie, où cela ajouterait au nombre de victimes puisque beaucoup y mourraient sans aucun doute de mort « naturelle ». Finalement, ce fut beaucoup plus simple de laisser les commandos d'extermination régler la question. L'idée de la Sibérie fut rapidement abandonnée. De ville en ville, de village en village, les unités allemandes, celles de la *Wehrmacht* et celles des *Einsatzgruppen* appliquèrent l'ordre d'Hitler au pied de la lettre : « La pacification se fera mieux en tuant tous ceux qui nous regardent de travers. » Les terres russes pouvaient être germanisées. Ce n'était pas le cas du peuple et encore moins des juifs.

Au début, les *Einsatzgruppen* tuèrent des centaines de Russes. Cela ne dura pas. Il fallut bientôt compter les morts par milliers et les *Einsatzgruppen* arrêtèrent de faire semblant de croire qu'il s'agissait d'appliquer une mesure contre les résistants. La SD de Bruno refit surface. Plongée jusqu'alors dans une certaine obscurité au sein de l'immense SS, elle cessa de compiler les données nationales et fit ce qu'Heydrich avait toujours voulu faire : mettre en œuvre la politique nazie anti juive en la poussant à l'extrême.

Le pire était à venir. En septembre et octobre 1941, les escadrons de la mort de la SD – c'est ainsi qu'on les appelait – franchirent un nouveau cap. Tous les juifs arrêtés étaient exécutés, plus seulement les hommes, mais les femmes et les enfants aussi. Les exécutions en masse se soldaient par des dizaines de milliers de victimes. « Fin septembre [1941], les hommes de Jeckel, Blobel et Reichenau coopérèrent au génocide jusqu'à en atteindre le paroxysme : plus de 33 000 juifs, hommes, femmes et enfants furent assassinés dans le ravin de Babi Yar, près de Kiev. Au mois d'août, les unités du Sud du HSSPF rapportèrent que le nombre de victimes atteignait un total de 44 125 personnes. À la mi-octobre, ce chiffre dépassait 100 000 hommes, femmes et enfants. »

Il ne s'agissait plus seulement de défendre la *Wehrmacht* contre d'éventuels résistants. Les nazis se persuadèrent qu'il fallait « protéger » la future génération de la vengeance juive. C'était un génocide. Les femmes et les enfants n'étaient plus épargnés. Les nazis estimèrent qu'eux aussi « pourraient se venger à l'avenir » et Himmler ordonna de les inclure au massacre. En juillet par exemple, le *Einsatz-Kommando 3* tua au fusil 135 femmes parmi les 4 239 juifs « exécutés ». En septembre, le nombre de victimes avait considérablement augmenté : sur les 56 459 juifs assassinés ce mois-là, on comptait 26 423 femmes et 15 112 enfants. Ils n'avaient pas encore atteint la « Solution finale » mais ils s'en approchaient.

La brutalité de la guerre d'extermination sur le front de l'est déferla dans les pays voisins de l'Allemagne à la fin de l'année 1941, incitant les fanatiques du parti à redoubler de haine antisémite. Ils étaient exaspérés par la contradiction qui semblait exister entre le front de l'est, où le meurtre en masse des juifs ne connaissait absolument aucune limite, et leur propre situation dans la mère patrie allemande, où la « Question juive » était engluée dans la lenteur de la procédure. À Berlin, la SD et les activistes du parti faisaient de leur mieux pour profiter de l'élan de la tuerie perpétrée à l'est et imposer une politique antijuive radicale de même ampleur dans tout le Troisième *Reich*. À quoi cela servait-il de faire la guerre avec tous les sacrifices qu'elle impliquait, si les nazis ne pouvaient pas s'en servir pour régler la question de manière décisive ? Loin de les distraire, les combats menés en Russie, à des milliers de kilomètres, ne firent que renforcer leur antisémitisme.

Avant la fin de l'année 1940, la solution « présumée » de la Question juive avait toujours été envisagée en imposant le déplacement des populations vers des pays qui pourraient les accueillir, la Grande-Bretagne, la Suisse, l'Argentine ou les États-Unis. Lorsque cette solution se révéla inenvisageable, il fallut trouver d'autres pays qui serviraient de « décharge ». Pendant un temps, l'île tropicale de Madagascar au sud-est des côtes africaines s'était curieusement placée en tête de liste. La guerre avait mis un terme à ces solutions. Les anciennes routes étaient coupées. Si les juifs ne pouvaient pas rester en Allemagne, il faudrait les déplacer à l'est. En Pologne, par exemple, où l'on ne tiendrait pas compte des objections qu'avait émises sur place le *Gauleiter* nazi, convaincu qu'il n'y avait ni les structures d'accueil, ni de quoi les nourrir.

Fou furieux, le *Gauleiter* fit pression sur Hitler en exigeant qu'il se décide à trouver une meilleure solution. Malgré sa détermination affichée, affirmant que les juifs n'avaient pas d'avenir en Europe, Hitler répondit d'une manière évasive que le sort des juifs n'était pas fixé. Pourtant, il avait commencé à le régler en créant un signe distinctif. À partir de septembre 1941, les juifs durent porter l'étoile jaune. Les enquêtes d'opinion de la SD montrèrent que les Allemands – non juifs – accueillirent favorablement cette mesure, mais au sein de la SD, certains refusèrent de renoncer au projet de régler la Question juive une fois pour toutes.

La SD faisait face à un autre problème : si le *Führer* était convaincu qu'il fallait autoriser le meurtre tant sur le front de l'est que dans le reste du *Reich*, comment faudrait-il procéder ? Les tactiques les plus meurtrières des *Einsatzgruppen* ne pouvaient offrir la perspective d'une « Solution finale » à elles seules. Même les plus fanatiques des nazis ne pensaient pas qu'il était possible de tuer les juifs par dizaines de milliers autour de Paris, d'Amsterdam, de Francfort ou Berlin. C'était acceptable dans les ténèbres de l'est lointain, mais pas dans l'ouest civilisé, sous les projecteurs du monde entier.

Il y avait un autre problème. Aussi spectaculaires que les chiffres aient été, se contenter de tuer à l'arme à feu ne fonctionnait pas. Les escadrons de la mort avaient atteint un plafond, celui que quelques milliers d'hommes pouvaient atteindre avec des balles et en creusant des tombes. On était loin d'arriver à l'extermination totale. Sans compter que les nazis chargés des exécutions étaient sérieusement secoués. Même les « soirées de camaraderie » qu'avait recommandées Himmler n'obtinrent aucun résultat. Elles ne soulagèrent par le traumatisme provoqué par le meurtre d'hommes, de femmes et d'enfants qui ne portaient aucune arme sur eux et qu'on avait disposés en rangs serrés. Cela fit de la « peine » au *Reichsführer* que l'angoisse de ses unités spéciales rendait soucieux.

Une fois encore, la SD élabora un remède possible. Entre 1939 et 1944, elle collabora au programme « d'euthanasie » du T4 qui développa une technique pour tuer à grande échelle, en utilisant des gaz empoisonnés et des injections mortelles. Une pause fut observée à la fin de l'année 1941, mais pas avant d'avoir réussi à assassiner de façon « plus hygiénique » 70 000 hommes, femmes et enfants. Beaucoup furent empoisonnés au monoxyde de carbone, enfermés à l'arrière de camions où on laissait s'échapper les gaz rejetés par le moteur. L'agent fumigène Zyklon provoqua un effet encore plus dévastateur. Degesh, une filiale du géant Dagussa qui produisait des métaux et des produits chimiques, breveta, produisit et vendit aux nazis sa variante B, grâce à laquelle les cristaux se transformaient en gaz une fois à l'air libre.

Pourtant, à la mi-41, ni la SD à Berlin, ni ses homologues sur le front de l'est n'avaient trouvé une solution finale réalisable. À l'est, le massacre aveugle de tous les juifs était autorisé, mais le processus d'extermination était bestial et limité. À l'ouest, ils avaient trouvé le processus d'extermination – au moins en théorie – mais ils n'avaient obtenu aucune approbation officielle pour le mettre en pratique. À l'est, la brutalité donna une impulsion aux hésitations de l'ouest. Les nazis avaient le gaz empoisonné. Ils étaient habitués aux exécutions massives. À présent, ils avaient besoin de camps pour les réaliser, et de trains pour y transporter les victimes où on pourrait les tuer vite et discrètement.

Les camps, c'était une solution simple. Les nazis les construisaient depuis 1933. Ils rencontrèrent peu de difficultés à transformer ceux qui existaient déjà. Il suffisait d'y ajouter des chambres à gaz et des fours crématoires, ou de construire sur mesure les nouveaux camps « de la mort ». Les dirigeants du T4 organisèrent de nouveaux centres d'extermination au cours de l'hiver 1941-42 à Chelmno, Sobibor, Maidanek, Treblinka et Belzec, en plus des équipements installés à Auschwitz « où des millions de victimes – pour la plupart des juifs et des tsiganes – avaient été assassinés pour répondre aux impératifs de la vision utopique biologique du régime. » Heydrich plaida auprès d'Hitler pour obtenir le contrôle des camps. Himmler, inquiet de la puissance que prenait son bras droit le lui refusa. Cela importait peu à Heydrich car il y avait mieux que diriger les camps : c'était de transférer les juifs vers les camps. Heydrich était décidé à ne jamais accepter que cette responsabilité échappe à l'emprise de la SD.

Organiser l'infrastructure et la logistique nécessaires représenta un travail colossal. Les fiches, les détentions, les rafles et finalement un aller simple sur des milliers de kilomètres à travers l'Europe, en traversant plusieurs frontières. Heydrich avait le candidat idéal en tête : Adolf Eichmann, le SS *Obersturmbannführer* rattaché à l'*Amt IV* de la SD. Entre la fin de l'année 1941 et le début de l'année 1942, les dernières pièces vinrent compléter le puzzle meurtrier. La « Solution finale » n'était plus un vœu pieux nazi. En janvier 1942, Heydrich et Eichmann tinrent l'ignoble conférence de Wannsee. Leur but était de mesurer le crédit que la SD avait gagné en posant les fondations de la « Solution finale » et de se voir confirmer son rôle de premier plan dans l'exécution de cette solution.

Une fois que l'impasse procédurale fut levée, la « Solution finale » fut mise à exécution. En 1943, elle incarnait tellement la stratégie nazie qu'on la décrivait au temps passé de l'héroïsme. Les juifs d'Europe, même ceux qui étaient toujours en vie, c'était l'Histoire, dans tous les sens du mot. C'était officiellement un secret, mais ceux qui n'avaient pas besoin de savoir n'avaient pas la permission de ne pas savoir. Le discours d'Himmler le plus cité fut celui qui laissa entrevoir la réalité de la Solution finale de la manière la plus ignoble qui soit. Il le prononça devant les officiers supérieurs de la SS et les membres officiels du parti, à Posen, en Pologne, le 4 octobre 1943.

La SD avait gagné sa place en première ligne de ce qu'on appellerait plus tard l'Holocauste. Elle avait dirigé les *Einsatzgruppen*, conçu le processus de la mort au T4 et coordonné la logistique de détention sur le continent et de transport vers les camps. Elle avait adapté ce processus au meurtre à l'échelle industrielle. Il ne fallait pas s'étonner que toute l'activité future des camps de la mort porterait pour nom de code le prénom du dirigeant de la SD : Aktion Reinhard. À aucun moment du processus, la SD tout entière ne regroupa plus de quelques milliers d'hommes. À Berlin, son QG était encore plus petit. Il ne comptait qu'une centaine d'hommes. C'était une élite aussi soudée qu'élaborée qui gardait jalousement l'exclusivité de son petit nombre ainsi que son rôle critique dans ce qu'elle considérait être la bataille la plus sacrée du nazisme. Bruno a dû tous les connaître.

Une question me hantait toujours. Bruno est-il impliqué dans la Solution finale ou pas ? Est-il même possible de travailler pour la SD et de ne pas s'y impliquer directement ? En août 1961, Bruno séjournera chez mes parents à Édimbourg. C'est à ce moment-là qu'on filmera l'épisode familial où Bruno me tient tout petit dans ses bras sur une plage écossaise. Sa visite coïncidera au procès d'Eichmann qui se tiendra à Jérusalem. Auparavant, des agents du Mossad seront allés enlever l'ancien lieutenant-colonel de la SD en Argentine où il s'était réfugié.

Au cours d'un communiqué de presse sur la séance qui s'est tenue le jour-même au tribunal, Bruno lâchera une bombe, en se tournant vers ma mère et en s'exclamant fièrement : « Je l'ai connu Eichmann ! avant d'ajouter : il m'a même proposé du travail ! » Elle sortira précipitamment de la pièce, pâle comme la mort. Le sujet ne sera plus jamais abordé. J'ai repensé un nombre incalculable de fois à cet acte de vantardise depuis que ma mère m'a raconté la scène. Fallait-il y voir un acte seulement futile ? Cela l'amusait-il de faire scandale et d'être provocant ? Malheureusement, j'en doute. En 1961, il n'aura rien à gagner en inventant cette histoire de toutes pièces. Il semble beaucoup plus qu'il la laissera échapper parce qu'elle est vraie. Pourquoi n'aurait-il pas connu Eichmann ? À la fin de la guerre, ils travaillent ensemble à la SD depuis plus de huit ans, même si leurs bureaux sont dans des bâtiments différents. Je pense que le fait de regarder la couverture de ce procès qui se déroule en Israël et qui fait sensation, provoquera une réaction spontanée de Bruno. La signification de la carrière qu'il a menée à la SD apparaîtra brutalement au grand jour. Elle se mélangera, j'en suis sûr, à une pointe de *Schadenfreude*. Le voici, libre, à regarder le procès à la télévision, tandis que son vieux collègue de la SD est pris sous les projecteurs mondiaux de l'infamie. Il va certainement être reconnu coupable et condamné à mort. En me représentant à nouveau cette scène, je n'eus aucune difficulté à imaginer le ton bourru, familier, sur lequel le lieutenant-colonel Eichmann lui avait proposé ce travail, reconnaissant en Bruno le profil attachant du fanatique, le compagnon idéal pour la bouteille, l'homme pourvu d'un sacré estomac sur le plan idéologique.

Pourtant, il semble que Bruno repousse l'offre d'Eichmann. Je ne trouvai aucune preuve pour établir un lien direct entre Bruno et le bureau d'Eichmann en ce qui concerne les affaires juives ou même l'*Amt IV*, qui les dirigeait. Il a dû peser le pour et le contre et décider que cela ne lui plaisait pas, pour une raison ou pour une autre. Pendant combien de temps a-t-il réfléchi ? Cela l'a-t-il angoissé ? Travailler avec Eichmann, c'est juste un « boulot » qu'on lui propose. Il faut réfléchir à la proposition. Il la rejette. Cela ne lui portera pas préjudice. Au bout du compte, ce n'est pas un travail différent des autres. Peut-être préfère-t-il ne pas se salir les mains directement avec toutes ces histoires juives. C'est difficile d'imaginer une carrière aussi proche du cœur de la SD qui réussit néanmoins à échapper à l'implication directe dans le bâtiment T4, à l'euthanasie, aux *Einsatzgruppen* ou à l'empire de la déportation d'Eichmann. Bruno, lui, y parvient.

Alors, que fait donc Bruno à la SD en 1942 ? A-t-il un rôle actif dans la SD ? En parcourant ses dossiers à Washington, nous découvrîmes sur une fiche le numéro de son bureau et son numéro de téléphone. Nous vîmes aussi qu'il était attaché à un nouveau service de la SD. Le RSHA, au *Amt VI*. Il ne travaille plus dans le domaine de l' « opposition idéologique ». Parallèlement à son rôle de *Berlin Inspekteur*, il est rattaché au Service de renseignements étrangers. Bruno est devenu espion. Son nouveau chef de service est encore un de ces jeunes protégés ambitieux d'Heydrich, un des plus doués. C'est Walter Schellenberg. Il a quatre ans de moins que Bruno, mais il est déjà général de brigade, *Brigadeführer*.

Parmi les jeunes stars de la SD, Schellenberg est sans doute le plus brillant. Il est suffisamment malin pour cultiver deux talents : se rendre à la fois indispensable au régime et afficher une forme de détachement élégant. Comme Albert Speer, il utilisa les mémoires d'après-guerre pour minimiser son rôle dans le régime. Jamais idéologique, seulement opportuniste. En même temps, il clamait haut, sans aucune honte, sa clairvoyance et ses succès. Il faut reconnaître qu'ils étaient exceptionnels, même s'il s'en vantait. Les deux hommes découvriraient un marché considérable après la guerre pour dresser le portrait intime, assassin, des grandes personnalités du Troisième *Reich*, rédigé par ceux qui avaient partagé avec elles le premier cercle – mais ni leur culpabilité ni le sang versé. De la même façon que Speer, Schellenberg affirma inlassablement qu'il aurait aussi bien pu parvenir au sommet dans n'importe quel contexte politique autre que le Troisième *Reich*. C'était avant tout un technocrate, ensuite un nazi et cela, simplement parce qu'il avait eu la malchance de naître en 1910...

La description que Schellenberg fit de sa motivation à intégrer la SS était totalement différente de celle de Bruno. Elle ne représentait pas le franchissement d'un seuil après douze ans d'ambition idéologique grandissante. Schellenberg prétendit qu'y adhérer ne représentait pas grand-chose d'autre que de se mêler à une compagnie de bon ton, sophistiquée : « La SS était déjà considérée comme l'organisation de l'élite... À la SS, on trouvait le gratin. Y appartenir était très prestigieux. Cela apportait de nombreux avantages sociaux, alors que les brutes de la SA, avec leurs bières dans les grandes salles de meeting, étaient au ban de la société. À l'époque, ils représentaient les éléments les plus extrémistes, les plus violents, les plus fanatiques du mouvement nazi. »

Comme tant d'autres personnalités de la SD, le nouveau patron de Bruno était juriste de formation. Il avait toujours été fasciné par le monde des services de renseignements étrangers. Il comptait déjà un nombre incroyable d'exploits, qu'il décrivit fièrement dans ses mémoires d'après-guerre. Enlèvements, subterfuges et, le plus époustouflant de tous : le projet d'enlèvement du Duc et de la Duchesse de Windsor au Portugal. Il continuerait ses actions d'éclat jusqu'à la fin de la guerre.

D'après ses dossiers, le premier poste qu'occupe Bruno à l'*Amt VI* se trouve au bureau B4. Il collecte des renseignements secrets sur la Grande-Bretagne et la France. En 1940, Schellenberg avait rédigé son « œuvre ». Il y dressait un état des lieux du royaume britannique. Il ne se contentait pas d'exposer sa soi-disant profonde compréhension du fonctionnement du Royaume-Uni. Il donnait à n'importe quelle future invasion le meilleur instantané qui soit pour s'emparer de la gouvernance du pays. Il précisait même quels sujets britanniques il fallait éliminer. Personne, parmi tous ceux qui ont lu le livre jusqu'à présent, n'aura été aussi impressionné par son contenu que son auteur, « apparemment assisté de deux agents du MI6 qui lui fournirent des informations après s'être fait enlever près de la frontière hollandaise... L'*Informationsheft GB*, le rapport secret de Schellenberg, propose un aperçu de la Grande-Bretagne qui témoigne d'une perception vraiment très curieuse. » Schellenberg était chargé de transformer l'*Amt VI* en un service proche des services secrets britanniques qui le fascinaient. Il était convaincu que personne, sauf les espions du MI6, n'arrivait à mieux incarner l'habileté de la Grande-Bretagne à marier la politique de la facilité à la cruauté impériale.

Bruno partage cette fascination. Je me souviens d'une conversation avec lui vers 1984. Il était impatient de savoir quels étaient mes projets maintenant que j'avais quitté l'université. On m'avait proposé un poste dans une grande agence de publicité à Londres, mais je ne réussis pas à résister à ses questions. Je laissai échapper que je venais aussi de passer l'examen d'entrée au *Foreign Office*. J'avais vécu un moment fort lorsque j'avais passé l'entretien d'espionnage. Cela avait été l'expérience typique d'Oxbridge. L'oral s'était déroulé dans le monde souterrain des services. C'était une somptueuse villa de Pall Mall. J'avais toujours imaginé que j'étais motivé par le fait que j'avais de la famille à Berlin. J'avais ainsi un prétexte idéal pour voyager de l'autre côté du rideau de fer. « Ah ! me fit Bruno, d'un signe de tête pour acquiescer. Les services secrets britanniques. Les meilleurs du monde, mais dirigés par des gentlemen. »

Il se mit à me faire des commentaires complètement idiots sur le monde. Son argument principal, c'était d'affirmer qu'il n'y avait pas de place pour le sentimentalisme dans le monde de la géopolitique. Il prit pour exemple l'Ayatollah Khomeiny rentré en Iran à peu près cinq ans auparavant pour renverser le Shah. Pour Bruno, c'était ce qui arrivait aux opposants politiques que vous n'aviez pas pris le soin d'éliminer – parce que vous étiez inconscient. Ils reviennent. Ils vous renversent. Ce que j'étais censé déduire était parfaitement clair. Si vous laissez en vie des ennemis idéologiques, vous êtes l'artisan de votre propre malheur. Donc la réponse est : ne les laissez pas en vie. Ainsi, la diplomatie n'était finalement pas un métier pour les vrais gentlemen. Il me donna l'impression de savoir de quoi il parlait.

Un autre entretien me trottait dans la tête. Ma sœur avait parlé une fois à Gisela, la concubine de Bruno, au cours d'un séjour chez eux. Vanessa lui avait demandé pourquoi Bruno et elle avaient tellement peur des Russes. Pourquoi Bruno restait-il à ce point convaincu de se faire arrêter s'il essayait de passer leurs postes de contrôle à Berlin plutôt que de prendre l'avion ? Gisela avait un vrai talent pour repérer « les questions concernant la guerre » et comme la plupart des gens de sa génération, elle les repoussait systématiquement, très sèchement. Elle les jugeait inutiles ou tout simplement impertinentes. Mais elle voulut bien répondre, s'étant laissé distraire – j'en suis sûr – par le fait que cette question-là concernait les Soviétiques et leur soif de vengeance. « Parce que pendant la guerre, il a aidé les Russes à se battre contre les leurs. C'était très secret, mais les Russes arrêtent tous ceux qui étaient impliqués là-dedans. » Cette conversation me revint en mémoire lorsque je découvris une multitude d'informations sur l'*Amt VI* et Schellenberg .

En 1942, Himmler et Schellenberg avaient monté un plan extraordinaire, qu'on appela plus tard *Unternehmen Zeppelin*, (l'Opération Zeppelin). Est-ce que c'était cela dont avait parlé Gisela ? C'était un projet bizarre, un mélange de folie et de bon sens qui n'était pas dans les habitudes de la SS.

Depuis le début des bombardements de l'Opération *Barbarossa*, les Allemands considéraient leurs ennemis soviétiques et « asiatiques » comme d'authentiques *Untermenschen*. Schellenberg y voyait aussi le prix que devaient payer les Allemands pour leurs violences aveugles : « La cruauté dont firent preuve les Allemands pendant la guerre servit de base idéologique aux partisans russes. Le *Kommissar-Befehl*, l'ordre de tuer tous les commissaires, la propagande allemande à propos des peuples de Russie qui, par nature, étaient des sous-hommes, les exécutions massives menées par les *Einsatzgruppen*, les unités spéciales des services secrets qui travaillaient avec l'armée à l'intérieur et à l'arrière des zones de combat, constituaient tous des arguments psychologiques suffisamment forts pour susciter un esprit impitoyable parmi les résistants. »

Quel gâchis, ce sentiment anti-soviétique dans une guerre où le résistant et le saboteur jouaient un rôle aussi important. Comme la guerre s'enlisait, mois après mois, et que la victoire semblait s'éloigner, les dirigeants de la SS réalisèrent qu'ils avaient fatalement sous-estimé l'Union soviétique. Il était temps de repenser leur stratégie.

Le projet de Schellenberg fut d'organiser le recrutement de prisonniers de guerre soviétiques que les Allemands utiliseraient comme agents contre leur propre armée. Qui pourrait infiltrer l'Armée rouge, organiser des actes de sabotage et rapporter les renseignements à la SD mieux que des Soviétiques ? L'opération Zeppelin était née. « L'objectif principal de cette opération était de diffuser en masse des informations par des prisonniers russes parachutés au cœur du territoire soviétique. On leur donna le statut de soldats allemands. Ils portèrent l'uniforme de la *Wehrmacht*. On les nourrit des meilleurs plats. On les installa dans des quartiers propres de l'armée. On leur fit des cours en leur projetant des films, et ils voyagèrent à travers l'Allemagne, » écrivit Schellenberg dans ses mémoires.

Pour que ces succès puissent se réaliser, il fallait rester confiant dans les motivations des prisonniers soviétiques à intégrer l'armée allemande. Soit ils s'étaient vraiment retournés contre la terreur du système stalinien soit, tourmentés par un conflit intérieur, ils hésitaient entre deux idéologies, le nazisme ou le stalinisme. C'était un monde de numéros, de codes, de réseaux d'agents, de radios et d'opérations secrètes dirigées contre l'ennemi le plus dangereux de l'Allemagne. Leur plus gros recrutement pour la cause constitua une armée forte de 20 000 Russes nationalistes, conduite par le général Andrei Vlasov. Il y eut même un *think-tank* de la SD situé à Wannsee. Il fourmillait d'experts russes. Ce comité de réflexion était assoiffé d'informations précises sur la machine de guerre soviétique qu'Hitler exigeait de connaître. Cela nécessita un énorme effort d'analyse, d'écriture et de rapports, tous fournis à l'armée de Schellenberg, composée de Russes dissidents qui avaient retourné leur veste, parachutés derrière les lignes ennemies, avec des radios à ondes courtes et des bicyclettes pour éviter le NKVD, la police secrète soviétique.

Finalement, le projet avorta. Quand il fut à peu près certain que les Allemands allaient perdre la guerre, la motivation pour les aider à lutter contre une Armée rouge renaissante, disparut rapidement. L'entraînement et les équipements furent considérablement réduits, ce qui rendit les agents de l'Opération Zeppelin vulnérables et donc susceptibles de se faire capturer et retourner par le NKVD. Le rôle de Bruno n'est pas clair. Il ne parle pas le russe. Il est sans doute resté à l'administration à Berlin plutôt que reparti sur le front. Malgré son désir de jouer au jeu de la contre-révolution, il ne semble pas avoir réalisé grand-chose dans ce domaine.

Cela n'empêche pas l'année 1943 de bien commencer pour lui. Le volume 5 du *Manifeste du commandement de la police de sécurité et de la SD*, daté du 30 janvier à Berlin, le compte parmi les promotions de l'année de la SS. Il est maintenant capitaine, *Hauptsurmführer*. C'est le plus haut grade qu'il atteindra et c'est aussi le plus répandu parmi les officiers de la SD. Josef Mengele, Amon Goeth et Klaus Barbie étaient tous *Hauptsturmführer* à la fin de la guerre. Cependant, c'est une maigre consolation par rapport à la situation qui se dégrade dans toute l'Europe occupée.

Les événements basculaient de façon stupéfiante en Union soviétique. D'abord à Stalingrad, puis à Kiev. L'Afrique du nord était sur le point de tomber, rendant imminente une invasion des Alliés sur le continent. Imposer une guerre totale, c'était la seule réponse possible. Il ne s'agissait plus de débattre sur la façon dont on réussirait à imposer la victoire. Il fallait faire rentrer dans les esprits ce que coûterait le prix de la défaite. Peu d'Allemands avaient besoin de se le faire rappeler. Tout le monde se faisait pulvériser par les bombes lâchées de jour par les Américains, de nuit par la RAF. Même Berlin, située à la limite de la portée des attaques aériennes alliées, était ravagée.

La famille Langbehn dort maintenant régulièrement dans des abris anti aériens. Ils sont plus confortables que la plupart des autres abris. En 2005, je convainquis ma mère de venir voir *La Chute*, ce film qui retrace d'une manière extraordinaire les événements qui se déroulent dans le bunker d'Hitler aux derniers jours de la guerre. Il fit ressurgir un souvenir qu'elle avait enfoui. « Le *bunker* de la Chancellerie du *Reich*, c'était là que Papa avait l'habitude de nous emmener quand les bombardements étaient particulièrement intenses, » me raconta-t-elle en sortant du cinéma. Une fois, elle s'y était rendue alors qu'elle avait mal aux oreilles et une infirmière l'avait soignée avec de l'huile d'olive. Dans le film, on voyait une infirmière en uniforme. C'est alors que les souvenirs de ma mère avaient jailli : le bâtiment imposant au-dessus, les couloirs en carrelage remplis de soldats et les bureaux en dessous. Elle se souvient qu'elle savait parfaitement que l'accès à la Chancellerie était strictement réservé. Seuls les gens très importants avaient le droit de s'y rendre. Parmi ces gens très importants se trouve un *Haupsturmführer* de la SD. Son père. Bruno.

Mais bientôt, même les abris les plus sûrs de Berlin ne suffisent plus. La guerre se rapproche, inexorablement. Bruno et Thusnelda prennent la décision d'envoyer leurs filles dans une pension catholique à la campagne, loin des dangers. Le bâtiment existe toujours, mais les dossiers datant de la guerre ont été détruits depuis longtemps. Bruno et Thusnelda sont sur le départ eux aussi. Ils quittent Berlin pour leur nouveau foyer : Prague. C'est là qu'ils passeront les derniers mois de la guerre.

IX. Le dernier combat
1944 -1946

À la mi-1944, un officier des services secrets de la SS pouvait difficilement imaginer se faire affecter dans une ville plus agréable que Prague. La bière de Bohême y coulait à flot. « Vivre à Prague, c'était vivre tranquille. Le monde entier s'était littéralement embrasé. Le Protectorat, cerné par la guerre, était le seul endroit d'Europe centrale à vivre en paix. » Ce commentaire écrit un an plus tôt était toujours valable. La beauté légendaire de la vieille ville, chef-d'œuvre d'architecture médiévale et baroque, était intacte. Elle venait de traverser cinq ans de guerre et n'avait subi aucun bombardement, ni tirs d'obus. À quelques heures de Berlin en train, Prague ouvrait la porte au *Lebensraum* à l'est. Elle ne connaissait pas la bestialité des charniers de Pologne, des États baltes, de la Hongrie et, surtout, de la Russie. Cela ne durerait pas éternellement. L'Armée rouge avançait inexorablement vers l'ouest. Pour le moment, Prague offrait un répit. Il était le bienvenu après les raids aériens permanents des Alliés sur Berlin où il était de plus en plus difficile de vivre. Chaque jour imposait davantage de privations.

Bruno et Thusnelda débarquent à Prague à la mi-juin. Elle est enceinte de huit mois. Ils emménagent dans un appartement situé dans une rue que les Allemands ont rebaptisée

Fleichsmarkt – actuellement Masná. Ils habitent au n°15. C'est un groupe d'immeubles cossus des années 1920. Il leur suffit de trente secondes à pied pour rejoindre les flèches jumelles de la célèbre église Tyn et la place de la vieille ville au cœur du quartier historique. Bruno est à une très courte distance à moto – ma mère s'en souvient, c'était son moyen de transport préféré – du bureau de la SD, rue de Washington, à côté de la place Wenceslas. Un gardien s'occupe de l'immeuble. Il a un fils. C'est un adolescent.

Les Langbehn ne sont pas installés depuis un mois que c'est le drame. Alors que Thusnelda est à l'hôpital où elle accouche d'une fille, la petite sœur de ma mère, la *Gestapo* tambourine à la porte de chez eux. Elle a ordre d'arrêter Bruno. Pendant des années, des versions différentes de l'histoire circuleront dans la famille. C'est seulement lorsque j'aurai reconstitué la trame de ses activités à l'*Amt VI* de Walter Schellenberg, que je réussirai à comprendre ce qui avait dû se passer.

Bruno est accusé d'être lié à l'Opération Walkyrie, le complot qui a mené à la tentative d'attentat contre Hitler, le 20 juillet 1944. C'était il y a seulement quelques jours. Hitler, légèrement blessé, est sorti indemne de la Tanière du Loup, son QG de l'est de la Prusse. Bruno proteste. Il est innocent et n'en revient pas qu'on puisse l'accuser. Il ne savait pas que son chef, Walter Schellenberg, jouait un jeu très dangereux depuis 1942, peut-être même avant. Aujourd'hui, fatalement, Bruno se trouve mêlé à cette histoire.

Schellenberg avait été l'un des premiers parmi le haut commandement de la SS à penser qu'il y avait très peu de chances que les Allemands gagnent la guerre. Parmi les supérieurs de Bruno à la SS, une petite poignée d'hommes avaient commencé à douter eux aussi. Cependant, « aucun d'entre eux n'était capable de rompre avec la fascination qu'exerçait toujours Hitler et de passer à l'acte pour empêcher la catastrophe et la ruine. Il existait un chef à la SS suffisamment clairvoyant et dénué de scrupules pour jeter par-dessus bord tout ce que ses collaborateurs et lui-même avaient autrefois soutenu. Cet homme, c'était Walter Schellenberg, le *Brigadeführer*.

En juillet 1944, la guerre entrait dans sa dernière phase. Les Allemands voyaient s'envoler leurs espoirs de remporter la victoire finale, sauf les plus fanatiques se trouvant à la tête du *Reich*. Cette perspective n'affaiblissait en rien leur détermination. Peut-être n'allaient-ils pas gagner cette guerre, mais ils étaient déterminés à ne pas la perdre non plus. À présent, il était question de mener une « guerre d'endiguement ». Autrement dit, contenir l'avancée des Alliés, percer une brèche entre les Américains et les Soviétiques et lancer la nouvelle génération des « bombes volantes » – les fusées V1 et V2 encore plus terrifiantes. Les Alliés avaient annoncé qu'une capitulation sans conditions pourrait entraîner la fin de la guerre. C'était clair, la seule solution était de lutter jusqu'à la mort. Du moins, c'est ce que proclamait la version officielle. Assiégé, l'État nazi avait peut-être une autre porte de sortie. Il suffisait de demander aux Américains s'ils étaient prêts à négocier une paix séparée. Personne ne souhaitait que cette guerre ne s'éternise davantage. Ils écouteraient sans doute la voix de la raison, surtout si on pouvait se débarrasser d'Hitler. Cela suffirait-il ? Schellenberg manqua de prudence au point de partager cette idée avec Heinrich Himmler. Pas moins. Le chef de la SS, le proche d'Hitler, celui à qui le *Führer* accordait sa confiance d'une manière fanatique.

Schellenberg demanda au *Reichsführer* SS, l'homme le plus puissant du régime après Hitler, s'il avait un projet au cas où l'Allemagne perdrait la guerre. Ce projet impliquait nécessairement le retrait du *Führer.* « Je regardai Himmler droit dans les yeux et je poursuivis : "Vous voyez, *Reichsführer*, je n'ai jamais réussi à oublier ces conseils que m'a donnés un homme très avisé. Puis-je me permettre d'être suffisamment impertinent pour vous poser cette question : dans quel tiroir de votre bureau avez-vous rangé une solution de rechange pour mettre un terme à la guerre ?" » La suite est à peine croyable. Non seulement Himmler commit l'erreur de ne pas l'arrêter sur-le-champ mais, en plus, il se recroquevilla sur lui-même et reconnut qu'il était d'accord : il y avait une chance pour que Schellenberg ait raison. Peu de temps auparavant, Himmler avait rencontré un autre conseiller en qui il avait confiance. Cet homme avait eu le courage de lui tenir le même discours : l'Allemagne avait besoin d'un plan B. Ce projet établirait la marche à suivre après le départ d'Hitler de façon à empêcher les Alliés d'écraser complètement l'Allemagne.

L'idée d'agir contre son *Führer* bien-aimé répugnait à Himmler. Cela lui provoqua de terribles maux d'estomac. Toutefois, il n'écarta pas cette éventualité. D'abord hésitant, il finit par donner son accord à Schellenberg. Le plan consistait à tendre la main aux Alliés. Si Hitler l'avait découvert, Himmler aurait été condamné à mort sur-le-champ. Une fois l'approbation du *Reichsführer* obtenue, Schellenberg se rapprocha discrètement du groupe Beck-Goerdeler, ce cercle d'opposants qui avait établi une communication secrète avec les Américains. Schellenberg n'eut aucune difficulté à les identifier, étant donné que la SD connaissait déjà la plupart de ces hommes. Je suppose que Bruno les connaissait également, puisqu'ils entraient dans le cadre de la surveillance qu'il avait exercée sur les mouvements d'opposition de droite.

Au cours des deux années suivantes, Schellenberg, bénéficiant de l'accord tacite de Himmler, guetta le moindre signe des Américains pour entamer les négociations. Il savait qu'ils exigeraient qu'Hitler abandonne le pouvoir – et de préférence qu'on le leur remette vivant. En 1943 et 1944, ils établirent une correspondance secrète impliquant soit Schellenberg, soit certains de ses délégués au sein du groupe Beck-Goerdeler. Ils se rencontrèrent en Espagne, en Suisse et en Suède. Himmler était soulagé de laisser à Schellenberg le soin de s'occuper des détails. Cela lui laissait le temps de s'inquiéter, de tergiverser. Quel rôle devait-il occuper si jamais les projets se concrétisaient ? Il était déchiré. D'un côté, il devait accepter l'idée qu'il semblait effectivement impossible de gagner la guerre. De l'autre, il se détestait, car implicitement, il trahissait son *Führer* bien-aimé.

Le 20 juillet 1944, la bombe placée dans le QG d'Hitler en Prusse orientale par Claus Schenk Von Stauffenberg explosa. Le coup d'état visait d'abord à tuer le *Führer.* Il devait ensuite faire tomber les dirigeants du Troisième *Reich* pour les remplacer par une junte militaire. C'était un désastre sans précédent pour la SS et la SD qui n'avaient pas décelé le moindre signe de conspiration. Pour Himmler et Schellenberg, c'était encore pire. Terrifiés, ils se demandaient si leurs conversations secrètes avec les Alliés allaient apparaître au grand jour, d'autant que les mouvements de résistance allemands allaient se faire écraser après l'attentat. Les deux SS eurent de la chance. Les instigateurs de l'Opération Walkyrie, un cercle composé entre autres d'officiers de la *Wehrmacht* réunis autour de Stauffenberg, chef charismatique et colonel aux nombreuses décorations, semblaient totalement ignorer les ouvertures que Schellenberg et Himmler avaient pratiquées vers les Américains, ajoutant ainsi à leur trahison. Pour l'instant, aucun des deux hommes n'était soupçonné. Il restait à supposer que les rapports qui témoignaient de leur conspiration ne verraient jamais le jour. Pourquoi alors Bruno semble-t-il avoir eu moins de chance ?

Il existait un autre personnage clé, à la fois mêlé à la conspiration du 20 juillet et à la tentative de rapprochement conduite par Schellenberg et Himmler auprès des Alliés. Il s'agissait d'un avocat berlinois ayant d'excellents contacts à la SS et avec les officiers supérieurs de l'armée, les conspirateurs. Non seulement cet avocat était le voisin d'Himmler à Dahlem, mais leurs filles étaient aussi camarades de classe. Himmler n'avait pas hésité à soutenir le projet de Schellenberg : utiliser cet avocat comme intermédiaire principal auprès des Américains. Mais cet homme était mêlé au complot du 20 juillet. Au cours des interrogatoires, on avait même soutiré son nom aux acteurs du complot de Stauffenberg et il commençait à circuler. Himmler était terrifié. Il allait être donné en pâture aux lions avant même d'avoir subi un quelconque interrogatoire et révélé le détail de ses manigances contre Hitler. Si la Gestapo n'avait pas encore obtenu un nom précis, elle savait en tout cas que, d'une certaine façon, il était lié à Schellenberg.

Manque de chance pour Bruno, l'avocat était un homonyme. Celui qui servait d'intermédiaire à Himmler et Schellenberg s'appelait aussi Langbehn. Maître Carl Langbehn. Je m'étais déjà aperçu que Langbehn n'était pas un nom répandu. En fait, dans l'édition 1942 de l'annuaire de Berlin, il n'y avait que quatre Langbehn dans toute la capitale. Et là, juste en dessous de la ligne qui concernait Bruno, il y avait ... celle de Carl : « Langbehn Carl Dr Rechtsanw, und Notar (...) Wohn. Dahlem, In der Halde 5. »

Il vivait dans une maison élégante du quartier verdoyant de Dahlem, juste à côté de celle d'Himmler. Cette maison existe toujours. Dans le chaos qui régnait au lendemain de l'attentat, au milieu des arrestations et des interrogatoires, l'ordre concernant l'arrestation de Langbehn avait été déformé. Au lieu de se contenter d'interpeller Carl, ce qui n'était pas difficile puisque son adresse à Berlin était indiquée et qu'il connaissait bien Himmler, la *Gestapo* chercha le premier Langbehn venu, associé à l'*Amt VI* de Schellenberg. Bruno était tout désigné.

On avait eu vent de l'implication de Carl Langbehn avant même le complot. Une communication radio depuis l'Espagne avait été interceptée, révélant ses activités clandestines. Sans qu'Himmler ne le sache, le nom « Langbehn » avait été directement transmis à Hitler, même si jusqu'alors aucun lien n'avait été établi avec son voisin Himmler. De son côté, la *Gestapo* ne mit pas longtemps à retrouver la trace de Bruno, affecté à Prague depuis peu. Étant donné le nombre d'officiers supérieurs impliqués ou semblant impliqués dans le complot, ils ne prirent pas le temps de réfléchir à l'arrestation d'un officier de la SS.

Voilà pourquoi la *Gestapo* frappe à la porte de Bruno à la fin de ce mois de juillet 1944. Il n'a pas encore eu le temps de défaire ses valises. C'est au tour de ce *Hauptsturmführer*, ce fanatique profondément impliqué dans le régime de subir la pire horreur que le système puisse imposer : se faire arrêter par ses collègues de la *Gestapo* et accuser d'avoir participé à un complot qui projetait de tuer le *Führer*. Cet homme qu'il idolâtre depuis plus de vingt ans ! Heureusement pour Bruno, mais malheureusement pour Carl, la confusion est de courte durée. Bruno n'est pas le bon Langbehn. La *Gestapo* s'est trompée de prénom. En outre, elle ne pouvait pas imaginer un homme moins enclin que Bruno à participer à une conspiration contre Hitler. Quelques mois plus tard, le 20 octobre, Carl Langbehn partagea le sort des autres conspirateurs. Il fut exécuté à la prison de Plötzensee. Il mourut sans impliquer Himmler ni Schellenberg. Tous deux pouvaient pousser un soupire de soulagement et poursuivre leur route. Ils s'en sortaient indemnes. Bruno aussi est tiré d'affaire. On le relâche. Il est blanchi, libre de se jeter à corps perdu dans le dernier combat. Celui qui limitera le désastre final qui se précise de jour en jour.

Depuis son rattachement au *Reich*, en mars 1938, la Tchécoslovaquie avait limité sa participation à la guerre. Géographiquement à l'écart, elle avait échappé aux bombardements aériens qui dévastaient l'Allemagne. Elle serait le dernier pays à être envahi par la progression des troupes alliées, les Américains par l'ouest et les Soviétiques par l'est. Depuis 1938, la *Gestapo* et la SD y régnaient en maîtres. Le « Protectorat de Bohême et de Moravie » était devenu l'exemple parfait de la gouvernance d'un pays occupé depuis que Reinhard Heydrich, le chef de la SD, avait obtenu le privilège de la conduire, en septembre 1941. Les services de sécurité nazis utilisèrent toutes leurs compétences en « magie noire » pour soumettre la population, l'obligeant d'une main de fer à collaborer. Heydrich se vantait de mener la politique de la carotte ou du bâton qu'il nourrissait d'un esprit de vengeance.

Il fut aidé par la prospérité peu commune dont le pays jouissait comparé aux autres états de l'Empire allemand. Le secteur industriel s'était diversifié, à commencer par l'industrie de l'armement. Le monde entier le reconnaissait. De plus, Heydrich disposait d'une police secrète terriblement efficace. Sous sa houlette, « l'art de la délation » s'était répandu dans toutes les strates de la société tchécoslovaque : dans les bureaux, un collègue en trahissait un autre, à l'intérieur d'une même famille, les membres s'accusaient les uns les autres et les Allemands des Sudètes mouchardaient les Tchèques. Symbole des plus terribles, celui de la prison de Pankraã, avec sa guillotine, ses crochets de boucher utilisés comme potence et les avis placardés sur tous les murs de la ville où s'étalait, chaque semaine, la liste des condamnés à mort. Heydrich et ses SS avaient fait de la Tchécoslovaquie un pays à la fois soumis et servile.

Cette situation perdura. Jusqu'en 1942, la Tchécoslovaquie fut considérée comme un auxiliaire du Troisième *Reich*. L'illusion se dissipa d'une manière extraordinaire le 27 mai 1942 quand des agents tchèques, infiltrés secrètement dans le pays depuis la Grande-Bretagne, réussirent à assassiner Heydrich. Il avait dirigé le pays comme s'il s'agissait de son fief personnel, s'imaginant à tort que les Tchèques nourrissaient à contrecœur une véritable admiration pour leur suzerain allemand, impitoyable mais juste. Il était suffisamment présomptueux pour se passer de gardes du corps ou d'une voiture blindée et il le faisait savoir. Il refusait même de varier les parcours qu'il empruntait autour de Prague. Exilé à Londres, Edward Benès, le président tchèque, commençait à s'inquiéter. L'autosatisfaction d'Heydrich risquait de se justifier. Ses concitoyens tchèques se mettaient en danger. Ils semblaient un peu trop soumis à la loi d'Heydrich. Le tuer serait le meilleur moyen de pousser ses compatriotes à entrer en résistance : éliminer la « bête blonde » infligerait un coup à la direction nazie. Cela impressionnerait les Alliés, qui s'étaient forgé, jusqu'à présent, une opinion plutôt mitigée sur la contribution tchèque à l'effort de guerre.

Heydrich, l'homme trop sûr de lui, se fit prendre à son propre piège, sans gardes du corps dans une Mercedes décapotée, au moment où elle ralentissait dans un virage en épingle à cheveux dans les environs de Prague. Le pistolet *Sten* d'un des assassins s'enraya et il laissa à son complice le soin de lancer une grenade qui roula sous la voiture. En explosant, elle projeta des éclats des sièges garnis de crin de cheval dans le torse d'Heydrich. Il resta plus d'une heure allongé dans la voiture, baignant dans son sang, avant qu'un chauffeur de camion, terrifié, ne se fasse convaincre de le transporter à l'hôpital. Pendant une semaine, Heydrich connut une mort lente et atroce. Une opération soi-disant bâclée avait provoqué une septicémie. La direction nazie était sous le choc. Elle n'en revenait pas de l'audace de ce complot et de l'imprudence désinvolte qu'avait affichée l'une des figures les plus craintes du régime.

Prague se souleva lorsque la SS et la Gestapo mirent la ville à feu et à sang pour trouver les assassins. Ils finirent par être repérés, cachés dans la crypte d'une église. Pendant plusieurs jours, les Allemands firent le siège de cette église, lançant des assauts à coups de grenades lacrymogènes et aux lance-flammes pour essayer de les déloger. Mais les résistants tchèques se suicidèrent pour éviter de se faire capturer. La vengeance fut rapide, aveugle et sauvage. Le 10 juin, Lidice, une ville située au nord-ouest de Prague, fut entièrement vidée de sa population, au prétexte que les partisans impliqués dans l'assassinat d'Heydrich avaient été abrités dans la ville. C'était faux. Cent quatre-vingt-douze hommes furent exécutés tandis que les femmes et les enfants étaient jetés dans les camps de concentration du *Reich*. Le souvenir de ces meurtres et la vengeance qui avait suivi l'assassinat de Heydrich hantaient les Tchèques. Le sort de milliers d'Allemands abandonnés à Prague à la fin de la guerre était scellé.

Aussi, même si pour de multiples raisons Bruno bénéficie d'une situation confortable, il sait que la question des résistants et des agents étrangers est importante. Il faut la régler de toute urgence. Les Tchèques ont déjà infligé un coup terrible aux Allemands. Il faut à tout prix les empêcher de recommencer. Le SS *Obergruppenführer* Karl Hermann Frank succéda à Heydrich à la tête du Protectorat. Cet ancien libraire allemand des Sudètes qui portait un œil de verre, restaura l'ordre rapidement. Cela semblait fonctionner. Il n'y avait plus d'actes de sabotage. La production industrielle grimpait d'année en année. Exilé à Londres, le gouvernement tchèque était de plus en plus frustré. Contre toute attente, le sursaut tant espéré de la résistance n'eut tout simplement pas lieu. Exaspéré, le président Benès s'en prit à son peuple dans un message diffusé à la radio : « Ce n'est pas aujourd'hui que je vais vous faire un cours pour vous indiquer où et comment vous devriez mener le combat. Je ne vais pas vous expliquer non plus où vous devriez résister et où vous devriez commettre des actes de sabotage. Chacun d'entre nous connaît parfaitement [la réponse]. Ce serait une erreur majeure, un péché, un crime national si on disait de nous que nous pouvions ou que nous devions attendre alors que des millions de soldats des troupes alliées provoquent la ruine de l'Allemagne (…) Par conséquent, je le répète : battez-vous ! Aujourd'hui, demain, tous les jours ! Chacun d'entre vous comme il le peut, dans un but précis, avec méthode, avec prudence, dans la durée. »

Pour les Allemands, c'était une question de temps. Les Tchèques ne tarderaient pas à répondre à cette exhortation. Ils seraient bientôt plus nombreux.

Arrivés à cette étape de la guerre, les Allemands ne se souciaient pas du tout de diriger le Protectorat. C'était même le cadet de leurs soucis. Les revers qu'ils avaient subis en 1943 – à Stalingrad, en Afrique du nord, en Sicile – étaient devenus catastrophiques à la mi-44. À cette date, après le débarquement, les Alliés tenaient fermement leurs positions dans l'ouest de la France et dans le sud de l'Italie. Les Soviétiques avaient réussi à repousser la *Wehrmacht* et déferlaient sur l'Allemagne. Tous les rêves de bâtir le *Lebensraum* s'étaient envolés depuis longtemps pour laisser place à une sinistre alternative : se sacrifier ou survivre. Les Allemands se consolaient avec une idée noble. Désormais, leur guerre n'était plus une guerre de conquête, mais une guerre qui consistait à contenir la vague de la barbarie bolchévique. C'étaient eux, les Allemands, et non pas les Alliés, qui tiendraient le flambeau de la civilisation occidentale.

Au cas où certains n'auraient pas été convaincus par ce noble appel à la culture, Goebbels fut encore plus catégorique. Ce n'était pas simplement les nazis célèbres qui devaient craindre les Soviétiques : « Cela n'a aucune importance de savoir où les Allemands se situent individuellement dans l'échelle du national-socialisme. Si nous sommes vaincus, tout le monde se fera trancher la gorge, » les prévint-il dès janvier 1943. Personne n'était à l'abri. Les Soviétiques avaient perdu des millions d'hommes. La plupart étaient de simples civils. Goebbels savait donc pertinemment à quel genre de violence il fallait s'attendre. L'Allemagne tout entière se mobilisa pour la guerre totale. En juin 1941, Goebbels avait écrit dans son journal personnel qu'il n'était pas possible de faire machine arrière : « Le *Führer* le dit, à tort ou à raison, nous devons gagner. Nous n'avons pas le choix. Et la victoire est juste, morale et nécessaire. Et une fois que nous aurons gagné, qui nous interrogera sur nos méthodes ? Dans tous les cas, nous avons déjà tellement de réponses à fournir que nous devons gagner, sinon notre nation tout entière – nous à sa tête – et tout ce à quoi nous tenons seront anéantis. »

La Tchécoslovaquie atteignait le point de rupture : la production d'armements s'intensifia. Tous ceux qui étaient jugés aptes au travail, les hommes, les femmes, tous sans exception, furent enrôlés dans les usines, que ce soit dans le Protectorat ou dans n'importe quel autre endroit du Reich. La Tchécoslovaquie pouvait difficilement représenter une plus forte valeur stratégique. Les usines de fabrication de chaussures se reconvertirent pour produire les pièces nécessaires aux fusées V1 et V2. Skoda, l'usine de voitures, se mit à fabriquer des moteurs d'avions et de blindés. Plus que jamais, il était nécessaire de protéger les usines et les chemins de fer qui les faisaient tourner des risques d'attaques et d'actes de sabotage des résistants. Des commandos pouvaient s'y infiltrer : à l'ouest, par les SOE britanniques – la Direction des opérations spéciales – depuis leurs bases en Italie. À l'est, par le NKVD soviétique, depuis ses bases en Hongrie. Il fallait à tout prix défendre Prague. Celle qui avait été le bijou du *Reich*, épargnée par la guerre, allait être transformée en « ville forteresse », prête à endiguer à tout prix l'avancée de l'Armée rouge, avant qu'elle ne puisse atteindre Berlin.

À Prague, l'*Amt VI* de la SD auquel Bruno appartient maintenant se préparait à combattre la résistance. Les Allemands s'y attendaient. Des communications du gouvernement en exil avaient été interceptées. Elles pressaient les

Tchèques à entrer dans une résistance active, dans des termes de plus en plus vifs. Jaroslav Stransky, le garde des Sceaux en exil, s'exprima sans détour : « C'est lorsqu'un rat est pris au piège qu'il est le plus dangereux. Vous n'avez pas d'autre choix que d'être le marteau ou l'enclume. La mort vous guette, vous et vos enfants, par milliers. Croyez-moi, même si nous sommes en dehors, nous connaissons la situation mieux que vous qui êtes dans votre prison. Cela vaut la peine de mourir pour défendre la liberté de notre pays, l'avenir de notre nation, le bien-être de la République. »

Après toutes ces années de domination absolue, Bruno et les officiers de l'armée allemande sont réduits à l'état de « rats pris au piège » par la résistance tchèque. Ils ont l'intention de prouver que Stransky a raison. Ils seront réellement très dangereux.

À la fin de l'année 1944, la famille de Bruno se trouve elle aussi sur la ligne de feu. Ma mère, Frauke, et Gudrun, ma tante, ne sont plus en sécurité dans leur pensionnat de Rhénanie. Dans les mois qui suivirent le débarquement en Normandie, la *Wehrmacht* dut renforcer ses bases à l'ouest. Elle avait besoin de casernes et elle avait commencé à réquisitionner tous les bâtiments qui pourraient lui être utiles, même les écoles. Les petites filles, âgées de sept et neuf ans, sont rapatriées à la maison. Bruno quitte Prague pour aller les chercher. Ils montent tous les trois dans le train qui repart vers l'est. C'est le moment où les chasseurs américains Mustang P51 à longue portée escortent les bombardiers B17 et B24. Ils survolent le *Reich* en profondeur jusqu'à atteindre leurs cibles. Lorsqu'ils rentrent à leur base en Grande-Bretagne, ils organisent des attaques au sol, en « rase-mottes ». Leurs cibles préférées sont les trains. Celui des Langbehn par exemple. Les chasseurs alliés les mitraillent. La locomotive est criblée de balles de calibre 50. Pris de panique, Bruno et ses filles sautent du train et s'enfuient dans les champs.

Dans ces conditions, il ne faut pas s'étonner que Prague fasse l'effet d'un oasis de tranquillité lorsque les petites filles y arrivent. C'est la première fois qu'elles voient leur maison. Une autre surprise les attend : leur petite sœur. En juillet dernier, Thusnelda a accouché d'une troisième fille, Heike. Bientôt les deux aînées sont très occupées. Elles poussent le landau dans les rues du centre de Prague. Une fois installées dans leur nouvel appartement, elles prennent en affection le concierge tchèque. Et le fils, un adolescent, prend les petites filles sous son aile. Il joue avec elles et les emmène se promener. Il leur fait découvrir Prague, sa ville natale. Elles tombent toutes les deux sous le charme de la beauté de ses petites rues à l'écart, de ses ponts, qui sortent tout droit d'un conte de fées, surtout à Noël quand la ville semble enveloppée d'un manteau de glace avec cette pellicule de neige qui brille sous les rayons du soleil hivernal. Inconscientes du cauchemar qui s'approche, elles gardent de ce Noël 1944 un souvenir enchanteur, le souvenir de l'espérance. Bruno et Thusnelda connaissent une autre vérité, mais ils jouent leur rôle de parents en maintenant l'illusion : elles sont enfin hors de danger. Ida, leur grand-mère, est arrivée de Berlin. La famille réunie parcourt à pied les cinq minutes qui la séparent de la place de la Vieille ville. Devant la célèbre pendule astronomique, ils prennent tous part à la fête du réveillon de Noël organisée chaque année. Ils tiennent des cierges et chantent leurs chants de Noël préférés. Ce sera la dernière bonne surprise. Personne ne revivra aucune fête de ce genre avant longtemps.

La situation militaire empire. Le danger se rapproche. Bruno le sait. Au début de l'année 1945, la Tchécoslovaquie servait de refuge à des dizaines de milliers d'Allemands qui fuyaient les Soviétiques mais aussi la *Wehrmacht* qui battait en retraite, sans oublier les unités de la SS. Le front de l'est était sur le point de s'effondrer complètement. Août 1944 avait vu la chute de la Pologne nazie et la destruction systématique de Varsovie. En octobre, l'Armée rouge et les partisans de Tito étaient entrés dans Belgrade. Mais aucune armée n'était encore venue à bout des nazis qui pouvaient toujours infliger de lourdes pertes. Après un soulèvement, la Slovaquie voisine avait subi une répression brutale. Environ 20 000 personnes avaient été tuées. Cela servirait de leçon aux Tchèques qui apprendraient que cela coûtait vraiment cher de s'opposer au *Reich*, même au dernier stade de la guerre. En janvier 1945, la Hongrie voisine tomba aux mains des Soviétiques.

C'est le moment de vérité pour Bruno. Jusqu'à présent il a mené sa guerre assis derrière une succession de bureaux à Berlin. Il y a cinq ans, il était sur le front. Il n'y est pas resté longtemps. Les circonstances n'étaient pas comparables à celles d'aujourd'hui. Pour lui, c'est l'examen final, après toutes ces années qu'il a passées à être soldat, officier de renseignements, spécialiste de la contre-insurrection. Son fanatisme idéologique a su le soutenir au début de la guerre, mais le sait-il toujours ?

J'espérais que les Archives de Prague nous fourniraient la réponse. Mis à part ses engagements successifs et ses affectations à différents bureaux qui nous permirent de découvrir qu'il était toujours attaché à l'*Amt VI* et qu'il travaillait au siège de la police secrète à Prague, au service du chef de la police de sécurité et de la SS, nous voulions néanmoins trouver n'importe quelle autre indication nous éclairant sur ses activités. Mais beaucoup de documents tchèques de la

SS ont été détruits dans les derniers jours de la guerre. Ceux qui ont survécu ont été très abîmés par les spectaculaires inondations en Europe à l'hiver 2002. Les rives de la Vlatva, le fleuve qui traverse Prague, ont été inondées et les caves qui contenaient ces archives ont été envahies par la montée des eaux.

Nous concentrâmes notre attention sur l'après-guerre en parcourant les dossiers compilés après 1945. Ils retraçaient les interrogatoires subis par la *Gestapo* et la SD en 1945 et 1946. Nous nous y attendions. Le nom de Bruno émergea de trois retranscriptions. La première datait de 1946. Il s'agissait juste d'une remarque banale d'un ex-gestapiste. Il expliquait comment il avait été obligé de quitter le siège de la *Gestapo* à Bratislava, la capitale de la Slovaquie, située à l'est du Protectorat, et comment il avait ensuite été envoyé en Tchécoslovaquie, à Brno puis à Prague. Il avait emmené avec lui un certain nombre de ses agents slovaques : « Quelque temps plus tard, [nous] sommes tous partis pour Prague. Sur place, le Dr Hammer, chef de la BdS – l'*Amt VI* – nous adressa au *Hauptsturmführer* Langbehn (...) qui dirigeait les agents et voulait connaître leurs identités. » Ce témoignage indiquait que Bruno était à la tête de différentes unités de renseignements. Cela faisait partie de ses fonctions : lutter contre la résistance qui s'intensifia à la fin de l'année 1944 et en 1945. Soit les partisans multipliaient leurs attaques contre les lignes de chemin de fer, les personnalités nazies ou les collabos tchèques, soit ils mitraillaient tout simplement les bâtiments importants avant de reprendre le maquis.

Puis nous trouvâmes une description complète des activités de Bruno. Ce qui nous intéressa le plus, c'étaient les informations qu'elle apportait sur son niveau de compétence. Mises à part les platitudes enthousiastes de son CV et les recommandations complaisantes en faveur de ses futures promotions, je n'avais trouvé jusqu'alors aucune indication particulière sur ses qualités de soldat ou d'officier dans les services secrets. L'interrogatoire était encore mené auprès d'un officier de la *Gestapo*. Il s'appelait Karel Frantisek Schnabl, né le 2 avril 1911. Voici sa déclaration : « J'ai reçu la visite de Langbehn, le *Hauptsturmführer* de la SD, en mars 1945. Il m'a dit qu'il voulait former une unité des services secrets et l'envoyer derrière les lignes ennemies. Le groupe agirait en Moravie, une fois que les Allemands auraient perdu cette région contre les Soviétiques, ce qui n'allait pas tarder. Langbehn m'a dit que les services secrets allemands auraient besoin d'un réseau, même après la guerre, et qu'ils communiqueraient en ondes courtes. C'était l'*Amt VI* de la SD de Berlin qui l'avait chargé de monter ce réseau. Il m'a demandé de lui fournir sept appareils de radio à ondes courtes en état de marche. Je n'ai réussi à lui en donner que cinq. À part cela, je lui ai aussi donné des dispositifs de surveillance, des codes secrets, des batteries anodiques (...). Il a essayé de voir s'il pouvait établir une communication radio entre le bâtiment de la *Gestapo* [à Prague] et leur poste principal à Brno. Il n'a pas réussi. Sans doute parce que son équipe ne savait pas faire fonctionner ces radios. Si mes souvenirs sont bons, je lui ai remis quatre radios Simandl et une radio d'une marque anglaise, Mark 15. Il faut être bien entraîné pour réussir à les faire marcher. Je lui ai aussi remis deux autres codes secrets. Mais, tous les jours, il me demandait encore plus de matériel. Je lui ai répondu que son travail avait beau m'intéresser, je n'avais pas le temps de m'en occuper. Autant que je sache, Langbehn a reçu plusieurs autres postes de radio de Berlin, des modèles soviétiques. Je crois qu'il y avait à peu près sept stations qui travaillaient pour lui. »

Le paragraphe suivant me stupéfia. Malgré toutes ces années passées à s'impliquer dans ce genre de travail, je découvris que le *Hauptsturmführer* de la SS, Bruno Langbehn, ne maîtrisait pas vraiment ce qu'il faisait. « Langbehn travaillait à Prague au bureau de l'*Amt VI.* J'ai été très surpris quand j'ai découvert qu'on lui avait confié cette responsabilité. Il n'avait pas les connaissances techniques requises et ne savait pas coordonner non plus. En outre, il se faisait remarquer puisqu'il n'avait qu'un bras. Un jour, j'ai discuté avec le commissaire Leimer des activités de Langbehn. À part ça, il n'y avait que Miss Hamertz, ma secrétaire – qui partit en Autriche en 1945 – qui connaissait toute l'histoire. »

« Qu'un bras ». Cette histoire était bizarre. Bruno n'a jamais perdu de membre. J'en conclus qu'il faisait référence aux conséquences de son accident, aux blessures qu'il s'était faites au bras et au poignet gauches. Le texte est rédigé en tchèque, mais l'interrogatoire avait été mené en allemand. Quelque chose avait dû se perdre dans la traduction. Mais je ne pouvais pas faire semblant de ne pas voir ce qu'affirmait principalement cet officier de la *Gestapo.* C'était transparent. Bruno manquait de capacités d'organisation et de compétences techniques. Je ne m'étais pas préparé à un tel portrait. Bruno incompétent ! Bruno qui s'accordait de l'importance : ayant été « envoyé par Berlin ». Bruno qui s'aveuglait face à la futilité de sa propre tâche. Ce portrait donnait l'image d'un homme accroché à ses illusions, s'imaginant réellement être un genre d'agent capable de mener une opération secrète compliquée. Nous découvrîmes bientôt une autre référence à Bruno, cachée dans les profondeurs des retranscriptions des interrogatoires de l'après-guerre. Elle indiquait encore plus clairement le genre d'illusions militaires dans lesquelles mon grand-père SS s'était plongé à la fin de la guerre. L'officier de la *Gestapo* qui se faisait interroger était né en Yougoslavie en mai 1912 et avait été basé à Brno. Seul son nom était mentionné : Schauschütz. L'interrogatoire avait pour but de connaître l'existence, les buts et les tactiques des hommes, des agents et des collabos spécialement formés et tout aussi motivés, qui devaient être préparés à une série d'opérations spéciales. Cette unité d'agents devait travailler derrière les lignes soviétiques, même quand l'Allemagne aurait perdu la guerre. Ils devaient former un réseau secret, ce qu'on appelait « un Réseau Ri » qui recevrait ses ordres de la SD et de la Gestapo. Ce qu'il leur fallait au plus vite, c'était un réseau de communications radio. Ils n'avaient pas seulement besoin de matériel, mais aussi d'un expert et surtout, d'une formation. Une fois ce problème réglé, les agents devaient « laisser » les Soviétiques les dépasser. Ils lanceraient leurs opérations secrètes dès qu'ils seraient derrière les lignes ennemies. Ces unités s'appelaient les « divisions du Loup Garou » : « La première fois que j'entendis parler de la création des Loups Garous et de leur mission, dans la presse allemande et à la radio, c'était à peu près à l'époque où les troupes britanniques et américaines avaient réussi à faire une percée et à entrer pour la première fois dans le *Reich* allemand par l'ouest. » De toute évidence, ces projets avaient une certaine réalité.

Au bas de la deuxième page, il mentionnait Bruno, toujours au sujet des communications radio : « On m'a appris que le *Ober-* ou *Hauptsturmführer* de la SS Langbeen (sic), qui était responsable de la station de radio au QG de la SD à Prague, avait été recruté pour ce projet « Ri » [des Loups Garous]. Et qu'une équipe de radio, elle aussi basée à Prague, mais qui opérait pour le sud-est avait reçu l'ordre de mener des tests pour voir si le projet était réalisable. » Schauschütz poursuivait, décrivant les gens avec lesquels il travaillait principalement, impliqués dans la création de ces unités. Il ne pouvait pas s'empêcher d'établir un lien entre l'époque où l'opération Zeppelin avait été menée et ces hommes qui se donnaient un air important devant les autres. « L'opération Zeppelin a été la première à me donner un vrai sentiment d'autosatisfaction. C'était secret mais tous ceux qui travaillaient à la SD en 1942 le connaissaient. Cela explique pourquoi tout s'est terminé de façon aussi pathétique, à cause de la jalousie et des coups de poignard dans le dos qu'on se donnait tout le temps dans les commandos de la *Gestapo.* » L'histoire ne faisait peut-être que se répéter.

Avec les divisions des Loups Garous, Himmler avait eu l'une de ses idées les plus désespérées. Il l'avait forgée devant l'imminence de la défaite. Des rumeurs de leur existence s'étaient répandues à travers toute l'Allemagne et même au-delà. Les services secrets alliés étaient convaincus que des commandos spéciaux composés de rebelles, de fanatiques incapables d'accepter la défaite, avaient été formés pour poursuivre le combat après la capitulation de l'Allemagne. Vu à quel point le combat avait été âpre, même à la fin de la guerre, cette idée avait du sens, surtout pour les Américains. Ils étaient persuadés que la dernière manifestation de cette guerre prendrait l'allure d'une résistance finale. Elle transformerait la retraite d'Hitler sur le plus haut sommet de Bavière en un Fort Alamo nazi.

C'est donc le dernier mot de Bruno. Pour finir la guerre, il veut s'enrôler dans les Loups Garous et combattre jusqu'à la dernière extrémité, et même plus encore. Quel sens tout cela prenait apparemment ! L'homme qui a rejoint le mouvement à la première occasion, plus de vingt ans auparavant, alors qu'il n'est encore qu'un adolescent, s'enrôle maintenant dans l'ultime tentative du *Reich* pour continuer d'exister au-delà de la tombe, malgré l'effondrement militaire total. Sa carrière de nazi va prendre fin comme elle a commencé. C'est un engagement idéologique total. Le fait qu'en termes militaires, Bruno sorte complètement de son domaine de compétences ne le trouble absolument pas. L'idée que de minuscules formations de résistants allemands pourraient avoir le moindre impact sur une force alliée qui se chiffre en millions d'hommes, en utilisant des radios qu'il ne sait pas du tout faire fonctionner, alors qu'il est censé former les autres, est risible. Mais cette conviction révèle profondément l'homme que Bruno a toujours été. Si jamais il devait lutter intérieurement pour savoir quelle priorité choisir : mettre sa famille hors de danger ou prolonger l'existence du régime nazi l'espace de quelques semaines, on sait tout de suite laquelle de ces deux priorités l'aurait emporté. Pourtant, Bruno et ses collègues de la SD et de la *Gestapo* doivent sentir s'approcher la vague de haine et de vengeance.

Tandis qu'ils trament leur plan de résistance, Prague creuse des fossés antichars. Les nazis réfléchissaient à la meilleure façon de se battre, même s'ils savaient que ce serait leur dernier combat. Le *Feld Marschall* Schörner venait d'être nommé à la tête de la *Wehrmacht.* Il dirigeait une force armée toujours impressionnante puisqu'elle rassemblait environ 800 000 hommes. Mais elle était maintenant encerclée à l'ouest par la troisième armée américaine du général Patton qui s'apprêtait à franchir la frontière tchèque, et à l'est par deux formations soviétiques, la première et la deuxième armée ukrainiennes.

« Combattre jusqu'à la mort ... » La résolution de Bruno commence elle-aussi à se fissurer. Karl Hermann Frank, l'*Obergruppenführer* de la SS, avait placé ses espoirs dans une solution politique plutôt que militaire, même si cela lui semblait de moins en moins réaliste. On n'avait jamais vu des Alliés aussi peu naturels que les Américains et les Soviétiques. Comme Himmler avant lui, il misait sur les désaccords qui ne tarderaient pas à survenir. Cela ouvrirait la possibilité de négocier un traité de paix séparé avec les Américains et qui sait, peut-être même de leur adjoindre les forces allemandes pour lutter contre les Soviétiques. Les armées américaines et russes avaient pratiquement fait leur jonction et Frank se disait qu'il n'avait plus d'autre solution que de lancer les dés d'une manière désespérée. Au moins avait-il encore une chance de gagner.

À la mi-avril, lorsque Frank distribua des plans d'évacuation à tout le personnel de la SS, on eut l'impression que l'idée des Loups Garous devrait attendre. C'était un changement de stratégie qui sembla avoir un impact sur Bruno aussi. Nous trouvâmes un document curieux, daté du 24 avril 1945, rangé à l'écart dans les dossiers de Prague. C'était une demande de permis de conduire. Soigneusement remplie, on n'y voyait rien d'anormal sauf la date, à peine quinze jours avant que l'armée allemande ne capitule officiellement. Plus je la regardais, plus elle me paraissait absurde et plus elle m'apportait la preuve que le monde avait complètement perdu la tête. Comment quelqu'un pouvait-il s'ennuyer à passer par des formalités administratives pour valider un permis de conduire, au moment où la guerre allait fatalement se terminer, où l'Armée rouge n'était plus qu'à quelques kilomètres à peine ? Pourtant, tout y est et bien fait : l'intitulé du document, les cachets, les catégories de véhicules que Bruno a le droit de conduire. Il a même précisé le nom de l'école de conduite où il a passé et obtenu son permis. Il indique son métier civil et non pas son titre au sein de la SD. C'est révélateur.

Sur le plan psychologique, on ne peut pas appeler cela un acte de dénégation. Il me semble plutôt que si Bruno fait cette demande de permis de conduire à la dernière minute, c'est qu'il n'est plus dans le même état d'esprit. Il pense davantage à fuir le pays qu'à se lancer dans la résistance de la dernière heure avec les Loups Garous. Cette démarche répond sans doute à celle de Frank. Je suppose qu'un Allemand qui s'apprête à prendre la route a besoin d'un permis pour ne pas se faire accuser d'être un déserteur. Je ne le saurai jamais. Mais en regardant la signature sur le verso du papier, je me demandai : qu'a-t-il pu se passer à l'époque dans sa tête ? Sa femme et ses trois filles – la troisième a un an à peine – sont à la maison. Deux armées puissantes encerclent Prague. On ne pourra pas les arrêter. Elles n'ont qu'un but, éradiquer totalement l'Allemagne nazie et tous ceux qui y sont associés.

La stratégie d'évacuation de Frank rencontrait un problème majeur. Ce plan reposait sur les Américains et les Américains n'arrivaient pas. Les Allemands ne le savaient pas encore, mais Eisenhower avait interdit à Patton de s'engager davantage dans le Protectorat. Le général était furieux. Il pointait un doigt menaçant sur Prague qu'il avait une chance de prendre. Fin avril, c'était la seule ville importante qui restait aux mains des Allemands. C'était aussi une sacrée récompense pour le général Patton qui cherchait la gloire. Churchill pressa Ike de céder. Qu'il laisse donc Patton s'emparer de la ville, si seulement cela pouvait permettre de contenir l'avancée soviétique à l'ouest. Mais Eisenhower ne céda pas. Il n'avait pas l'intention de subir plus de pertes américaines que nécessaire – certainement pas au moment où la guerre faisait rage dans le Pacifique – ni de susciter l'hostilité des Soviétiques. C'était le moment final, décisif. Il n'était pas question de menacer une alliance dont ils avaient besoin pour sceller la victoire. Patton était donc bloqué à Plzen. Totalement frustré, il bouillait d'impatience. Ike avait peut-être une bonne intuition. Staline n'abandonnerait jamais la capitale tchèque aux Américains. Toute percée provoquerait sûrement un affrontement. De toute façon, Frank était coincé maintenant. À la tête de ses troupes, il faudrait qu'il négocie avec les Soviétiques. Ce ne serait en aucun cas pour obtenir un passage sûr vers l'Allemagne.

Le 30 avril, Adolph Hitler réfléchissait à son face à face avec l'Armée rouge. Il choisit une autre échappatoire. À environ trois heures de l'après-midi, il se suicida dans son bunker installé sous la chancellerie du *Reich*. Le plus incroyable, c'est qu'une sorte de « normalité » persistait à Prague malgré ces derniers événements. Tous les journaux tchèques en feraient leur Une, encadrée de noir. De leur côté, les Allemands commençaient à perdre leur sang-froid.

Le lendemain, 1er mai 1945, la première armée ukrainienne du maréchal Koniev qui se trouvait près de Berlin, reçut l'ordre de faire demi-tour, de passer par l'ouest de Dresde et de suivre le fleuve Vltava jusqu'à Prague. Le 2 mai, ce fut le tour de la deuxième armée ukrainienne du maréchal Malinovski qui venait de prendre Brno. Elle devait, elle aussi, partir pour Prague par le sud-est. L'offensive soviétique devait commencer le 7 mai et prendre la capitale tchèque en six jours. Le président Edward Benès mit fin à son exil. Il quitta Londres et s'installa en Slovaquie. Il donna l'ordre à son peuple de passer à l'action : « Quand le jour viendra, notre nation reprendra l'ancien cri de guerre : Brisez-les ! Battez-les ! N'en épargnez aucun ! Trouvez tous une arme qui puisse vous servir pour frapper le premier Allemand que vous rencontrerez ! »

Le samedi 5 mai, à 11heures du matin, ce fut enfin le jour J. Ce matin-là, comme tous les jours depuis six ans, les Allemands parcoururent tranquillement les rues de Prague. Ils portaient même leurs uniformes. L'allemand était toujours la langue imposée, le mark la monnaie officielle et les Tchèques, un peuple utile et toléré, mais des citoyens de seconde zone. Brusquement tout changea. Des partisans tchèques s'emparèrent de la radio et transmirent en tchèque un appel aux armes à vous glacer le sang : « Mort aux Allemands ! Mort à tous les occupants ! »

Couverts par les Soviétiques dont les blindés stationnaient à la lisière de la ville, les Tchèques pouvaient enfin se soulever contre l'oppresseur nazi. Ils élevèrent des barricades dans des endroits stratégiques autour du centre historique. Ils arrachèrent les panneaux allemands. Les banques abandonnèrent le mark. Les Allemands exercèrent des représailles. À travers des haut-parleurs installés dans toute la ville, ils diffusèrent d'épouvantables menaces et fusillèrent des prisonniers du camp de concentration de Terezín (Theresienstadt). Les chasseurs bombardiers Messerschmitt 262 survolèrent Prague en rase-mottes. Ils bombardèrent leurs cibles à l'intérieur et à l'extérieur de la ville. Mais une fois lancé, le soulèvement ne fit que s'intensifier. Tout le monde se demandait quel degré de vengeance et de destruction la dernière résistance allemande atteindrait. Feraient-ils subir à Prague le traitement qu'ils avaient réservé à Varsovie ? La dynamiteraient-ils de la même façon, rue après rue, immeuble après immeuble ? À l'extérieur de la ville se trouvait le groupe d'armées Centre de Schörner composé de 800 000 hommes. En réalité, Schörner cherchait à échapper au danger, à battre en retraite vers l'ouest. Il n'était pas question de se lancer dans une attaque suicidaire rue après rue dans Prague. Il ne restait plus qu'un grand contingent de SS fanatiques et de la police de sécurité. Ils entreprirent d'endiguer les Tchèques, en les écrasant si possible, quitte à mourir eux aussi.

Ces forces allemandes restées dans la ville commencèrent par s'en emparer. Elles installèrent leurs mitrailleuses en face du musée national avant d'envahir la place Wenceslas, en repoussant la foule qui s'y était assemblée. Les Tchèques manifestaient, mais les Allemands les refoulèrent dans les rues adjacentes. C'était peine perdue. Les Tchèques occupaient la radio principale. Ils réussirent à s'emparer du réseau des haut-parleurs qui, contrôlé depuis la mairie, couvrait toute la ville. Puis ce fut le tour du réseau téléphonique principal. Le 5 mai au soir, les Tchèques contrôlaient la majeure partie de la ville à l'est du fleuve, à l'exception du QG de la Gestapo au Palais Petschek, de la gare principale, de l'école de cavalerie, de la caserne de Karlín et de la base SS dans l'ancienne faculté de droit de l'université Charles près du pont Mendel. L'*Obergruppenführer* SS von Pückler envoya un message radio à son QG. La situation était désespérée : « Nous subissons des pertes considérables. Nous essuyons des tirs de toutes les maisons. Estimation de la situation possible lorsque nous connaîtrons la situation de la percée prévue pour le 6 mai. Nos forces résistent, avec acharnement, mieux que prévu. » L'*Oberführer* Weinmann, chef de la police de sécurité de Prague, n'avait pas le choix. Il ouvrit les négociations avec le CNR, un comité tchèque mis en place en toute hâte quelques semaines plus tôt.

En réalité, l'*Obergruppenführer* SS von Pückler cherchait à gagner du temps. Il voulait organiser une contre-offensive.

Les Allemands n'étaient pas près de se rendre. Les SS projetaient de nettoyer puis de contrôler le cœur de Prague. « Nos troupes lanceront l'offensive à l'aube, dans la périphérie sud-est et sud de la ville, en suivant la route de Beneschau qui longe la rive droite du fleuve, et la route de Königsaal sur la rive gauche de la Vltava en remontant vers le Nord. Inscrivez des *svastikas* sur les maisons et des croix rouges sur les bâtiments. Faites-en sorte que ces marques soient visibles par les forces aériennes (…) Beaucoup de bombes incendiaires. Il faut tout brûler. »

Même en ces derniers jours de guerre, alors que tout espoir réaliste d'évacuer vers l'ouest s'était envolé, certains Allemands recommençaient à envisager de lutter jusqu'à la mort. Prague ne tomberait pas en paix. Où étaient les Soviétiques ? Que faisaient-ils ? Le général Patton, toujours stationné à la frontière ouest du pays, était consterné. « Vous ne devez pas, je répète, pas, partir en reconnaissance au-delà de huit kilomètres au nord-est de Pilsen. » Ike refusait toute complication internationale. Trois gigantesques colonnes de blindés soviétiques pénétrèrent dans un bruit assourdissant dans la ville.

Les 6,7 et 8 mai, les événements prirent un tour vraiment sombre. Des SS fanatiques se déchaînèrent dans la ville, tuant les otages qu'ils rencontraient sur leur route. Ils mettaient le feu aux immeubles et conduisaient les Tchèques devant leurs chars. À Pankraã, ils sortirent les petits enfants des abris anti-aériens et les massacrèrent à la mitrailleuse. C'est dans la banlieue de Krã que les SS commirent les pires atrocités. Ils incendièrent les maisons, pillèrent les magasins, massacrèrent systématiquement les habitants. « C'est-à-dire les hommes, les femmes et les enfants, même les tout petits d'un, deux ou trois ans (…) Ils les exécutèrent tous de la manière la plus horrible qui soit. Ils leur coupèrent la tête et les oreilles, leur arrachèrent les yeux et les criblèrent de balles. Ils éventrèrent les femmes enceintes. »

Leur bestialité devenait irréelle. Ils dévalisaient les boutiques, tuaient les passants. Un groupe de SS armé jusqu'aux dents envahit le cimetière d'Olsany pendant plusieurs jours et obligea les familles à enterrer leurs morts sous leur surveillance.

Les Tchèques répliquèrent en conséquence. Ils lynchèrent les Allemands, les tuèrent, brûlèrent vivants ceux qu'ils avaient capturés après les avoir pendus la tête en bas à des lampadaires. Plus tard, un témoin raconta : « Nous avions suivi la foule jusqu'à la place Wenceslas. À l'entrée de la rue Vodikãová, il y avait un arc qui – je crois – servait en temps normal d'emplacement aux panneaux publicitaires. Devant cet arc, plusieurs soldats soviétiques étaient debout sur leurs blindés avec des jerricanes d'essence. Aujourd'hui, presque cinq ans après ces événements, je n'arrive pas à me souvenir précisément (...) Étaient-ce des soldats de l'Armée rouge qui étaient debout sur les blindés ou des civils tchèques, comme nous, qui étaient à côté d'eux ? En tout cas, ils aspergeaient d'essence deux Allemands qui gigotaient, pendus à l'arc, la tête en bas. Ils y mirent le feu. Heureusement, plusieurs rangées de Tchèques s'étaient massées devant nous, si bien qu'ils nous empêchèrent de voir précisément l'explosion, mais Milan remarqua quand même que des pauvres types trouvaient le moyen d'allumer leurs cigarettes sur les corps qui brûlaient. »

L'armée allemande capitula sans aucune condition le 7 mai à Reims. La capitulation entra en vigueur le 8 mai 1945. Pourtant, elle n'entraîna aucune conséquence immédiate à Prague. Les événements se poursuivirent. Les Allemands menèrent des combats pendant encore pendant trois jours.

Ce fut seulement le 11 mai que les Soviétiques réussirent à stopper la principale force allemande qui tentait de s'enfuir vers l'ouest. Ils firent 800 000 prisonniers. Les Allemands n'avaient plus le choix. Ils devaient signer l'armistice. Le soulèvement venait de provoquer la mort de 1 694 Tchèques. Trois mille autres avaient été grièvement blessés.

Les combats avaient pris fin, mais pas la violence, qui se répercuta sur les Allemands. Ce fut un maelstrom de violence et de tortures, infiniment plus meurtrier que tout ce qui avait pu exister dans des pays occupés comme la France. Les Tchèques avaient décidé de montrer au monde qu'ils étaient à l'œuvre et n'étaient pas les laquais des Alliés. La stratégie désastreuse des Loups Garous allemands avait sa part de responsabilité dans la boucherie que furent les représailles. Son existence même poussa indiscutablement les Tchèques à combattre jusqu'au dernier souffle.

Même si les efforts de Bruno à organiser et à diriger les unités des Loups Garous n'ont débouché sur rien, les Tchèques sont convaincus que les Loups Garous existent et qu'ils vont continuer à se battre bien après l'armistice. Récemment, un historien a expliqué que « le souvenir de la puissance allemande ne disparut pas facilement. De nombreux Tchèques croyaient que les Loups Garous se mobilisaient et se préparaient à passer à l'offensive. Ils se rappelaient l'âpreté des combats qui avaient suivi la défaite allemande lors de la Première Guerre mondiale. Ils étaient incapables d'imaginer que la fin de la Seconde apporterait la paix (...). L'hystérie contre les Loups Garous persistait particulièrement dans ce pays, surtout dans l'ouest, parce qu'il était trop difficile pour les Tchèques d'envisager un monde que les Allemands ne domineraient plus (...). C'était la seule façon de s'assurer que "la loi de la rue ne s'imposerait pas", et cette façon c'était de "liquider les Loups Garous"[1]. »

Il fallait que les Tchèques expient six ans d'occupation, de répression et d'humiliation nationale. La famille de Bruno n'aura pas à subir seulement les conséquences des années qu'il a passées dans la SS. Il a fini dans les Loups Garous et même si leur stratégie a pratiquement échoué, Bruno sait que les conséquences seront terribles.

Ce n'est pas un secret. Bruno et sa famille affrontent un danger plus grand maintenant que pendant le cessez-le-feu. Il a été identifié. C'était un officier SS. On sait surtout qu'il a travaillé pour la SD qui est honnie. Pour lui, cela signifie la mort. Automatiquement. Son seul espoir, c'est de réussir à duper les Tchèques. Il affirmera qu'il n'a été ni nazi ni agent de la police secrète. Il va devoir défaire, démonter chaque preuve. Toutes les preuves. Sans exception. Il faut le faire vite et de manière convaincante. Sauver sa peau, la sienne seulement, cela demande une sacrée ruse et aussi un sacré coup de chance. Il faudra que sa femme et ses filles se débrouillent toutes seules.

Ma mère revoit Bruno quittant l'appartement pour assister à une dernière réunion militaire, pendant laquelle son unité est officiellement démantelée. Je suppose qu'il s'agit de l'Amt VI, dans le bâtiment de la rue de Washington. Puis, ils font disparaître de la maison la moindre trace qui pourrait prouver son implication dans la SS. Ils détruisent ses uniformes, ses insignes, tous les documents. Cette ruse doit marcher. Bruno a besoin de toute urgence de vêtements civils. Où pourrait-il en trouver ? La suite est stupéfiante. C'est un Tchèque qui intervient à ce moment crucial et qui

(1) Mark Mazower, *Hitler's Empire.*

les leur fournit : le fils du concierge, l'ami des filles. C'est lui qui donne à Bruno un costume ordinaire. Du moins, c'est comme cela qu'on racontera l'histoire. Cela m'a toujours paru incroyable que Bruno puisse profiter ainsi de l'aide d'un Tchèque. Incroyable aussi qu'un Tchèque puisse trouver qu'il mérite d'être sauvé, d'autant que lui-même prend un gros risque. Peut-être faut-il y voir la démonstration du charme puissant de Bruno, même dans son uniforme nazi. Cependant, dans les archives, on trouve d'autres exemples de Tchèques qui ont sauvé des occupants allemands. Peut-être Bruno racontait-il tout simplement la vérité, même si tout cela semble totalement irréel aujourd'hui.

Rien de tout cela ne suffit à garantir leur sécurité. Les deux aînées des petites filles passent leur temps le nez collé à la fenêtre. Elles sont inquiètes. Elles observent les soldats allemands qui se terrent dans l'encadrement des porches d'immeubles en face de chez elles. Ils sont armés de leur fusil et ils tirent, jusqu'à ce que l'arrivée des blindés soviétiques les fasse reculer. Finalement, les Tchèques réinvestissent le centre de Prague. Les milices armées fouillent les appartements les uns après les autres. Heureusement pour Bruno, il ne porte plus son uniforme de la SS, mais des vêtements de civil. Cela lui épargne de se faire descendre d'office. Au lieu de le tuer, ils se ruent dans l'appartement et l'inspectent de fond en comble, pièce après pièce. Le plus extraordinaire, c'est le sang froid de Bruno. Il ose même faire de l'humour. Il leur précise de ne pas oublier la citerne des toilettes. Cela ne dure pas. Il a oublié deux fusils de chasse qu'il gardait chez lui. Les Tchèques sont fous furieux quand ils les découvrent. Aussitôt, ils arrêtent Bruno et l'embarquent. La mère et les filles aussi, sans cérémonie. Ils les séparent de force de leur père. Thusnelda et les petites filles sont emmenées dans une cellule, Bruno dans une autre. Il leur faudra attendre des mois et des mois avant de se retrouver.

Prague avait abrité environ 200 000 soldats allemands. Autour de Jihlava, les chefs de la quatrième brigade tchèque qui réunissait principalement des Slovaques, laissèrent leurs soldats terroriser comme ils le souhaitaient la population allemande restée sur place. Pour préparer la visite du président Benès le 12 mai, les autorités locales enfermèrent toute la population allemande dans le stade de la ville. Les mêmes événements se produisirent à Brno. La loi n'existait plus nulle part. Nombre d'Allemands qui avaient occupé des postes importants furent exécutés sommairement. Le massacre s'amplifiait. La nuit du 5, des Allemands furent fusillés à l'école de Scharnhorst : ils furent descendus dans des caves par groupes de dix, hommes, femmes, enfants, et abattus d'un coup de fusil. Ceux qui refusaient de tuer de leurs mains les Allemands qu'ils avaient capturés les livraient aux Soviétiques. Ils pouvaient compter sur eux pour les massacrer ou les violer à leur place. Les Tchèques se virent confier la surveillance des camps organisés pour regrouper les captifs allemands. Ils y prirent leur revanche. Parmi ces camps, on comptait la prison de Pankraã où tant de leurs concitoyens, les femmes comme les hommes, avaient été emprisonnés, pendus ou guillotinés.

La ville baignait dans une atmosphère de revanche. Pour infliger leurs châtiments, les Tchèques avaient créé deux agences : la RG (RevoluãÀí Garda) et la police spéciale, la SNB (Shor Národní Bezpeãnosti). Elles passèrent à tabac et torturèrent les Allemands que leurs hommes avaient arrêtés, soupçonnés d'être des nazis. Le plus surprenant, c'est que parmi ces Allemands, beaucoup portaient non seulement leur pantalon militaire, mais aussi la chemise de la SA. Bruno, le vétéran des cellules de torture à Berlin en 1933 et 1934, sait ce qui va arriver. Même s'il se prétend civil, il affronte toujours un réel danger. Après avoir été embarqué, il est enfermé dans une cellule. Il retrouve une douzaine d'Allemands. Ils mesurent tous le chaos et l'ampleur du massacre qui règnent autour d'eux. Ils ne sont pas nombreux à se bercer d'illusions et ils savent quel sort les attend, *a priori.*

Évidemment, le moment décisif finit par arriver. On sort tout le groupe du bâtiment. On les fait s'agenouiller sur le trottoir. Un partisan tchèque sort son pistolet. Il tue le premier d'entre eux d'une balle dans la nuque. Il procède lentement le long du rang, jusqu'à ce qu'arrive le tour de Bruno. Miraculeusement, c'est là qu'un officier soviétique intervient. Il a la nausée de tout ce sang. Il exige qu'on arrête la tuerie. Ils sont deux à survivre. Bruno et un autre. On les remet debout. On les fait passer à côté des corps. Le sang coule encore. On les ramène en prison. Cela paraît irréel. Mais – parfois – même les soldats les plus endurcis de l'Armée rouge rechignent à infliger une telle vengeance même si les Tchèques la réclament. S'ils avaient su qu'ils épargnaient un officier de la SD, je doute que le Russe les aurait troublés à ce point.

Il existe une autre histoire. Elle ressemble étonnamment à celle de Bruno. Cette fois, c'est un diplômé en physique qui survécut. Il s'appelait K.F. On l'emmena à la « cellule de la mort » où il rejoignit un groupe d'Allemands qui attendaient de se faire tabasser. Les Tchèques les tuèrent l'un après l'autre. Le diplômé arrivait en quatrième position. Quand ils eurent descendu le deuxième, la porte s'ouvrit. Un Tchèque entra. Il leur demanda leur identité. Il fit sortir le diplômé et un garçon de 17 ans qui faisait partie des Jeunesses hitlériennes. C'étaient les deux seuls qui savaient parler le tchèque. « [Il] leur dit en grimaçant qu'ils étaient les seuls à sortir vivants de la cave. »

Bruno est toujours en prison. Peu après, on l'emmène au tribunal. C'est la cour du peuple. Elle a été créée en toute hâte. Tous les plaignants tchèques peuvent faire condamner les Allemands qui passent en jugement. Une fois de plus, Bruno a de la chance. Personne ne se lève pour le dénoncer. C'est la deuxième fois en l'espace de quinze jours que Bruno sauve sa peau. Finalement, on le remet aux Soviétiques qui, d'après ma tante, l'envoient en prison à côté de Budapest, dans la Hongrie voisine.

Pendant ce temps-là, le danger guette Thusnelda et les trois filles. Elles ont toutes les chances ou presque de mourir. Une foule de Tchèques civils ou miliciens se déchaîne. Ils sont ivres de joie d'être débarrassés des Allemands. Et ceux-là, ils vont payer. Pour tout ce qu'ils ont fait. Il n'y aura pas seulement les nazis qu'on connaît, les purs et durs comme Bruno. Mais leurs familles aussi. Les Tchèques ne leur épargneront pas leur colère. Même en juin 1945, un chef de l'armée tchèque ordonnait encore à ses hommes : « Les Allemands sont nos ennemis. Nous ne leur pardonnerons jamais. N'arrêtez pas de les détester. Les femmes et les Jeunesses hitlériennes sont aussi les complices des crimes allemands. Soyez intraitables avec eux. » Les communistes étaient les pires. Ils ne voulaient pas faire de différence entre les Allemands et les nazis, tous fascistes, tous criminels de guerre. Pour beaucoup de Tchèques, il valait encore mieux déclarer sa haine, se venger de tous les Allemands plutôt que d'opérer un choix. Cela créerait une atmosphère d'autocritique, d'amertume et de doute. Ils se demanderaient pourquoi ils n'étaient pas davantage entrés en résistance pendant la guerre.

Les deux petites filles, leur mère et leur petite sœur âgée d'un an, sont plongées dans ce déchaînement de violence et de revanche. Chacune d'entre elles n'a gardé en mémoire que des images traumatisantes, des bribes décousues. Elles se rappellent toutes avec horreur surtout de la grande cave dans laquelle on les a d'abord emmenées. On les y a enfermées avec beaucoup d'autres Allemandes. Plusieurs de ces femmes se font sortir de force, tout à tour. Elles mettent des heures à revenir. Elles sont atrocement frappées. Ils leur ont accroché des *svastikas* à même la peau. Heureusement, Thusnelda réussit à échapper à ce genre de vengeance. Peut-être la version que ma mère donne à ces événements est-elle la bonne : son père et sa mère ont traité leurs voisins tchèques d'une façon suffisamment décente pour qu'ils évitent de la dénoncer.

Ma mère et ma tante ne sont pas pour autant au bout de leurs épreuves. On les entasse dans un train rempli d'Allemandes, puis dans un autre. On les conduit ensuite dans une sorte de camp de concentration. C'est comme cela qu'on appelle cet endroit. Elles le savent. Quelque temps plus tard, elles atteignent leur destination finale, une ferme. Pendant les mois qui suivent, elles regardent leur mère biner, désherber toute la journée. Le seul moment de plaisir dans cette atmosphère de désolation et de terreur, c'est lorsqu'elles jouent avec les chatons de la ferme derrière les baraquements où elles dorment. Elles ne savent pas combien de temps cela dure. Elles ont complètement perdu la notion du temps. Mais enfin, on les libère. Elles attendent le train qui va les faire sortir de Tchécoslovaquie. Une balle siffle, leur frôle la tête. La guerre leur envoie un dernier souvenir. C'est à cause de la guerre qu'on les a envoyées là.

L'Institut de l'Initiative de Terezín nous recommanda un certain nombre d'historiens de l'époque, installés à Prague.

Ils pouvaient nous aider à reconstituer l'histoire que ma mère nous avait racontée. Voici ce qu'ils nous expliquèrent : « Après une période initiale d'incarcération, elles avaient probablement été transférées dans un centre de détention, vraisemblablement le stade de sport de Strahov. Cela a été le cas de presque 15 000 femmes et enfants allemands. » Ce qui se passait à cet endroit-là était absolument sordide. Ils obligèrent 5 000 Allemandes à participer à des courses. Tandis que les femmes couraient, elles se faisaient balayer par les tirs de mitrailleuses. Les corps étaient empilés dans les latrines. Même après le 16 mai, alors que l'ordre était rétabli, douze personnes sur vingt mouraient encore chaque jour. On transportait leurs corps dans des charrettes à fumier. La majorité de ces prisonnières était ensuite expédiée en train à Terezín, le camp que les Allemands avaient appelé Theresienstadt, et placée dans ce nouveau ghetto, un camp de concentration. Ma tante se souvient avoir surpris une remarque, mais elle n'avait pas compris ce que cela voulait dire à l'époque. Quelqu'un avait dit, plus loin sur un quai en Tchécoslovaquie en voyant les wagons à bestiaux dans lesquels elles allaient être embarquées : « On les a d'abord utilisés pour les juifs, maintenant ils s'en servent pour nous. »

C'est de là qu'une grande majorité de femmes et d'enfants était envoyée vers un réseau de fermes ou de camps plus petits où on les mettait au travail. Les journées étaient interminables. Les femmes rentraient fourbues. Thusnelda décide de garder ses enfants. Elle est complètement livrée à elle-même avec ses trois petites filles, l'une de dix ans, l'autre de huit et la troisième d'un an, qui lui demandent toutes de les protéger. Nourrir la plus petite est le plus difficile. Thusnelda mâchonne du pain rassis et la nourrit avec, une fois qu'elle l'a transformé en petites boulettes. Les filles sont terrorisées, complètement perdues. Elles savent que le danger est immense, mais elles ne comprennent pas pourquoi. Thusnelda les a protégées de la guerre comme elle pouvait, mais maintenant, elle n'y arrive plus. Tout autour d'elles, la violence d'une guerre qui se meurt se déchaîne. Ce sont des petites allemandes et elles ne sont pas simplement du côté des perdants. Maintenant, on les déteste. Amèrement. Ce n'est pas pour ce qu'elles ont fait, c'est pour ce qu'elles sont. Pendant plus d'un an, les filles s'accrochent à leur mère. Un lien se crée. Elles sont si proches. Elles lui en sont si reconnaissantes et le resteront jusqu'à son dernier jour. Thusnelda a chéri son mari nazi. Elle a mis tout son cœur à soutenir sa politique. Maintenant, elle n'a plus qu'une priorité : ses trois filles. Elle n'a aucune idée du sort qui a été réservé au reste de la famille, pas plus qu'elle ne sait ce qui les attend.

Pendant ce temps-là, Bruno est anéanti. Les circonstances qu'il traverse sont éprouvantes. Il est entouré d'autres Allemands. Comme lui, la plupart ont tout fait pour cacher qui ils sont vraiment, notamment leur attachement à la SS ou au parti. La méthode habituelle consiste à voler l'identité de quelqu'un qu'on connaît et qui est déjà mort. Plus tard, il s'en vantera auprès de ma tante. Il n'a pas fait attention, mais il a oublié de se faire graver le tatouage de la SS, cette lettre qui désigne le groupe sanguin du porteur et qu'on plaçait tout en haut, à l'intérieur du bras gauche. C'est évidemment la première chose que les Soviétiques vérifient. Du coup, Bruno n'a même pas la cicatrice de la brûlure de cigarette que beaucoup dans la SS ont eu la bêtise de faire pour cacher la preuve. En ce qui concerne son histoire de « civil », c'est-à-dire ce qu'il a pu faire à Prague jusqu'à la fin de la guerre, je suppose qu'il s'empresse de revenir à son ancienne profession et qu'il prétend tout simplement être dentiste. Il n'a pas dû avoir de mal à le prouver. Contrairement à tant d'autres, il ne se fait pas fusiller. On ne l'envoie pas en prison en Union soviétique non plus. Il a donc dû réussir à les convaincre qu'il n'était pas l'homme qu'ils cherchaient.

Ce que nous savons maintenant, grâce à son *Heimatkehrer* Gesetz, son certificat de retour isolé dans son dossier, c'est la date à laquelle Bruno rentre chez lui. Le 14 septembre 1945. Plus tard, il se souviendra comment d'autres prisonniers ont manigancé autour de lui pour organiser leur libération. L'un d'entre eux prétendait être aveugle. Pendant des mois, les Soviétiques essayèrent de le piéger. Ils lui claquèrent des portes au nez, surgirent derrière lui armés de fusils. Jamais il ne craqua. Finalement, on le relâcha en même temps que Bruno.

Bruno meurt de faim. Il est vêtu de loques, mais il est en vie. Et pour l'instant, libre. Il faut qu'il rentre à Berlin. C'est plus facile à dire qu'à faire. L'Europe centrale est ravagée fin 1945. Il n'a pas le choix. Il doit marcher comme les autres, se joindre à cette colonne sans fin, à ces gens déplacés qui défilent, en route pour l'Allemagne, contournent les ruines, passent les points de contrôle des Alliés. Il avance, des semaines durant et puis un jour, enfin – c'est l'hiver – il arrive à l'appartement qu'il avait trouvé pour sa belle-mère au 5 de la rue Reichstrasse. Il a tellement faim, il a tellement maigri. Il ne se fait aucune illusion. C'est un ancien officier de la SS. Il faut qu'il se cache tout de suite au fond de l'appartement qui sert aussi de cabinet dentaire. Il est pratiquement en état de fuite. Il a peut-être réussi à rouler ses geôliers soviétiques en leur racontant qu'il n'est en rien un criminel de guerre, mais tout cela, c'était du provisoire. Il n'est pas encore tiré d'affaire. Ni Ida ni lui ne savent ce que sont devenues Thusnelda et les filles, ni si elles sont toujours en vie.

À Prague, l'automne est affreux, mais ce n'est rien comparé au sort que Berlin se réserve pour les derniers mois de la guerre. Ida, mon arrière-grand-mère, est la seule de la famille à vivre cette expérience. Elle aura de la chance d'y survivre… Ce ne fut pas le cas d'environ 100 000 Berlinois, pour la plupart des femmes, des enfants ou des personnes âgées. Parmi eux, certains furent victimes des bombardements soviétiques dans un premier temps. Puis, la mort s'approcha au point d'être à portée de main. Ceux qui avaient survécu moururent lors de la destruction des rues et des immeubles que les Russes soupçonnaient d'abriter des tireurs isolés. Les Berlinois furent aussi les proies d'unités SS déchaînées qui fouillaient les ruines, traînaient, spéculaient, à la recherche de n'importe quelle preuve de désertion ou de capitulation. Aux lampadaires étaient pendus les cadavres en décomposition de tous ceux qui, pour une raison ou une autre, s'étaient fait surprendre en nombre par les fanatiques des comités de surveillance.

Ida appartient aux trois millions de Berlinois qui fouillent les ruines à la recherche d'eau et d'essence, de quelque chose à manger. La ville menait une vie presque souterraine à présent. Elle se réfugiait dans des caves, des stations de *U-Bahn*, ou se blottissait dans les grandes tours anti-aériennes au centre de la ville. Les rares personnes dont les greniers n'avaient pas souffert étaient considérées comme des privilégiées. Une rumeur circulait. Les Soviétiques ne pillaient soi-disant que les logements situés en rez-de-chaussée. Ida a encore plus de chance. Son appartement est intact, son cabinet dentaire aussi. Plus tard, ce sera un sujet de plaisanterie dans la famille. Personne, ni la RAF ni l'Armée rouge, n'a osé s'en prendre à l'immeuble de la femme qui exerce un matriarcat absolu. La famille racontera une autre histoire, celle du sang froid d'Ida, de sa présence d'esprit face aux Soviétiques qui finissent par arriver chez elle et frapper à sa porte. Elle ouvre, ils se précipitent. Elle porte sa tenue complète de dentiste et elle a sa roulette à la main. Apparemment, ils lui sont tellement reconnaissants de leur avoir soigné leurs dents pourries qu'ils lui donnent la permission de rester.

Après la capitulation officielle du 7 mai – qui se rejoue à Karlshorst, à l'est de Berlin pour calmer Staline qui déteste l'idée que les Allemands se soient rendus aux Alliés occidentaux à Reims – Ida déambule dans des rues méconnaissables. Des drapeaux et des affiches rédigées en russe, avec l'alphabet cyrillique, sont accrochés partout. Des bandes de soldats errent, à la recherche de vélos, de montres, de tapis, de tout ce qui attire leur attention. Les corps n'ont pas été enterrés. Ils ne le seront pas avant des semaines. Les rues sont éventrées. Les rails du *U-Bahn* sont à l'air libre. Les immeubles aussi sont éventrés. Les survivants sont réduits à l'état sauvage. Ils rôdent sans fin, guettant la moindre miette de nourriture ou de bout de bois pour se chauffer. Berlin est à la merci de l'empire soviétique. Elle en fait partie.

Dans les mois qui suivent, Ida n'est plus qu'une « femme des décombres ». Elles sont des milliers à être obligées par les Soviétiques à dégager les ruines causées par les bombardements. Berlin rassemble à elle seule un septième des dégâts subis par l'Allemagne. Jour après jour, les équipes de travail soviétiques les réveillent en hurlant leur message dans les haut-parleurs de la ville : « Au travail, femmes ! Au travail, femmes ! » Elle prend sa place parmi les *Hausfrauen*, ces femmes à l'air lugubre. Elles marchent au-dessus des ruines, progressent à travers les montagnes de décombres, lentement mais inexorablement récupèrent les pierres et les briques, les mettent en tas, dégagent les rues, jusqu'à ce que, miracle, un premier bus parcourt les rues. D'autres le suivront.

Les Allemands ayant été vaincus, les Berlinoises payèrent un autre tribut : les viols en masse. Si Ida a elle-même été victime des soldats soviétiques, ces prédateurs, elle n'en soufflera jamais mot. Si jamais elle a réussi à y échapper, alors elle appartient à une infime minorité. Dans l'Armée rouge, ils sont nombreux à considérer que le viol de ces captives n'est qu'un prix légitime à payer pour la guerre. Sans compter que cette vengeance est justifiée par tout le sang que les Soviétiques ont versé et toute la barbarie qu'ils ont endurée sur le front de l'est. L'âge d'Ida ne la protège pas non plus. Elle a passé les soixante ans. Cela lui évite de partager le sort de ces milliers de femmes obligées de se faire avorter – sans anesthésie la plupart du temps – au cours de ces six premiers mois. Ce qui est pire pour elle, c'est d'être complètement livrée à elle-même et de ne pas savoir qui a survécu dans la famille.

Ils s'en sont tous sortis. C'est incroyable. Ewald, son fils, est toujours en vie. Basé dans l'ouest de l'Allemagne, l'agent de transmission de la *Wehrmacht* s'est rendu avec toute sa division. Il a rejoint le camp de prisonniers de guerre des Américains. Il est libéré quelques mois plus tard, après la capitulation. Son fils, le cousin de ma mère, un petit garçon de sept ans, est envoyé dans la campagne allemande pour échapper à l'enfer des bombardements. La famille qui s'occupait de lui l'a ensuite confié à la Croix rouge internationale. Il est nourri et logé, puis renvoyé chez sa mère, à Berlin. Mais aucun de leurs récits ne peut concurrencer la fin de la guerre de Friedrich, le mari d'Ida.

Voici la version qu'on me racontera plus tard. Friedrich Pahnke, le *Stabsoffizier* basé à Paris, organise une sorte de résistance héroïque pour lutter contre un projet nazi qui consiste à piller le Louvre, à commencer par la tapisserie de Bayeux. Pas de chance, Friedrich est prisonnier des flammes à l'intérieur du Louvre. Il souffre d'épouvantables blessures que lui infligent les tirs de mitrailleuse des résistants français. La scène se passe à peine quelques semaines avant la libération de Paris par les troupes alliées. Cette scène est décrite dans *Paris brûle-t-il ?* le film qui retrace la libération de Paris, les jours qui l'ont précédée et ce qui semble s'être passé au cours de l'été 1944. Quatre SS débarquèrent de Berlin avec l'ordre de s'emparer de la tapisserie.

« À cet instant précis, une explosion de tirs déchira le silence de la nuit. On aurait dit que cela venait du Louvre. "Apparemment, les terroristes occupent le Louvre," releva Von Choltitz, [le gouverneur militaire de Paris. C'était un Allemand]. Les tirs reprirent autour du Louvre. Une nouvelle fois, les SS se demandèrent si la tapisserie était vraiment au Louvre (...). Choltitz ne revit jamais les quatre hommes. La précieuse tapisserie représentant un moment unique de l'histoire et qu'on leur avait ordonné de dérober aux Alliés, resta au Louvre. Neuf cents ans plus tôt, sur un tissu long de plus de soixante-dix mètres, les femmes de la cour de Guillaume le Conquérant avaient brodé une scène qu'on avait longtemps promise aux cameramen d'Adolf Hitler. C'était l'invasion de l'Angleterre. Ils ne réussirent jamais à la filmer. » Apparemment, c'est au cours de cette « explosion de tirs » que Friedrich est si grièvement blessé. Il ne s'en remettra jamais complètement. Je n'ai jamais réussi à établir la véracité de cette histoire, mais elle collera à Friedrich pour le restant de ses jours. Il est à moitié invalide lorsqu'il rentre à Berlin après avoir passé des mois de convalescence dans une série d'hôpitaux français et allemands.

En ce qui concerne Thusnelda et les petites filles, Ida ne sait rien du tout. Bruno est le premier qui réussit à rentrer fin 1945, mais il ne sait pas plus qu'Ida ce qui est arrivé au reste de la famille. Il n'a aucune possibilité de le savoir, et encore moins d'enquêter. À qui demander ? Dans tous les cas, Bruno entend garder et protéger sa fausse identité de civil, surtout face aux Soviétiques. Cela le préoccupe. Combien de papiers et de dossiers compromettants ont survécu à la guerre ? En fait, un modeste ouvrier d'une fabrique de papier est intervenu pour que rien ne soit détruit dans le gigantesque tas de documents qui abrite les dossiers personnels des SS. Bruno est bien obligé d'imaginer que les services de renseignements des Alliés sont plongés dans les dossiers des nazis. Ce n'est plus qu'une question de jours. Lui, Bruno Langbehn, finira par trouver son nom inscrit sur la liste des suspects. La SS, la *Gestapo* et la SD arrivent en tête de liste parmi les organisations nazies jugées illégales. Tous ceux qui en ont fait partie se feront automatiquement arrêter. La seule chance qui lui reste, c'est Ida. Elle est absolument déterminée à tous les tirer de là. Elle fait du troc : soins dentaires contre de maigres provisions soutirées au marché noir. Elle arrive à se procurer juste assez de nourriture et d'essence pour pouvoir survivre. Pendant ce temps, Bruno tremble au fond de l'appartement.

Tout l'hiver 1945-46, l'un des plus froids jamais enregistrés, ils continuent à mener cette existence de semi-fugitifs. Ils n'ont toujours aucune nouvelle de Thusnelda et des filles. Berlin est officiellement une ville occupée, sans aucune perspective de voir les forces victorieuses la quitter dans les mois à venir. Il leur reste un espoir. Berlin attire les millions de gens déplacés, déracinés et refoulés des territoires occupés à l'est. Ils avancent lentement, traversent les restes qui jonchent leur Heimat allemand. Ce que Bruno ne sait pas, c'est que sa femme et ses filles en font partie. Elles sont libérées de leur camp de travail tchèque à la fin de l'année et on les renvoie en Allemagne. Après dix-huit mois de détention, Thusnelda et ses filles arrivent enfin à Berlin, les pieds en sang. Elles meurent de faim. Elles sont épuisées. Elles ne savent pas du tout si Bruno et Ida sont encore en vie. Ce n'est pas grave, pourvu qu'il y ait encore un immeuble debout qui puisse leur servir de toit. Tout ce qu'il leur reste à faire, c'est d'espérer que l'appartement – et Ida, peut-être – les attende. Elles marchent à travers la capitale. Elles n'en reviennent pas de voir à quel point elle a été dévastée. Elles se sentent étrangères à leur propre ville. Elles se dirigent vers le 5 de la rue Reichstrasse. Elles sont soulagées, médusées. Non seulement leur pâté d'immeubles a été épargné, mais leur grand-mère a survécu elle aussi.

Mais Bruno est devenu tellement paranoïaque qu'il refuse de les laisser entrer jusqu'à ce qu'il ait vérifié qu'il s'agit bien de sa femme et de ses filles. Ma mère se souvient encore qu'elle était restée à trembler de froid sur le trottoir pendant que Thusnelda était montée pour le convaincre qu'il ne serait pas déçu. Elle a même été obligée de lui montrer un petit morceau de couverture qu'on reconnaît à cause du motif. Il veut bien qu'elles entrent. La famille est enfin réunie. Personne n'est mort. C'est incroyable. Ils avaient tout contre eux. Pourtant, ils n'ont pas franchement l'occasion de fêter le fait d'avoir survécu. Ils sont peut-être en vie, mais il faudra en payer le prix et pas seulement celui de la défaite. Il faudra y ajouter les crimes qu'a commis le régime nazi. C'est lui le responsable. C'est lui qui a provoqué la guerre. Quel avenir l'Allemagne, ce pays vaincu, ce paria, peut-elle envisager ? Le monde entier la juge coupable non seulement d'avoir provoqué deux guerres mondiales en l'espace de vingt-cinq ans, mais aussi de l'horreur du génocide. Les Langbehn se sont peut-être retrouvés, sous le même toit, mais ce répit ne durera pas.

X. L'APRÈS-GUERRE
1946 – 1992

Bruno a tout à fait raison de s'inquiéter. Les Alliés resserrèrent leur étreinte sur l'Allemagne. Ils firent apparaître au grand jour tous les vestiges du nazisme. C'est leur priorité absolue et ils le font savoir, surtout en ce qui concerne la SS, la Gestapo et la SD. Ce n'est pas pour la forme, du moins, au début. Les nazis, les purs et durs vont payer. Bruno sait que le fait de rester à Berlin constitue un danger. Il risque de se faire repérer et arrêter. C'est trop dangereux pour sa famille de rester. Les Soviétiques, comme leurs anciens alliés occidentaux, s'étaient unis pour organiser des rafles, pour dénicher les hauts dirigeants nazis qui avaient joué un rôle primordial. Ils avaient peut-être commencé par des rafles sporadiques et désorganisées, mais cela pouvait changer d'un instant à l'autre. Si Bruno garde son nom, il ferait mieux de le faire dans un endroit où personne ne le reconnaîtra. Partout, les anciens nazis se font dénoncer par les Allemands. Il est clair que, contrairement aux espoirs et aux attentes de Staline, les alliés occidentaux vont rester. L'Allemagne va être divisée en quatre zones. Berlin sera insérée dans la future sphère soviétique. Elle sera le satellite de Moscou. Il faut donc quitter Berlin et partir pour l'ouest.

Toute la famille abandonne son nom et prend le nouveau, celui qu'a choisi Bruno. Pour l'instant, les Langbehn n'existent plus. Ils deviennent la famille « Holm ». C'est une comédie qu'ils devront jouer pendant les quatre prochaines années. Tant que durera le processus de dénazification du pays. Comme des milliers d'Allemands dont on peut interroger le passé, Bruno, l'ancien nazi *überzeugt* est maintenant obligé de faire croire qu'il a toujours été un civil apolitique, non impliqué dans le nazisme. Un dentiste, qui n'a jamais été inscrit au parti et n'a pas été membre de la SS ou de la *Gestapo.* Sa religion le lui interdit. Il doit apprendre à protester de son innocence. Il n'a jamais été impliqué. Il faut qu'il soit convaincant et qu'il fasse preuve d'autant de panache que lorsqu'il se vantait de son adhésion au parti.

Cela doit lui rester en travers de la gorge, mais il sait qu'il n'a pas le choix. Il n'est pas un de ces petits fonctionnaires du parti qui peuvent apporter un précieux concours à l'administration de l'après-guerre. Il se sent doublement menacé. Il n'est pas seulement un membre officiel compromis, il a aussi été un membre actif du parti, bien avant l'ascension d'Hitler au pouvoir. Pire encore, il a servi comme officier dans la SS. Son passé ne le place pas dans la ligne de mire qu'occupent les dirigeants nazis considérés comme des criminels de guerre, mais Bruno se situe juste derrière eux. Il ne peut pas se contenter de se réfugier dans la confusion qui règne après-guerre. Il a aussi une famille dont il doit s'occuper. Continuer à se cacher n'est pas envisageable non plus. Il a besoin de sa légitimité pour exiger sa part et gagner correctement sa vie. Ce n'est plus possible à Berlin.

Bruno découvre une petite ville toute neutre qui fera parfaitement l'affaire. C'est Wedel, une banlieue dortoir située au Nord-Ouest d'Hambourg, dans le secteur britannique. Elle est tout l'envers de Berlin : loin des sentiers battus, anonyme, dépourvue de toute connotation politique. C'est l'endroit rêvé pour ne pas se faire remarquer. La famille se retrouve encore une fois à bord d'un train bruyant, bondé, qui s'achemine de Berlin vers leur nouveau foyer. Bruno a fait un choix habile. La moitié de la population de Wedel est constituée de réfugiés de toutes parts. Les « Holm » n'ont aucune difficulté à se fondre dans la masse informe des milliers d'Allemands déplacés. Leur nouvel appartement se compose de deux chambres dans lesquelles ils vivent à l'étroit, au fond d'une pension de famille en périphérie de la ville. Coïncidence extraordinaire, leur adresse porte le même nom que la famille : Holmerstrasse. Elle existe toujours. C'est trop tard pour changer de nom, alors ils s'en contentent et espèrent que cela n'attirera pas l'attention sur eux.

Pour l'instant, Bruno est hors de danger. « Monsieur Holm » a rempli le paragraphe 131 de dénazification. C'est obligatoire pour tous les Allemands en âge d'être conscrits. Il a réussi à éviter de se retrouver dans n'importe laquelle des catégories qui l'auraient rendu coupable. Il n'a pas eu de mal à faire coller son histoire. Le nombre démesuré de gens qui doivent passer devant des enquêteurs en sous-effectifs rend impossible de mener des interrogatoires vraiment rigoureux. Bruno n'a qu'à nier avoir été inscrit au parti. Il a encore moins été officier dans la SS. Il maintient qu'il a passé sa vie à travailler comme dentiste et qu'il n'a combattu que comme simple soldat. « Holm », le nom n'apparaît nulle part dans leurs listes de la SS ou du parti. Ce qui est dommage, c'est qu'elles sont encore loin d'être complètes. Si on doit le mettre au défi de prouver qu'il est vraiment dentiste, il fera comme avec les Tchèques et il n'aura pas de mal à prouver ses compétences. Bientôt, toute la famille s'entraîne à répéter la version officielle. Ils n'ont rien à voir avec le Troisième *Reich*. Ils sont juste une famille qui essaie de subsister. Ils ont été dupés par les menteurs et les criminels. Survivre, c'est forger une idéologie.

Dans la journée, Bruno gagne péniblement un revenu qui leur permet de s'en sortir. Il tond les gazons des terrains municipaux et plus tard, il vend des abonnements à des magazines. C'est une époque sordide, mais la grande majorité de ses compatriotes allemands y sont aussi soumis. Ce n'est pas cela qui va empêcher Bruno de continuer à tyranniser sa famille. Il se saoule souvent, dès qu'il a les moyens de s'acheter à boire. Il a des sautes d'humeur et il donne libre cours à toutes les grandes frustrations qui le dévorent. Dans la petite maison, il fait régner la terreur. Une censure systématique. Le manque d'espace, le cruel rationnement de nourriture ne font que renforcer ses crises. C'est le prix qu'il fait payer à toute la famille, pour tous les mensonges et les dénis qu'il a été obligé de faire. Cela le rend amer. Il est humilié. Cela lui est insupportable. Bien sûr, il sait qu'il n'a pas le choix. Mais cela ne l'empêche pas de réagir à ses rêves brisés, ses rêves de puissance et de domination. Cela importe peu de subir cette humiliation dégradante d'avoir perdu deux guerres mondiales de suite en une seule vie. Il est devenu un monstre et il faut vivre avec.

Si jamais il lui arrive de douter de la sagesse de son subterfuge, beaucoup de choses sont là pour lui rappeler à quel point il a raison. Les plus grands coupables du nazisme se font traquer, non pas comme des prisonniers de guerre, mais comme des criminels. Lors des procès de Nuremberg en 1946, il voit onze membres de l'élite nazie se faire condamner à mort. D'autres, comme Speer, Dönitz et Rudolf Hess, se font condamner à de longues peines, qu'ils effectuent dans la prison de Spandau, à Berlin. Ils pouvaient protester tout ce qu'ils voulaient, affirmer que la « légitimité » de leurs procès était compromise par la présence d'un juge soviétique au tribunal qui n'était pas tout à fait étranger aux crimes commis par cette cruelle tyrannie. Pour la plupart des Allemands, c'était difficile de remettre en cause le verdict ou de nier la légitimité des accusations portées contre eux. Les nazis avaient fait davantage que perdre une guerre. Ils avaient dirigé un régime criminel. Ils étaient également coupables d'atrocités qui faisaient encore trembler le monde. Bien sûr, il fallait faire les comptes en quelque sorte.

Les procès d'après-guerre s'enchaînaient. Ils attiraient maintenant l'attention sur les prétendus criminels de guerre de la seconde série, et se rapprochaient d'hommes tels que Bruno. Nombre de ses anciens supérieurs de la SD étaient concernés. Parmi eux se trouvaient Naumann, Ohlendorf et Daluege. Cette fois, les Alliés ne poursuivaient plus en justice des dirigeants mais des catégories entières de criminels de guerre. De nombreux médecins, des membres des *Einsatzgruppen*, ceux qui dirigeaient les camps, des hommes que l'on accusait d'avoir exécuté des prisonniers de guerre des forces alliées passèrent en jugement. Nombre d'entre eux se retrouvèrent derrière les barreaux. Certains furent condamnés à mort.

Grâce à ces procès, le monde de l'après-guerre s'imprégna de l'image terrifiante des nazis. Ils permirent de mesurer à quel point ils étaient coupables. Des avocats des forces alliées reconstituèrent le fonctionnement du système nazi. Ils démontrèrent la complicité de l'administration allemande, des juristes et des médecins. Ils révélèrent la nature de la guerre à l'est. Ils n'opérèrent aucun tri dans le régime qui avait mis en place et dirigé les camps de concentration avant de les transformer en camps de la mort. Ce fut le moment où le monde pouvait enfin regarder de près une organisation comme la SS et ses filiales, la SD et la *Gestapo.* Ces noms étaient familiers, mais ce n'était que maintenant qu'on pouvait comprendre leurs structures internes, leur code de valeurs et leurs missions meurtrières. On ne les connaissait que d'une manière superficielle, bien sûr. Tout cela doit rendre Bruno très nerveux. Il est vrai que ces procès impliquaient des hommes plus haut placés que lui dans la hiérarchie, des hommes dont la culpabilité était plus nette. Les nazis se savaient criminels, coupables d'actes insensés. En attendant, le système judiciaire procédait inexorablement, et descendait un à un les échelons de la hiérarchie nazie. Il suffisait de lancer le filet encore une fois pour en prendre d'autres. Comme Bruno.

Puis, juste avant d'entamer ce processus final d'investigation et d'arrestation, les procès s'arrêtèrent. D'autres priorités, d'autres difficultés prirent le dessus. Parmi elles, la tension croissante entre l'est et l'ouest. Ce n'était pas la moindre. À ce moment-là, suffisamment d'Allemands, dont des anciens SS, occupaient des postes clés dans le système judiciaire et l'administration. Ils aidèrent à convaincre les Alliés qu'il était temps de tirer un trait, plutôt que de commencer une nouvelle décennie en poursuivant ce processus judiciaire. Bruno a de la chance. Cela signifie pour la première fois depuis la guerre qu'il commence à se sentir en sécurité. Il prend néanmoins la précaution de demander à un ami de vérifier discrètement que son nom ne figure pas sur une des listes de dénazification.

La politique internationale a sauvé Bruno. Tôt ou tard, une confrontation avec les Soviétiques au sujet de Berlin aurait lieu. C'était inévitable. Elle finit par se produire.

Staline était déterminé à essayer une fois encore de chasser les Alliés occidentaux de « son » Berlin. Il organisa un blocus destiné à affamer les Berlinois pour les obliger à se soumettre. La réponse fut saisissante. Le « Pont aérien de Berlin » fut mis en place. Une flotte aérienne alliée fournit à la ville des vivres, de l'essence et des médicaments. Au plus fort du mouvement, on comptait un atterrissage toutes les trois minutes. Même Bruno reconnaîtra plus tard qu'il avait assisté là à un miracle de courage, de générosité et de bravoure de la part des Alliés. Je me souviens. J'avais alors à peine sept ou huit ans. Je me revois disant au revoir à ma grand-mère Thusnelda à l'aéroport de Tempelhof. Je rentrais à Édimbourg. Ma grand-mère était dehors, au pied du mémorial du pont aérien. Elle était pratiquement en larmes. Mon père m'expliqua pendant le vol de retour. J'étais très impressionné, surtout lorsqu'il me raconta que les Américains parachutaient volontairement des bonbons et des chocolats à une multitude d'enfants qui se rassemblaient systématiquement aux abords de la piste, juste avant l'atterrissage.

L'Allemagne se transformait sous le poids de toutes ces crises, dans un monde qui émergeait lentement de leurs implications. Les relations avec les Soviétiques se détérioraient, annonçant la Guerre froide. Les Britanniques avaient leurs problèmes. Non seulement ils subissaient le rationnement, mais ils étaient aussi au bord de la faillite économique. À l'étranger, ils affrontaient les crises indienne, palestinienne et coréenne. Il faudrait un jour ou l'autre poser les fondations d'une nouvelle Allemagne dans laquelle la « bizone » des Alliés occidentaux – c'est ainsi qu'on appelait les zones jumelles britannique et américaine – pourrait fournir le ciment d'une future démocratie libérale, dans une Allemagne totalement démilitarisée. On avait l'impression que l'Allemagne pouvait à nouveau devenir une nation souveraine, avec sa monnaie, sa capitale et son gouvernement. Même s'il faudrait l'épauler, c'est-à-dire lui verser des millions de dollars du « Plan Marshall ». Même si elle devrait supporter la présence des Alliés pendant plusieurs décennies. Pour les Américains surtout, il suffisait que les nazis de jadis deviennent de bons Allemands, de préférence des consommateurs qui soutiennent la démocratie. À part une poignée de criminels de guerre particulièrement terrifiants, il n'y avait rien à gagner en poursuivant des millions d'Allemands. Ce n'est pas Bruno qui va s'y opposer. À l'est, le processus était en cours. Il aboutirait à la création de la République démocratique allemande, mieux connue sous le nom d'Allemagne de l'Est. Dans ce contexte, les procès de dénazification s'épuisèrent et on déclara un armistice général pour les membres supposés des organisations nazies illégales.

En 1949, Bruno découvre que son nom, Bruno Langbehn, a disparu des *Fahnungsbuch*, les listes noires des Alliés. Il est hors de danger, enfin capable d'obtenir le document qui le blanchit officiellement de ses crimes nazis. On appelle ce document le « Persilschein ». Il tire son nom de la célèbre lessive qui déclare laver plus blanc que blanc. Maintenant que la menace de son arrestation a disparu, Bruno se débarrasse de toutes les inquiétudes qui subsistaient.

Cela ne lui suffit pas de pousser un soupir de soulagement et de poursuivre sa vie en gardant un profil bas. Il fait autre chose. Quelque chose d'incroyable mais qui lui ressemble tellement. Aussitôt, il entame la procédure qui leur permettra à lui et à toute la famille de retrouver leur ancien nom, le vrai, Langbehn, et d'abandonner celui de « Holm » aussi vite que possible. Ce qui l'aide, c'est l'inspiration cynique dont fait preuve l'administration allemande de l'après-guerre.

Elle a même initié une procédure et elle n'encourage pas du tout à taire la raison qui justifie cette volonté de reprendre son ancien nom – ce n'est pas le cas lorsqu'on veut changer de nom et en prendre un complètement nouveau ; il faut alors suivre une procédure légale. Ce n'est pas le travail de l'administration de faire la morale.

Deux formulaires simples, le premier daté du 18 avril 1950 et posté de Wedel, le second, daté du 23 février 1951 et posté de Berlin, attestent officiellement du changement. Bruno et sa famille ont officiellement repris possession de leur vrai nom, celui qu'ils portaient avant 1945. Mais les autres ne sont pas dupes. Ma mère se souvient du rire faux, sarcastique qu'avait émis l'un de ses professeurs lorsqu'elle avait accueilli la nouvelle. Sa sœur et elles s'appellent Langbehn, pas Holm. « Bande d'anciens nazis ! » lui avait-elle jeté à la figure.

Pour la première fois depuis plus de cinq ans, la guerre est finie et ses conséquences aussi. Une nouvelle ère commence, sur le plan national et personnel. Bruno peut tirer un trait et commencer une nouvelle vie, débarrassé des engagements encombrants de l'ancienne. Il a l'intention d'utiliser pleinement cette opportunité, d'une manière ostentatoire. C'est à cela que Wedel lui a servi et il a envie de retrouver le plus vite possible ses marques, son endroit préféré. Ils ont repris leur ancien nom. Il est temps de faire ses adieux à cette ville-dortoir étriquée et déprimante et de retourner enfin vers la ville qui a toujours été le foyer de Bruno et Thusnelda. Berlin. Pas tout Berlin, mais leur quartier préféré, Charlottenburg. Le retour au foyer s'annonce plein de défis.

Quatre ans seulement s'étaient écoulés, mais la ville avait déjà commencé à se transformer. C'était manifeste. On ne cherchait pas à cacher les dégâts ni les décombres, mais on percevait déjà les premiers signes d'une économie renaissante. Certes, Berlin avait perdu son rôle politique dominant. Elle n'était plus la capitale, même pas celle de l'Allemagne de l'Ouest. On l'avait déplacée à Bonn, la ville endormie. Plus tard, Berlin Est deviendrait la capitale de la RDA mais elle alliait son importance stratégique à une prospérité grandissante. Avec en plus l'écho des souvenirs qui résonne en lui, Bruno ne peut pas envisager de vivre ailleurs.

Le Bruno de l'après-guerre est avide de rattraper le temps perdu, de s'enraciner dans cette vague de prospérité nouvelle. Il est libre de boire, autant qu'il le veut, de jeter par-dessus bord tout ce qui l'a effrayé au lendemain de la guerre. Ce n'est pas un lourd tribut à verser que de restreindre sa politique au fauteuil de son salon et aux arrière-salles de ses brasseries préférées. Il est sorti totalement indemne du processus de dénazification. Il n'a pas souffert davantage que la plupart, incroyablement moins que beaucoup. Il se sent absolument dans son bon droit. Comme des milliers d'autres anciens nazis, il considère qu'avec six mois de captivité soviétique et cinq ans dans le deux-pièces minuscule d'une pension de famille, il a plus que réparé ce que l'époque nazie lui a fait gagner. De toute façon, qui va lui témoigner sa désapprobation ? On peut compter sur sa génération pour ne pas réveiller le chat qui dort. La génération suivante est beaucoup trop bouleversée, traumatisée pour être en mesure de critiquer, pour le moment du moins. Si, pour pouvoir vraiment bien gagner sa vie en tant que dentiste et profiter des bénéfices du miracle économique allemand, le prix qu'il doit payer consiste à enterrer deux décennies de fanatisme idéologique et renoncer au génocide provoqué pendant la guerre, alors qu'il le fasse !

Mais pour y arriver, il doit une fois de plus reprendre son ancien métier et recommencer à l'exercer, même si cela fait plus de dix ans qu'il l'a abandonné. Il a besoin d'un nouveau certificat pour obtenir cette autorisation. Il lui faut encore endurer, mais c'est la dernière fois, la bureaucratie de l'après-guerre. Des comités ont été mis en place pour examiner minutieusement le cas des médecins et des dentistes qui veulent recommencer à exercer leur métier. Il faut qu'il obtienne leur accord. Cela lui est facile de prétendre que le bureau de Berlin du *Reichsverband der Deutscher Dentisten* qu'il a dirigé tout au long du régime d'Hitler ne prouve rien, parce que, techniquement parlant, il existait avant les nazis. Ida, sa belle-mère, doit en faire autant. Ils s'en tirent tous les deux. Bien mieux, ils n'ont plus à supporter le statut inférieur de *Dentisten*, par rapport aux *Zahnärzte*. Le gouvernement d'après-guerre abolit la différence. Bruno a aussi un endroit idéal pour retrouver ses capacités : travailler comme assistant pour Ida, et il remplit ce rôle comme prévu. À cette époque, elle a quitté Reichstrasse. Elle s'est installée dans un nouveau cabinet sur le Kaiserdamm. Deux ans plus tard, en 1955, Bruno décide qu'il est prêt à ouvrir son propre cabinet. S'il veut le faire, il a besoin d'argent. Et il n'en a pas.

L'aide est à portée de main. Ce sont des dons offerts par des grandes firmes qui cherchent à fournir du matériel au secteur médical allemand qui renaît depuis peu. Bruno a fait sa demande à la plus généreuse de toutes. C'est une entreprise allemande. Elle s'appelle Degussa. C'est l'abréviation de *Deutsche-Gold-und-Silber-Schiedeanstadt*, l'Institut allemand de séparation de l'or et de l'argent, un conglomérat qui s'est spécialisé, entre autres, dans le métal précieux. Offrir son aide à des dentistes allemands qui viennent de se refaire qualifier, témoigne d'un bon sens des affaires.

Surtout lorsqu'obturer les cavités dentaires avec de l'or représente l'un de leurs revenus les plus lucratifs. Bruno a de la chance. Chez Degussa, on a de la compassion pour les vieux *Kameraden* comme lui. De son côté, il est heureux de fermer les yeux sur le fait que Degussa a été impliqué dans certains des crimes les plus atroces du Troisième *Reich*, parmi lesquels le travail obligatoire, le vol des biens juifs pour les aryens, l'acquisition, l'affinage et le commerce de l'or, du platine, de l'argent (dans ce qu'ils appelaient leurs « métaux juifs » ou projets « Mont de Piété »). Ils ont tiré le bénéfice de tout ce qui a été volé aux juifs, ou arraché à leurs cadavres, à commencer par les dents. Il y a autre chose, pas la moindre. Degussa a été l'un des fournisseurs des particules du Zyclon B, le gaz empoisonné, par l'intermédiaire de sa filiale Degesh dont le nom est lui aussi une abréviation : SA allemande de services de dératisation et de désinsectisation. Tout cela, c'est de l'eau qui dort. Le prêt de huit mille marks qu'ils accordent à Bruno lui permet d'ouvrir son cabinet dentaire. En 1955, quinze ans après avoir fermé le premier, Bruno en dirige un nouveau au 38 de la rue Rathenower. C'est le troisième acte qui marque le retour de l'ex-nazi à la patrie. Il est d'abord rentré à Berlin, puis il a retrouvé son vrai nom de famille. Il reprend maintenant sa profession. Il aurait du mal à raconter qu'il a beaucoup perdu dans l'histoire.

Au milieu des années 1950, le soulagement laisse place à l'autosatisfaction. Les photos prises au bal des dentistes en janvier 1956 en témoignent, chacune à sa façon. Bruno est encore assez maigre. Pour le reste, il incarne l'Allemand de l'après-guerre. Il rayonne. Il est riche. Avec des amis de sa génération, il fête l'époque Eisenhower. Ils ont tous atteint un certain confort de vie. Ils disposent de nourriture, de boissons, de cigarettes, de tenues de soirée. Ils peuvent se féliciter de tellement de choses. L'Allemagne était devenue le moteur économique de l'Europe. Elle avait atteint des niveaux de productivité et de prospérité que la plupart des Britanniques savaient hors de leur portée. Ces grands sourires radieux, tellement voyants sur les photos, révèlent la chance qu'a eue cette génération d'Allemands de sortir vivante de la guerre et de pouvoir profiter des années qui ont suivi.

Pourtant, derrière ce sourire de requin, c'est toujours la même rengaine. Vivre à la maison dans les années 1950, c'est vivre en enfer pour les filles de Bruno. Le succès n'a pas réussi à adoucir ce tyran, et encore moins à venir à bout de cet alcoolique. Il est intraitable, il désapprouve tout. Il menace. Ma mère et mes tantes en tremblent encore lorsqu'elles y pensent. Chaque jour, il faut batailler, tenir compte de son humeur, négocier avec sa tolérance zéro, pour tout ce qu'il juge inconvenable, inacceptable. C'est-à-dire presque tout ce qu'ont le droit de faire les adolescents des années 1950. Il ne faut pas s'étonner si ma mère choisira d'échapper à ses griffes à la première occasion, pour atterrir en Écosse, où elle rencontrera mon père, se mariera et construira son foyer aussi loin que possible de Bruno.

Une fois que Bruno est de retour à Berlin, il n'est plus question d'en repartir. Ni la construction du mur de Berlin en 1961, ni la transformation de la ville en vitrine de la guerre froide, entourée de blindés, de mines, de fils barbelés et d'une Allemagne de l'Est de plus en plus hostile et de plus en plus tournée vers l'Union soviétique ne suffiront à lui faire revoir ses idées, même s'il prend un vrai risque en restant à Berlin. Bruno sait que des nazis comme lui sont depuis longtemps le cadet des soucis des Américains et des Britanniques, mais ce n'est pas le cas des Soviétiques. Berlin est une enclave dans l'Allemagne de l'Est. Ce qui signifie qu'il ne peut sortir de la ville qu'en prenant l'avion. Au moindre accrochage avec les gardes-frontière de l'Allemagne de l'Est, il risque de se faire arrêter. Les douaniers et leurs alliés soviétiques ont eu plus de dix ans pour se plonger dans les dossiers et relever le nom de tous les Allemands mêlés à la SD, surtout ceux qui se sont impliqués à l'est. L'*Amt VI* et l'Opération Zeppelin auront attiré leur attention. Je me demande s'il ne savoure pas ce frisson. C'est un Berlinois quoiqu'il arrive. Un Berlinois de toutes les époques. Il le restera jusqu'à la fin de sa vie.

Malgré tout son panache, il change. L'extraverti, l'autocrate à la bonne descente se tient à l'écart, devient un homme inquiet. Mon oncle s'en souvient. Bruno donne souvent l'impression d'avoir peur de quelque chose. Il ne cherche pas à éviter le danger, mais il fait attention à ne pas s'en approcher. Il a beau avoir plus d'argent, avoir atteint la cinquantaine, il refuse de quitter les rues écartées du quartier nord de sa jeunesse, Charlottenburg, Moabit et Tempelhof. C'est un bourgeois. Il pourrait très bien faire le saut, s'installer dans les banlieues verdoyantes qui regorgent de juristes, de médecins et de dentistes. Pourtant, il abandonne un à un les appartements et les maisons de Zehlendorf et Dahlem, la jolie banlieue ouest, pour habiter dans une série d'appartements de plus en plus modestes, moches même, surtout au moment où il prend sa retraite à la fin des années 1960. Il vit au cœur d'une nouvelle génération de travailleurs immigrés, les *Gastarbeiter*, des Slaves et des Turcs.

Cependant, sur la porte d'entrée de son appartement, on trouve toujours la petite carte avec son nom et son métier, fixée sous la sonnette. Je ne peux pas m'empêcher de penser que cela cache un geste délibéré. C'est ici, dans ce quartier de Berlin qu'il a fomenté sa politique nazie. Il s'accroche à ce souvenir qui, toute sa vie, exercera sur lui le même attrait. La symétrie entre le lieu où il vit avant et après la guerre est volontaire. Cette continuité semble lui assurer un certain confort. C'est curieux. Il n'a pas atterri ici par hasard. Néanmoins, pourquoi choisit-il de vivre dans des appartements aussi quelconques, aussi tristes ? En privé, il n'est pas du genre à se cacher ni à se tenir sur la défensive. Pour moi, c'est évident. Paradoxalement, c'est là qu'il se sent le mieux, qu'il se sent le plus capable d'adopter un profil bas, de cacher la chemise qu'il a empruntée et en même temps, de vivre clandestinement dans ses souvenirs. Pour un homme tellement ancré dans le nationalisme völkisch, il n'a pas l'air gêné par ce *melting-pot* qui bouillonne autour de lui. Toutefois, il veille à garder deux carnets de rendez-vous. L'un est toujours « plein », de façon à se débarrasser des patients qui n'entrent pas dans la bonne catégorie. Il fait attention aussi à n'employer que des standardistes tchèques ou yougoslaves. Jamais de Polonais. Il prétend, en affichant la constance de sa conception du monde nazie, qu'on ne peut pas leur faire confiance.

Son passé a peut-être disparu, mais lui ne l'a pas quitté. Il se fait un point d'honneur à me raconter à quel point ses *Kriegskameraden* ont compté dans sa vie. Je comprends à ce moment-là qu'il me parle en langage codé. C'est une façon de me dire combien il garde un souvenir précis de sa vie d'avant 1945, combien il en est fier. Je n'ai jamais pensé que cela trahissait une sonorité néo-nazie. Je suis sûr qu'il n'a jamais bercé la moindre illusion de voir revivre un jour l'époque d'Hitler. Il n'en a pas besoin. Ses souvenirs apportent un complément puissant au confort matériel de la République fédérale. Il pense aussi qu'après tout, il n'a pas si mal réussi.

Bruno a beaucoup de mythes à portée de main. Les soldats par exemple et même la police secrète. Ils peuvent éprouver un vrai réconfort puisque c'est la puissance technologique écrasante, de l'Amérique surtout, et les bombardements « terrifiants » des civils allemands – en cela, le langage de l'Amérique qui s'est prétendue horrifiée par les crimes allemands est une pure hypocrisie – qui ont permis de gagner la guerre. On ne peut donc pas parler de l'échec des Allemands. Sans compter que la guerre aurait pu se terminer plus tôt si les Alliés, tellement asservis aux Soviétiques et à leur esprit de vengeance, ne s'étaient pas montrés aussi intransigeants en exigeant une capitulation sans condition. Ainsi, les derniers millions de morts devraient reposer sur la conscience des Alliés, pas sur celle des Allemands.

Bruno est tellement fier de me raconter qu'il passe presque tout son temps à son *Stammtisch*, une brasserie située près de la place Stuttgarter. Il prend des verres avec ses *Kriegskameraden*. La différence, maintenant, c'est qu'ils ne font plus de projets. Ils vivent sur leurs souvenirs. Ils les fabriquent, les martèlent entre les cognacs et les tonneaux de Pils. Il continue à s'adoucir un peu avec l'âge. Ce n'est plus l'homme mécontent, le tyrannicule qui pourrissait la vie de ma mère. C'est en parcourant ces rues en voiture, pour essayer de retrouver les différents endroits où il avait vécu que j'ai été surpris de voir que ce qui caractérisait sa vie, c'est qu'il avait complètement tourné en rond. Il m'avait dressé un tableau précis des plaisirs qu'il avait éprouvés à boire, avec ses vieux *Kriegskameraden*, et je compris pourquoi. Là où sa vie avait commencé, c'était dans les brasseries des rues écartées de Charlottenburg, comme le vieux *Zur Altstadt*. C'était cela qu'il avait revécu. Ces fêtes mémorables évoquaient les événements. Elles y étaient volontairement liées. Cela le rendait encore plus heureux. Comme cela a dû lui être agréable de revenir s'asseoir là, de contempler le déroulement des événements de l'après-guerre, surtout quand on a été nazi et qu'on cherche à se consoler.

La guerre contre le bolchévisme avait plongé le monde dans une longue guerre froide, souvent à la limite de la rupture. L'Occident n'accordait aucune confiance à Staline et à ses successeurs. Ils copiaient les nazis avec la même véhémence. Berlin ouest tout entier en était la preuve. Peut-être faut-il y voir une des raisons qui expliquent pourquoi Bruno a tant insisté pour y rester. Berlin est davantage que la ville des échos, pleine de nostalgie personnelle. L'existence-même de la ville lui rappelle l'ordre dans lequel le monde a été précipité, cet ordre auquel il a participé. Il y voit une sorte de *Schadenfreude* rédemptrice en contemplant l'Occident qui découvre maintenant que les nazis disaient la vérité lorsqu'ils l'ont averti de la menace soviétique. De l'autre côté du mur, à l'est, il voit aussi cette hypocrisie vivante du totalitarisme de style soviétique, ses institutions, son appareil calqué avec tant de cynisme sur l'exemple nazi. Pour la *Gestapo*, traduisez *Stasi.* À la place des Jeunesses hitlériennes, les Pionniers. Bruno et ses vieux copains peuvent montrer du doigt les massacres en masse. Les vingt millions de morts dans les Goulags qui salissent les mains de Staline, les trente millions de morts lorsque Mao impose la famine. Tous ces exemples de génocide servent au nazi qui veut soulager sa conscience. Il ne faut pas douter non plus, même si on s'est assuré que personne ne les surprendrait, de toutes les rumeurs qui ont circulé, accusant les juifs de contrôler la presse occidentale qui agite en permanence son drapeau sur le monde. Il ne s'agit que d'un retour du balancier extrémiste qui a dominé toute sa vie.

Au milieu des années 1960, un nouveau scandale éclate dans la famille. Deux clans s'opposent. Bruno a maintenant 60 ans et trente ans de mariage. Brusquement, sans aucun signe avant-coureur, il quitte Thusnelda. Pire, il s'installe avec une autre femme. Et pire encore, c'est Gisela, la danseuse gymnaste des Jeux olympiques de Berlin en 1936, la meilleure amie de Thusnelda. Il l'a vue de temps à autre pendant toutes ces années. Il l'a même employée comme standardiste à son cabinet. Thusnelda est dévastée par cette double trahison. Qui pourrait lui jeter la pierre ? Après toutes ces années passées à soutenir sans réserve sa carrière professionnelle et politique, sans parler des enfants qu'elle lui a donnés et qu'elle a élevés, une famille de trois filles qui a vécu des moments tellement durs, elle peut difficilement imaginer qu'elle méritait une telle récompense. Personne ne l'a vu venir. Après des décennies passées à dominer sa famille avec ses humeurs de dogue et son égocentrisme tyrannique, c'est lui qui décide que le temps est venu de se consoler dans les bras d'une femme calme et douce. Comme si c'était lui et non pas Thusnelda qui avait besoin d'un répit ! En représailles, il coupe le contact avec toute la famille. Il suffit d'une nuit pour rompre toute communication. Plus tard, elle ne sera restaurée que de manière épisodique. Les choses ne s'apaisent que vers la fin des années1970. La relation entre ma mère et « Papa » connaît des hauts et des bas. Elle ne réussit pas à effacer complètement ses souvenirs d'enfance dominée par la guerre, par son égoïsme politique et le règne de terreur familiale qu'il a imposé après-guerre. Ils finiront par trouver un terrain d'entente et nous recommencerons à le voir plus régulièrement. La tempête se sera à peu près calmée. Mais il sera formellement interdit de faire la moindre allusion à sa vie antérieure.

C'est ma sœur qui réussit à le connaître le mieux. Elle se rend souvent à Berlin et, de temps à autre, elle séjourne chez lui. Il est toujours bourru et impatient, incapable de se retenir de contredire les autres à la première occasion, mais d'une manière générale, sa personnalité s'est adoucie – entre autres grâce à l'influence de Gisela qui arrive à le calmer. Il a pris sa retraite et vendu son cabinet. Sa vie se concentre rapidement sur la routine. Il possède des parts dans le Zoo de Berlin et il en plaisante : il possède « un huitième » de son plus célèbre panda. Comme la plupart des Allemands de leur génération, Gisela et lui s'habillent le samedi et se rendent en ville. En général, ils se promènent dans les grands magasins, au Ka De We. Ensuite, ils vont dîner d'un canard dans leur restaurant chinois préféré. Il nourrit sa passion pour les montres, les pendules et les appareils photos, et remplace ses vieux *Voigtländers* par de nouveaux SLR japonais. Chez lui, il aime regarder des documentaires sur la vie sauvage. Il réalise aussi une magnifique collection de timbres. Jamais il ne se départira de son goût pour les alcools fins qu'il sert derrière le bar somptueux qu'il a fabriqué dans son appartement. Il joue très bien au Skat, une variante allemande du Whist, et avale des litres de bière et de cognac. Il a une sacrée descente ! Il fume à la chaîne des cigarettes ou des cigares.

Derrière cette apparence de normalité, il conserve certaines de ses anciennes habitudes. En 1982, ma sœur séjourne chez lui. Giorgio Silzer, le premier violoniste de l'opéra de Berlin, l'un de ses vieux amis, l'a invitée. Il vient la chercher chez Bruno. C'est Bruno qui ouvre la porte. Lorsqu'il découvre Giorgio, qui a vraiment un type juif, il réagit aussitôt par un mouvement de recul. Ma sœur s'en souvient parfaitement. Giorgio le remarque aussi.

Pendant ce temps-là, ma grand-mère essaie de vivre le mieux possible. Elle reste seule dans son appartement de Charlottenburg. Elle adore nous rappeler que c'est dans le même groupe d'immeubles que Maly Delschaft, une actrice allemande que l'on connaît surtout parce qu'elle a failli jouer dans *L'Ange bleu*. C'est finalement Marlene Dietrich qui a décroché le rôle. Thusnelda ne se remettra jamais complètement du choc que le départ de Bruno lui a causé. Ni du terrible malheur qu'il a provoqué. Elle passe sa vie en compagnie d'autres femmes de son âge, s'occupe d'Ida, sa mère, qui approche les 90 ans et qui dirige toujours son cabinet à deux minutes à pied d'ici sur le Kaiserdamm. Plus tard, je me suis dit qu'elle avait gardé une certaine nostalgie de l'Allemagne d'Hitler. Ma mère est sévère. Elle la désavoue, mais cela ne se passera jamais en présence des petits-enfants. Nous allons la voir pratiquement tous les ans. Je me souviens encore de chaque centimètre carré de son appartement, comme des laisses étirables des chiens toujours impatients de partir se promener.

La dernière visite que je fais à Bruno est marquée par son absence. Nous sommes en 1992. Ma mère, ma sœur et moi-même arrivons chez lui. Il vit dans une résidence aux immeubles peu élevés. Elle se situe dans un quartier de Tempelhof dominé par la mixité raciale. Je ne l'ai pas vu depuis plusieurs années. Ma mère l'a revu. Elle est venue le voir il y a deux ans, fin 1989, après la chute du mur de Berlin. Il a vécu un moment extraordinaire, lui, ce vieux nazi qui a réussi à survivre au rideau de fer et à toutes ses conséquences. Cette fois-ci, l'atmosphère a changé.

À l'intérieur, il fait sombre. Il n'y a aucun bruit. Gisela nous accueille. Elle vit en chaise roulante. Bruno n'est pas là. Il est à l'hôpital. Il souffre d'un cancer de la prostate.

Gisela me demande ce que je fais à Berlin. Je lui réponds dans un allemand hésitant que je réalise un film pour la BBC sur un moment passionnant de la culture de son pays. Une exposition est organisée au Musée Altes, sur le Unter den Linden. Elle reconstitue une exposition nazie datant de 1937 qui s'intitulait l'Art dégénéré. Les nazis l'avaient montée pour diaboliser l'art moderne qu'ils détestaient tant, qu'ils jugeaient coupable parce qu'à la fois primitif et d'un modernisme obscène. C'est pourquoi ils avaient confisqué toutes les peintures offensantes. Ils les avaient décrochées des galeries allemandes et rassemblées pour que le public puisse les voir et s'en moquer. On y découvrirait le meilleur de l'expressionnisme allemand, le réalisme satirique et, inutile de le préciser, tout ce qui avait été peint par les juifs. Pour donner un aperçu de la folie de la culture nazie, l'exposition a été soigneusement reconstituée et j'en fais un documentaire. En 1937, elle avait fait le tour de l'Allemagne et attiré les foules les plus nombreuses qu'on ait comptées jusqu'alors. Elle devint l'exposition la plus vue de l'époque contemporaine jusqu'à ce que Londres organise l'exposition Toutankhamon au début des années 1970. « Mais oui ! » me répondit Gisela. Elle s'en souvenait. Elle l'avait vue. Elle était adolescente. Tout le monde l'avait vue. Même Bruno y était allé ! Oui, me dis-je. Bruno l'avait vue. Il l'avait vraiment vue, n'est-ce pas ?

L'absence. Plus de traces. C'est ce qu'il nous laisse à sa mort. Quelques semaines plus tard, son corps disparaît dans une tombe anonyme, sans cérémonie, comme il l'a exprimé clairement dans ses dernières volontés. Il n'y a même pas de pierre tombale. Il avait 39 ans à la fin de la guerre, dix ans de moins que moi aujourd'hui. Il a vécu encore 47 ans. Gisela meurt deux ans plus tard. Elle succombe à un diabète chronique. C'est la dernière de cette génération. Thusnelda est morte en 1982, d'un cancer de l'estomac. Elle ne s'était jamais remise d'avoir perdu Bruno dont elle resta amoureuse toute sa vie. Friedrich nous a quittés beaucoup plus tôt, en 1972, après une longue maladie, aggravée par les blessures dont il avait été victime à Paris et dont il ne s'était jamais vraiment remis. Ewald avait disparu quelque part en Allemagne de l'Ouest, condamné à être le vilain canard de la famille. Une vie entière de déceptions et de ratages. Il avait atteint des sommets lorsqu'il avait mis enceinte une des domestiques d'Ida. Il meurt aussi dans les années 1970, je ne sais pas exactement quand. C'est Ida qui vit le plus longtemps. Elle a largement passé le cap des 90 ans lorsqu'elle nous quitte en 1984. Le dernier membre de l'ancienne génération des Langbehn a fini par mourir. Et avec lui, le dernier lien avec l'époque nazie.

Postface

Voilà. Tout y est. J'y suis arrivé. J'ai dévoilé la carrière nazie de Bruno autant que j'ai pu. Il manque encore beaucoup d'éléments au dossier. Il reste un vide gigantesque dans ce qu'il a vécu et ce qu'il a ressenti : son ambition inassouvie, son comportement, la réalité quotidienne de sa participation à un régime comme le Troisième *Reich*. Malgré tout, l'effort en valait la peine. La question ne s'est même pas posée. Ma sœur et moi avons découvert des secrets stupéfiants. Je pense que nous comprenons désormais un peu mieux cet homme et ce qu'il a représenté. Surtout, je n'en reviens pas de voir la vitesse à laquelle tout cela s'est passé. Bruno, le « combattant de la vieille garde »... Il n'avait que 39 ans à la fin de la guerre !

Et Bruno lui-même ? Où le situer dans le panthéon de la barbarie nazie ? Il a réussi à éviter de se trouver dans la pire catégorie des criminels de guerre. Il n'a pas été un des grands responsables comme Himmler, Eichmann ou Mengele. Je n'ai pas réussi à établir la preuve qu'il ait pu commettre des atrocités particulières. J'ai trouvé une sorte de consolation en vérifiant que son histoire ne l'a pas conduit au cauchemar d'une traque polonaise, dans un village biélorusse ou pire, dans un des camps d'extermination, en supposant qu'aucune nouvelle preuve ne vienne réfuter ce propos. Je ne pense pas le blanchir en disant qu'*a priori*, il n'a pas appartenu au noyau dur des nazis ni participé aux atrocités absolues qu'ils ont commises pendant la guerre et l'Holocauste. Il a fini espion à la SD et il n'a pas été franchement doué dans ce domaine. Pourtant, il donne toujours l'impression de s'en être sorti grâce à un vice de procédure et au bénéfice du doute, comme disent les tribunaux, plutôt que comme un homme jugé non coupable.

Son parcours nazi est très particulier. Je n'ai pas manqué de remarquer un fil conducteur. Il réapparaît tout au long de sa vie. C'est à la fois une proximité totale avec le régime et de brusques changements de carrière toujours opérés à la dernière minute. Il ne varie pas dans ses engagements. Il réoriente sa carrière et il le fait sans l'avoir longuement prémédité. À chaque fois, il semble éviter de travailler directement avec les pires protagonistes. Il est évident qu'il aime leur compagnie. Il les apprécie comme collègues, pas comme complices. Hans Maikowski au Mördersturm 33 de la SA, Franz Six et Hermann Behrends, les chefs de l'*Amt II* à la SD, Otto Ohlendorf dans les *Einsatzgruppen* et, bien sûr, Adolph Eichmann au Bureau des affaires juives. Ces hommes, pour la plupart, ont été exécutés après la guerre. Au bout du compte, Bruno apparaît coupable par association plutôt que par implication directe. Quoique j'imagine difficilement une association plus étroite que la sienne.

Bien sûr, d'une certaine manière, il a été déclaré criminel de guerre. Il a appartenu à une organisation décrétée hors la loi et coupable de crimes contre l'humanité. Mais je me suis demandé si c'était juste. Son rôle dans la SD a-t-il été pire qu'un travail équivalent à la CIA ou au MI6 sans parler du NKVD ?

La réponse est : oui, il l'a été ! Parce que la SD a été beaucoup plus qu'un service de police secrète. N'importe qui, surtout un officier qui a servi longtemps, été promu à deux reprises, qui a travaillé pour la SD, s'est obligatoirement impliqué dans l'organisation bureaucratique du génocide. La SD a ouvert la voie pour définir la « question juive ». Elle a été le *think-tank* de la solution finale. Elle a continué sur sa lancée. C'est elle qui a créé les *Einsatzgruppen* et les a dirigés. C'est elle encore qui a créé le Bureau des affaires juives pour les diriger entièrement. C'est elle, toujours, qui a fourni à Eichmann, Heydrich et Himmler les moyens de diriger sur le plan national les déportations vers les camps. Bruno a travaillé dur pour adhérer à la SD. Il a été attaché à deux de ses divisions les plus importantes, à la surveillance nationale des « ennemis de la conception du monde » et plus tard, au service des renseignements étrangers. Aucune de ces deux activités ne joue un rôle périphérique, ni un rôle purement administratif. Ce sont des murs de papier qui séparent les différentes structures, mais qui évitent à Bruno une implication directe dans l'Holocauste. Fournir une « solution finale » à la « question juive » a été la mission la plus importante de la SD, celle qu'elle s'est attribuée. La décision de Bruno de mener sa carrière à la SD tout en ne participant pas directement à cette « solution finale » ne l'a jamais poussé à s'interroger sur sa propre moralité, ni à se remettre en cause. Toutes ses activités démontrent cependant la réalité de son fanatisme, ce qui est bien pire.

Le nombre de ses mensonges et de ses excuses importe peu. Ils apparaissent dans ses papiers de dénazification. Il a dû les assumer. Finalement, la vérité au sujet de Bruno est brutale, terrifiante. Toute sa vie de jeune adulte, il a travaillé à léguer à ses enfants et à ses petits-enfants un monde vidé de sa démocratie et purgé de ses « sous-hommes », ses *Untermenschen.* Par-dessus tout, il a collaboré à la tentative d'édification d'un monde sans juif. Une Europe sans juif devait être le plus beau cadeau des nazis à la postérité. Ils s'attendaient à ce que les futures générations les applaudissent pour témoigner leur gratitude. Celle-ci ne se fonderait pas simplement sur la satisfaction que ces générations tireraient de l'utopie aryenne, mais aussi sur le fait que les nazis leur auraient épargné d'avoir à faire le sale boulot elles-mêmes. Si le projet avait fonctionné comme prévu, ces générations n'auraient sans doute jamais su ce qui s'était passé. Elles l'auraient accepté comme un banal fait accompli. L'ignorance sereine aurait été ce privilège ultime pour lequel leurs grands-parents avaient tant chargé leur conscience. Cela aurait été la page glorieuse de notre histoire, celle qu'il est interdit d'évoquer, celle dont Himmler avait parlé à ses chefs de la SS, à Pozen, en 1943. Si les nazis avaient réussi à aller au bout de leur mission, elle aurait dû être la réalisation suprême du régime. Comparées à elle, toutes les autres auraient paru fades.

Voilà pourquoi ma sœur et moi avons senti qu'il nous fallait comprendre ce à quoi Bruno croyait. C'est là que réside toute l'horreur du nazisme dont la principale abomination n'est pas seulement son militarisme ou sa soif de guerre mais aussi et surtout le fait que le système avait décidé que les valeurs plaçant l'humain au centre de tout sont des valeurs faibles, corruptrices et dépassées. Il était indispensable de les éradiquer pour le bien du peuple, du *Volk.* La conception du monde des nazis utilisait la science pour briser la vie. Elle utilisa la rationalité pour souscrire à l'irrationnel. Elle fit du meurtre de masse non seulement la conséquence mais l'objectif final de sa philosophie. Pendant

25 ans, notre grand-père a été l'esclave de ces idées, convaincu de leur profonde vérité.

Aussi, tout est bien pour Bruno. Il n'a pas réussi à atteindre ces buts après avoir perdu la guerre. Ce n'était plus qu'un léger problème. Il s'est adouci plus tard en passant une vieillesse agréable. Toute sa vie, il a pesté contre la démocratie et l'humanisme, mais lorsque la vie les lui a fait connaître, il a cherché à s'y adapter, à en tirer tous les bénéfices possibles. Il ne s'agit pas de se demander si lui, Bruno, ou tous les nazis auraient dû souffrir davantage. Ce n'est pas à moi de juger. Cependant, nous avons le droit de nous interroger sur ce bénéfice du doute que d'anciens nazis comme Bruno se sont accordés très généreusement après la guerre.

Bien sûr, plus je suis entré dans le vif du sujet à travers ce livre, plus j'ai perçu la fascination exercée par le nazisme. J'ai mesuré à quel point cette fascination pouvait facilement faire franchir à certains la ligne blanche et les faire basculer dans un voyeurisme morbide. Je n'ai jamais eu l'intention de me transformer en ancien combattant ou en procureur obsessionnel. Pour ma défense, ce n'est pas parce que c'est un sujet dangereux que nous ne devons pas poursuivre nos enquêtes. Le nazisme représente un moment déterminant de l'histoire de la civilisation occidentale moderne tombée au plus bas. Ce n'est pas moins vrai aujourd'hui que cela ne l'était en 1945. À mon avis, il faut continuer à nous interroger à son sujet avec toute la détermination requise.

Je réalise aussi que mon propre rôle soulève des questions. Je revois à présent les premières conversations que j'ai eues avec Bruno. Le souvenir s'en est atténué. Cependant, je sais que je le trouvais fascinant, qu'il m'intriguait, que je le laissais m'hypnotiser en créant une atmosphère autour de sujets interdits. Il jouait avec moi, exploitant en toute tranquillité le fait qu'au plus profond de lui-même, ce petit-fils, cet adolescent que j'étais, éprouvait du dégoût. Je fumais les cigares qu'il m'offrait. J'aimais cette transgression, profiter de ces moments passés à boire alors que j'étais mineur. Comme prévu, je le récompensais d'un frisson qu'il devait trouver extrêmement gratifiant en égocentrique impénitent qu'il était. Je suis désolé si je lui ai apporté une quelconque satisfaction en lui permettant de se rappeler à quel point il avait été autrefois un homme important.

J'ai aussi compris la tactique que ma mère employait pour négocier avec lui. Je la comprends beaucoup mieux maintenant que je n'aurais pu l'imaginer. Son manque de curiosité m'avait toujours agacé. Je n'arrivais pas à découvrir pourquoi, contrairement à moi, elle n'éprouvait aucun désir d'en savoir davantage sur ce que Bruno avait fait. À présent, je sais pourquoi. Elle n'avait pas besoin de savoir. Ma mère ne connaissait peut-être pas le détail de sa vie de nazi mais elle, beaucoup plus que moi, y avait goûté. C'est elle qui l'avait endurée. Son enfance et son adolescence avaient été complètement brisées, Elle avait eu de la chance de s'en sortir vivante. Les trois filles de Bruno n'avaient trouvé qu'un seul moyen de réagir à la situation impossible dans laquelle leur père les avait plongées. Elles l'avaient exclu. Elles avaient tout fait pour qu'il lui soit absolument impossible de glorifier son passé devant elles. Elles avaient refusé de le récompenser en lui accordant de l'attention. J'ai compris que mon désir, totalement dénué d'expérience, mon impressionnante soif d'en savoir plus n'étaient pas dus à un effort d'imagination plus courageux ni plus exaltant intellectuellement que leur refus de le laisser se tirer d'affaire.

Je réalise qu'une bonne partie de ce livre leur fera de la peine. Ce qui me rassure, c'est leur détermination silencieuse à penser que, néanmoins, il fallait l'écrire.

Ne pas me plonger plus loin dans la vie de Bruno était inenvisageable. Plus j'en ai appris à son sujet, plus j'ai eu besoin d'en savoir davantage. Son histoire nazie est un modèle du genre. La mettre au jour se jouait dans ma chair inexorablement liée à la sienne. Cela me mettait mal à l'aise. En même temps, je ne pouvais pas m'empêcher de poursuivre. Aujourd'hui, j'ai répondu aux deux questions qui me poursuivaient. La première est personnelle : Bruno n'est plus le seul membre de la famille à savoir ce qu'il a fait ; c'est ce qui m'importait le plus. Nous avions été délibérément encouragés à rester dans l'ignorance. Cela lui a permis de savourer ce que fut sa carrière de nazi. Il se savait hors de danger en supposant que personne ne viendrait lui demander de comptes. Il en a pleinement profité. Je suis heureux d'y avoir mis un terme, même si je n'ai pas pu le lui dire en face, de son vivant.

La deuxième question à laquelle j'ai répondu est plus large : la montée du nazisme s'est appuyée sur des hommes comme Bruno, bien plus que je n'avais pu l'imaginer auparavant. Pour la première fois de ma vie, j'ai eu l'impression de pouvoir me plonger dans la vérité profonde du national-socialisme. Je suis resté au contact le plus proche du mouvement nazi. L'histoire de mon grand-père pourrait au moins jouer un rôle utile : celui d'un conte moral, un exemple vivant du mal que des hommes anonymes et ordinaires ont pu commettre au cours d'une époque où l'histoire a perdu la tête. Bruno a vraiment été le nazi... parfait. Mais pas dans le sens où il l'entendait.

Évidemment, je ne saurai jamais précisément quel mélange de regrets, de repentance et d'orgueil a pu ressentir

Bruno. En revanche, ce dont je suis certain c'est que ce ne sont pas les acteurs de premier plan qui disent la vérité du Troisième *Reich* mais les seconds couteaux. Même si on le comprend mal, un jour, il y a longtemps maintenant, ils ont renoncé à fixer les limites à ne pas dépasser.

Bibliographie

– Abel, Theodore. *Why Hitler Came into Power.* Cambridge, Mass. : Harvard University Press, 1986.

– Adam, Peter. *The Arts of the Third Reich.* London : Thames & Hudson, 1992.

– Ahamed, Liaquat. *Lords of Finance: 1929, The Great Depression and the Bankers Who Broke the West.* London : Heinemann, 2009.

– Ailsby, Christopher. *The Third Reich Day by Day.* Staplehurst, England : MBI, 2005.

– Aly, Götz, and Susanne Heim. *Architects of Annihilation: Auschwitz and the Logic of Destruction.* London : Weidenfeld & Nicolson, 2002.

– Anonymous. *A Woman in Berlin.* London : Virago, 2005.

– Arendt, Hannah. *Eichmann in Jerusalem: A Report on the Banality of Evil.* New York :Viking, 1963.

– Arendt, Hannah, *The Origins of Totalitarianism.* London : Allen & Unwin, 1973.

– Aronson, Shlomo. *Reinhard Heydrich und die Frühgeschichte von Gestapo und SD.* Stuttgart :Deutsche-Verlags Anstalt, 1971.

– Baird, Jay W. "From Berlin to Neubabelsberg: Nazi Film Propaganda and Hitler Youth Quex." *Journal for Contemporary History* 18 (1983), pp. 495-515.

– Baird, Jay W. "Goebbels, Horst Wessel, and the Myth of Resurrection and Return." *Journal of Contemporary History,* 17:4 (October 1982), pp. 633-650.

– Baldwin, Peter. "Social Interpretations of Nazism: Renewing a Tradition." *Journal of Contemporary History* 25:1 (January 1990), pp. 5-37.

– Barron, Stephanie, ed. *Degenerate Art: The Fate of the Avant-Garde in Nazi Germany.* Los Angeles : Los Angeles County Museum of Art/Harry N. Abrams, 1991.

– Beevor, Antony. *Berlin: The Downfall.* London : Viking, 2002.

– Berg, Manfred, and Geoffrey Cocks, eds. *Medicine and Modernity.* Cambridge, England : Cambridge University Press, 2002.

– Bessel, Richard. *Germany After the First World War.* Oxford : Oxford University Press, 1993.

– Bessel, Richard. *Nazism and War.* London : Weidenfeld & Nicolson, 2004.

– Bessel, Richard. *Political Violence and the Rise of Nazism: The Storm Troopers in Eastern. Germany 1925-1934.* London : Yale University Press, 1984.

– Biddiscombe, Perry. *The Denazification of Germany.* Stroud, England : Tempus, 2007.

– Biddiscombe, Perry. *The Last Nazis: SS Werewolf Guerrilla Resistance in Europe 1944-1947.* Stroud, England : Tempus, 2000.

– Biddiscombe, Perry. "*Unternehmen* Zeppelin: The Deployment of SS Saboteurs and Spies in the Soviet Union, 1942-45." *Europe-Asia Studies* 52:6 (2000), pp. I, 115-142.

– Bielenberg, Christabel. *The Past Is Myself.* London : Chatto & Windus, 1968.

– Black, Peter. "Ernst Kaltenbrunner: Chief of the *Reich* Security Main Office." In Ronald Smelser and Rainer Zitelmann, eds., *The Nazi Elite*, trans. Mary Fischer, pp. 133-143. New York : New York University Press, 1993.

– Brendon, Piers. *The Dark Valley: A Panorama of the 1930s.* London : Jonathan Cape, 2000.

– Broszat, Martin. *Hitler and the Collapse of Weimar Germany.* Leamington Spa, England, and New York : Berg, 1987.

– Browder, George C. *Foundations of the Nazi Police State: The Formation of Sipo and SD.* Lexington : University Press of Kentucky, 1990.

– Browder, George C. *Hitler's Enforcers: The Gestapo and the SS Security Service in the Nazi Revolution.* New York and Oxford : Oxford University Press, 1996.

– Browning, Christopher R. *Ordinary Men: Reserve Police, Battalion 101, and the Final Solution in Poland.* New York : HarperCollins, 1993.

– Browning, Christopher R. *The Origins of the Final Solution: The Evolution of Nazi Jewish Policy, 1939-42.* London : Heinemann, 2004.

– Bruhns, Wibke. *My Father's Country.* London : Heinemann, 2008.

– Bryant, Chad. *Prague in Black: Nazi Rule and Czech Nationalism.* Cambridge, Mass. : Harvard University Press, 2007.

– Burden, Hamilton T. *The Nuremberg Rallies: 1923-39.* London : Praeger, 1967.

– Burleigh, Michael. *The Third Reich: A New History.* London : Macmillan, 2000.

– Burleigh, Michael, and Wolfgang Wippermann. *The Racial State: Germany 1933-1945.* Cambridge, England : Cambridge University Press, 1991.

– Buruma, Ian. *Wages of Guilt.* London : Jonathan Cape, 1994.

– Campbell, Bruce. "The SA After the Röhm Purge." *Journal of Contemporary History* 28:4 (October 1993), pp. 659-674.

– Campbell, Bruce. *The SA Generals and the Rise of Nazism.* Lexington : University Pres of Kentucky, 1998.

– Cesarani, David. *Eichmann: His Life and Crimes.* London : Heinemann, 2004.

– Childers, Thomas, and Eugene Weiss. "Voters and Violence: Political Violence and the Limits of National Socialist Mass Mobilisation." *German Studies Review* 13:3 (October 1990), pp. 481-498.

– Clay, Catrine, and Michael Leapmahn. *Master Race: The Lebensborn Experiment in Nazi Germany.* London : Hodder & Stoughton, 1995.

– Collins, Larry, and Dominique Lapierre. *Is Paris Burning?* New York : Gollancz, 1965.

– Conrad, Peter. *Modern Times, Modern Places: Life and Art in the Twentieth Century.* London : Thames & Hudson, 1998.

– Cvancara, Jaroslav. *Heydrich.* Prague : Gallery, 2004.

– Dederichs, Mario. *Heydrich: The Face of Evil.* London : Greenhill, 2006.

– Deighton, Len. *Winter: A Berlin Family, 1899-1945.* London : Hutchinson, 1987.

– Döscher, Hans-Jürgen. *"Reichskristallnacht": Die November-Pogrome 1938.* Frankfurt : Ullstein, 1988.

– Engelbrechten, J. K. *Eine Braune Armee Ensteht: Die Geschichte der Berlin-Brandenburge SA* [A Brown Army Arises: The Story of the Berlin-Brandenburger SA]. Berlin and Munich: Franz Eher, 1937.

– Evans, Richard J. *The Coming of the Third Reich.* London : Allen Lane, 2003.

– Evans, Richard J. *The Third Reich in Power.* London : Allen Lane, 2005.

– Evans, Richard J. *The Third Reich at War.* London : Allen Lane, 2008.

– Fallada, Hans. *Alone in Berlin.* London : Penguin, 2009.

– Fallada, Hans. Little Man, *What Now?* London : Allen & Unwin, 1996.

– Ferguson, Niall. *The War of the World: History's Age of Hatred.* London : Allen Lane, 2006.

– Fest, Joachim. *The Face of the Third Reich.* London : Weidenfeld & Nicolson, 1979.

– Fest, Joachim. *Hitler.* London : Weidenfeld & Nicolson, 1974.

– Fest, Joachim. *Plotting Hitler's Death: The Story of the German Resistance.* London : Weidenfeld & Nicolson, 1996.

– Feuchtwanger, E. J. *From Weimar to Hitler: Germany 1918-37.* London : Macmillan, 1993.

– Friedländer, Saul. *The Years of Extermination: Nazi Germany and the Jews, 1939-1945.* London : Weidenfeld & Nicolson, 2007.

– Friedländer, Saul. *The Years of Persecution: Nazi Germany and the Jews, 1933-1939.* London : Weidenfeld & Nicolson, 1997.

– Friedrich, Otto. *Before the Deluge: A Portrait of Berlin in the 1920s.* London : Michael Joseph, 1974.

– Fritzsche, Peter. *Germans into Nazis.* Cambridge, Mass. : Harvard University Press, 1998.

– Fritzsche, Peter. *Life and Death in the Third Reich.* Cambridge, Mass. : Harvard University Press, 2008.

– Frommer, Benjamin. *National Cleansing: Retribution Against Nazi Collaborators in Postwar Czechoslovakia.* Cambridge, England : Cambridge University Press, 2005.

– Fussell, Paul. *The Great War and Modern Memory.* Oxford : Oxford University Press, 1975.

– Gellately, Robert. *Backing Hitler: Consent and Coercion in Nazi Germany.* Oxford : Oxford University Press, 2001.

– Geyer, Michael. "The Nazi State Reconsidered." In Richard Bessel, ed., *Life in the Third Reich*, pp. 57-67. Oxford : Oxford University Press, 1987.

– Geyer, Michael. "The Stigma of Violence, Nationalism, and War in Twentieth-Century Germany." *German Studies Review* 15: *German Identity* (Winter 1992), pp. 75-110.

– Glassheim, Eagle. "Ethnic Cleansing, Communism and Environmental Devastation in Czechoslovakia's Borderlands, 1945–1989." *Journal of Military History* 78 (March 2006), pp. 65-92.

– Golomb, Jacob, and Robert S. Wistrich, eds. Nietzsche, *Godfather of Fascism?* Princeton, N.J. : Princeton University Press, 2002.

– Grant, Thomas D. *Stormtroopers and Crisis in the Nazi Movement.* London : Routledge, 2004.

– Gregor, Neil, ed. *Nazism, War, and Genocide.* Exeter, England : University of Exeter Press, 2005.

– Grunberger, Richard. *A Social History of the Third Reich.* London : Weidenfeld & Nicolson, 1971.

– Haar, Inge, and Michael Fahlbusch. *German Scholars and Ethnic Cleansing, 1919-1945.* New York and Oxford : Berghahn, 2007.

– Haffner, Sebastian. *Defying Hitler: A Memoir.* London : Weidenfeld & Nicolson, 2002.

– Haffner, Sebastian. *The Meaning of Hitler.* 2nd ed. London : Weidenfeld & Nicolson, 2000.

– Halliday, R. J. "Social Darwinism: A Definition." *Victorian Studies* 14:4 (June 1971), pp. 389-405.

– Hamann, Brigitte. *Hitler's Vienna.* New York and Oxford: Oxford University Press, 1999.

– Hamilton, Richard F. "The Rise of Nazism: A Case Study and Review of Interpretations: Kiel, 1928-1933." *German Studies Review* 26:1 (February 2003), pp. 43-62.

– Hancock, Eleanor. *Ernst Röhm: Hitler's SA Chief of Staff.* New York: Palgrave Macmillan, 2008.

– Hancock, Eleanor. "Ernst Röhm and the Experience of World War I." *Journal of Military History* 60 (January 1996), pp. 39-60.

– Haste, Cate. *Nazi Women.* London : Channel 4 Books, 2001.

– Hayes, Peter. *From Cooperation to Complicity: Degussa in the Third Reich.* Cambridge England : Cambridge University Press, 2004.

– Herf, Jeffrey. *The Jewish Enemy: Nazi Propaganda During World War II and the Holocaust.* Cambridge, Mass. : Harvard University Press, 2006.

– Hett, Benjamin Carter. *Crossing Hitler: The Man Who Put Hitler on the Witness Stand.* Oxford : Oxford University Press, 2008.

– Himmler, Katrin. *The Himmler Brothers: A German Family History.* London : Macmillan, 2007.

– Hitchcock, William I. *Liberation: The Bitter Road to Freedom, Europe 1944-45.* London : Faber & Faber, 2009.

– Hitler, Adolf. *Mein Kampf.* Trans. Ralph Manheim. London : Hutchinson, 1969.

– Höhne, Heinz. *The Order of the Death's Head: The Story of Hitler's SS.* London : Secker & Warburg, 2000.

– Höss, Rudolf. *Commandant of Auschwitz: The Autobiography of Rudolf Höss.* London : Weidenfeld & Nicolson, 1959.

– Hutton, Christopher M. *Race and the Third Reich.* Boston and Cambridge, England : Polity Press, 2005.

– Jackson, Julian. *The Fall of France: The Nazi Invasion of 1940.* Oxford : Oxford University Press, 2003.

– Jakl, Tomas. *May 1945 in the Czech Lands.* Prague : MBI, 2004.

– Jarausch, Konrad. *After Hitler: Recivilising Germans, 1945-1995.* Oxford : Oxford University Press, 2006.

– Johnson, Eric. *The Nazi Terror: Gestapo, Jews and Ordinary Germans.* London : John Murray, 2000.

– Johnson, Eric, and Karl-Heinz Reuband, eds. *What We Knew: Terror, Mass Murder, and Everyday Life in Nazi Germany.* London : John Murray, 2005.

– Jones, Nigel. *The Birth of the Nazis: How the Freikorps Blazed a Trail for Hitler.* London : John Murray, 1987.

– Judt, Tony. *Post-War: A History of Europe Since 1945.* London : Heinemann, 2005.

– Jünger, Ernst. *The Storm of Steel.* Trans. Basil Creighton. London : Chatto & Windus, 1929.

– Keegan, John. *The First World War.* London : Hutchinson, 1998.

– Kershaw, Ian. *Hitler: 1889-1936: Hubris.* London : Allen Lane, 2000.

– Kershaw, Ian. *Hitler: 1936-1945: Nemesis.* London : Allen Lane, 2000.

– Kershaw, Ian. *Hitler: The Germans and the Final Solution.* New Haven and London: Yale University Press, 2008.

– Kershaw, Ian. *The "Hitler Myth": Image and Reality in the Third Reich.* Oxford: The Clarendon Press, 1987.

– Kessler, Count Harry. *Berlin in Light: The Diaries of Count Harry Kessler, 1918-1937.* London : Weidenfeld & Nicolson, 1971.

– Klemperer, Victor. *I Shall Bear Witness: The Diaries of Victor Klemperer, 1933-41.* London : Weidenfeld & Nicolson, 1998.

– Klemperer, Victor. *To the Bitter End: The Diaries of Victor Klemperer, 1942-45.* London : Weidenfeld & Nicolson, 1999.

– Koonz, Claudia. *The Nazi Conscience.* Cambridge, Mass. : Harvard University Press, 2005.

– Krockow, Christian von. *The Hour of the Women.* London : Faber & Faber, 1992.

– Large, David Clay. *Berlin.* London : Allen Lane, 2001.

– Lemmons, Russel. *Goebbels and Der Angriff.* Lexington : University Press of Kentucky, 1994.

– Lepenies, Wolf. *The Seduction of Culture in German History.* Princeton, N.J. : Princeton University Press, 2006.

– Liang, His-Huey. "The Berlin Police and the Weimar Republic." *Journal of Contemporary History* 4:4: *The Great Depression* (October 1969), pp. 157-172.

– Littell, Jonathan. *The Kindly Ones.* London : Chatto & Windus, 2009.

– Longerich, Peter. *Geschichte der SA.* Munich : C. H. Beck, 2003.

– Longerich, Peter. *The Unwritten Order: Hitler's Role in the Final Solution.* Stroud, England : Tempus, 2003.

– Lozowick, Yaacov. *Hitler's Bureaucrats.* London : Continuum, 2002.

– Lunn, Joe. "Male Identity and Martial Codes of Honor: A Comparison of the War Memoirs of Robert Graves, Ernst Jünger, and Kande Kamara." *Journal for Military History* 69:3 (July 2005), pp. 713-735.

– MacDonald, Callum, and Jan Kaplan. *Prague: In the Shadow of the Swastika.* Prague : Melantrich, 1995.

– MacDonogh, Giles. *After the Reich: From the Liberation of Vienna to the Berlin Airlift.* London : John Murray, 2007.

– MacLean, French L. *The Field Men: The SS Officers Who Led the Einsatzkommandos-the Nazi Mobile Killing Units.* Philadelphia : Schiffer, 1999.

– Maikowski, Hans. *Sturm 33: Geschrieben von Kameraden des Toten.* 9th ed. Berlin : Deutsch Kultur-Wacht Oscar Berger, 1940.

– Mazower, Mark. *Hitler's Empire: Nazi Rule in Occupied Europe.* New York and London : Allen Lane, 2008.

– Meehan, Patricia. *A Strange Enemy People: Germans Under the British, 1945-1950.* London : Peter Owen, 2001.

– Merkl, Peter. *The Making of a Stormtrooper.* Princeton, N.J. : Princeton University Press, 1980.

– Merkl, Peter. *Political Violence Under the Swastika: 581 Early Nazis.* Princeton, N.J. : Princeton University Press, 1975.

– Merridale, Catherine. *Ivan's War: The Red Army, 1939-45.* London : Faber & Faber, 2005.

– Mollo, Andrew. *Sicherheitsdienst und Sicherheitspolizei 1931-1945.* Vol. 5 of *Uniforms of the SS.* London : Historical Research Unit, 1971.

– Mommsen, Hans. *The Rise and Fall of Weimar Democracy*. Chapel Hill : University of North Carolina Press, 1996.

– Mommsen, Hans, ed. *The Third Reich: Between Vision and Reality*. Oxford : Berg, 2001.

– Müller-Hill, Benno. *Murderous Science: Elimination by Scientific Selection of Jews, Gypsies, and Others in Germany, 1933-1945*. Oxford: Cold Spring Harbor Laboratory Press/ Oxford University Press, 1998.

– Nevin, Thomas. *Ernst Jünger and Germany: Into the Abyss, 1914-1945*, London : Constable, 1997.

– Noakes, Jeremy, and Geoffrey Pridham. *The Rise to Power, 1919-1945*. Vol. 1 of *Nazism : A Documentary Reader*. Exeter, England : University of Exeter Press, 1983.

– Noakes, Jeremy, and Geoffrey Pridham. *State, Economics, and Society, 1933-1945*. Vol. 2 of *Nazism: A Documentary Reader*. Exeter, England : University of Exeter Press, 1984.

– Noakes, Jeremy, and Geoffrey Pridham. *Foreign Policy, War and Racial Extermination*. Vol. 3 of *Nazism: A Documentary Reader*. Exeter, England : University of Exeter Press, 1988.

– Overy, Richard. *The Dictators: Hitler's Germany, Stalin's Russia*. London : Allen Lane, 2004.

– Padfield, Peter. *Himmler: Reichsführer SS*. London : Macmillan, 1990.

– Parker, Peter. *Isherwood: A Life*. London : Picador, 2004.

– Paxton, Robert. *The Anatomy of Fascism*. London : Allen Lane, 2004.

– Read, Anthony. *The Devil's Disciples*. London : Jonathan Cape, 2003.

– Reck-Malleczewen, Friedrich. *Diary of a Man in Despair*. London : Duckworth, 2000.

– Redles, David. *Hitler's Millennial Reich: Apocalyptic Belief and the Search for Salvation*. New York : New York University Press, 2005.

– Reichardt, Sven. "Vergemeinschaftung durch Gewalt: Das Beispiel des SA- Mordersturms 33 in Berlin-Charlottenburg." In *Beiträge zur Geschichte der Nationalsozialistischen Verfolgung in Norddeutschland*. Bremen : Temmen, 2002.

– Reitlinger, Gerald. *The SS: Alibi of a Nation*. New York : Heinemann, 1957.

– Rhodes, Richard. *Masters of Death: The SS-Einsatzgruppen and the Invention of the Holocaust.* New York : Alfred A. Knopf, 2002.

– Richie, Alexandra. *Faust's Metropolis: A History of Berlin.* London : HarperCollins, 1998.

– Rürup, Reinhard, ed. *Topography of Terror: Gestapo, SS and Reichssicherheitshauptamt on the "Prinz-Albrecht-Terrain": A Documentation.* Trans. Werner T. Angress. London : William Arenhovel, 1989.

– Schellenberg, Walter. *The Memoirs of Hitler's Spymaster.* London : André Deutsch, 2006.

– Schneider, Helga. *Let Me Go: My Mother and the SS.* London : Vintage, 2004.

– Schuster, Martin. "Die SA in der Nationalsozialisten 'Machtergreifung.' " In "Berlin un Brandenburg, 1926–1934." Ph.D. dissertation, Freie Universität, Berlin, 2005.

– Shirer, William L. *The Rise and Fall of the Third Reich.* London : Secker & Warburg, 1960.

– Stargardt, Nicholas. *Witnesses of War: Children's Lives Under the Nazis.* London : Jonathan Cape, 2005.

– Stern, Fritz. *The Politics of Cultural Despair: A Study in the Rise of the Germanic Ideology.* Berkeley : University of California Press, 1974.

– Stokes, Lawrence D. "Professionals and National Socialism: The Case-Histories of a Small-Town Lawyer and Physician, 1918-1945." *German Studies Review* 8:3 (October 1985), pp. 449-480.

– Swett, Pamela E. *Neighbors and Enemies: The Culture of Radicalism in Berlin, 1929- 1933.* Cambridge, England : Cambridge University Press, 2004.

– Taylor, Ronald. *Berlin and Its Culture.* New Haven and London : Yale University Press, 1997.

– Theweleit, Klaus. *Women, Floods, Bodies, History.* Vol. 1 of *Male Fantasies.* Minneapolis : University of Minnesota Press, 1987.

– Timm, Uwe. *In My Brother's Shadow.* London : Bloomsbury, 2005.

– Tooze, Adam. *The Wages of Destruction.* London : Allen Lane, 2006.

– Traverso, Enzo. *The Origins of Nazi Violence.* New York and London : The New Press, 2003.

– Trevor-Roper, Hugh. *The Last Days of Adolf Hitler.* 2nd ed. London : Macmillan, 1995.

– Vick, Brian. "The Origins of the German Volk: Cultural Purity and National Identity in Nineteenth-Century Germany." *German Studies Review* 26:2 (May 2003), pp. 241-256.

– Wachsmann, Niklaus. "Marching Under the Swastika? Ernst Jünger and National Socialism, 1918-1933." *Journal of Contemporary History* 33:4 (October 1998), pp. 573-589.

– Weikart, Richard. *From Darwin to Hitler: Evolutionary Ethics, Eugenics, and Racism in Germany.* New York and London : Palgrave Macmillan, 2004.

– Weinberg, Gerhard L. *Germany, Hitler, and World War II: Essays in Modern German History.* Cambridge, England : Cambridge University Press, 1995.

– Weingart, Peter. "German Eugenics Between Science and Politics." *Osiris*, 2nd series, vol. 5: *Science in German: The Intersection of Institutional and Intellectual Issues* (1989), pp. 260-282.

– Welch, David. "Nazi Propaganda and the Volksgemeinschaft: Constructing a People's Community." *Journal of Contemporary History* 39:2: *Understanding Nazi Germany* (April 2004), pp. 213-238.

– Wildt, Michael. *Uncompromising Generation: The Nazi Leadership of the Reich Security Main Office.* Madison : University of Wisconsin Press, 2010.

– Wildt, Michael, ed. *Nachrichtendienst, Politische Elite und Mordenheit: Die Sicherheitsdienst des Reichsführers SS.* Hamburg : Hamburger Edition, 2003.

REMERCIEMENTS

Je n'aurais pu envisager d'écrire une biographie qui touche aussi profondément à l'histoire de ma famille sans avoir reçu l'assentiment de chacun de ses membres. J'espère n'avoir embarrassé personne ni exposé quiconque aux regards indiscrets. Ma profonde reconnaissance va tout d'abord à ma sœur Vanessa, ma principale collaboratrice. Nous avons conçu ce livre à deux et nous avons mené les recherches ensemble. Je me suis appuyé sur elle du début à la fin. Elle m'a soutenu et a vérifié l'exactitude des faits rapportés. La délicatesse dont elle a fait preuve pour me convaincre qu'il fallait faire front là où la tragédie de l'Histoire et le destin de ma famille se télescopaient m'a été d'un grand secours. C'est moi qui conduisais, mais c'est elle qui tenait la carte routière. Il va sans dire que je remercie ma mère, Frauke. Nous l'avons plongée dans une profonde anxiété en faisant remonter le passé à la surface. En rien elle n'a cherché à me barrer la route. Elle a cédé à la pression alors qu'elle devait considérer que je m'abandonnais à une lubie. Je remercie vivement mon père, Ian, de m'avoir fait partager ses souvenirs familiaux et d'avoir encouragé le projet dès l'origine et au moment où ce qu'il soupçonnait sur son beau-père se concrétisait. Mes remerciements à mon oncle et ma tante, Georg et Gudrun, qui surveillaient nos recherches avec inquiétude depuis Berlin. À mes cousins allemands, Stella et Bakis, qui ont partagé notre curiosité et qui se demandaient comme nous ce que nous allions découvrir.

Des amis et des confrères ont lu plusieurs ébauches de ce livre. Tous m'ont donné de précieux conseils. Michael Jackson à New York, Tim Kirby et Denys Blakeway à Londres, pour n'en citer que trois. Ils ont tous insisté sur le fait que, dans un monde qui croule sous le poids des livres sur les nazis, celui-ci trouverait sa place. Toute ma gratitude à Eleo Gordon, mon éditrice londonienne. Dès l'origine, elle a vu combien ce livre pouvait être légitime. Je lui fais part ici de toute ma reconnaissance pour sa patience et son stoïcisme quand il m'a fallu de si longs mois pour réussir à adapter mon écriture télévisuelle à la rédaction d'un livre. À tous les moments cruciaux, Ben Brusey m'a aidé à accoucher de ce projet, avec ténacité et la plus grande habileté. Aux États-Unis, Kathryn Davis a fait preuve d'un grand discernement. De son côté, George Lucas a continuellement manifesté encouragements et diplomatie. Peter Robinson, agent et ami, a usé de ses talents d'éditorialiste pour tailler mon texte avec l'élan d'un samouraï. Chaque fois, il m'a prouvé que moins signifie davantage.

J'ai bénéficié de l'aide de bon nombre d'universitaires et de chercheurs. Tous ont éclairé des pans entiers de l'histoire de Bruno auxquels je n'aurais jamais eu accès tout seul. Dès le début, le professeur Michael Wildt, spécialiste mondial de la SD, m'a indiqué de nombreuses pistes. L'une d'elles, pas la moindre, m'a conduit à Anna Hájková, l'une de ses anciennes étudiantes, une référence sur la Tchécoslovaquie pendant la guerre. Sa thèse de doctorat porte sur Theresienstadt. Les recherches qu'elle a menées aux Archives de Prague se sont révélées d'une richesse inestimable. Jaroslav Cvancara, spécialiste de l'histoire de Prague, a eu la gentillesse de me faire partager ses connaissances de la ville quand elle vivait à l'ombre du *svastika*. Il m'a également fourni des pistes qui se sont avérées très fécondes. L'Institut de l'Initiative de Terezín m'a fourni des guides de Prague édités pendant la guerre et des informations très utiles sur le contexte historique. À Londres et à Washington, j'ai eu la chance de pouvoir collaborer avec Nick Terry dont l'expertise et les talents d'organisation se sont révélés décisifs. Sa maîtrise du fonctionnement interne de la SS a été l'occasion d'échanges passionnants. À Berlin, Martin Schuster m'a guidé dans le monde souterrain des sections d'assaut de la SA du quartier de Charlottenburg. Il m'a appris davantage encore. À la bibliothèque de Londres, l'équipe m'a donné les moyens, comme elle le fait avec tant d'écrivains, de compléter d'immenses pans de ma recherche. TilmanRemme, mon cher confrère de la BBC, m'a indiqué d'autres spécialistes, à Ludwigsburg, Berlin et Londres. Tous ont mené des recherches particulières en faisant preuve d'une patience et d'une connaissance remarquables. Toute erreur, tout oubli ou toute extrapolation abusives seraient évidemment de ma responsabilité.

Je règle maintenant deux dettes, les plus importantes. Tout d'abord, celle que j'ai envers mes fils, Alexandre et Louis. Aussi longtemps qu'ils puissent s'en souvenir, ils ont dû se frayer un chemin à travers les montagnes de livres sur Hitler de leur père pour réussir à accéder à l'ordinateur familial. Enfin, à celle qui, non seulement a plongé avec moi dans ces ténèbres familiales, mais qui a fait preuve de la plus grande rigueur qui soit lorsque j'ai essayé de donner un sens à tout cela, sans se soucier de ce qui allait advenir et, encore plus important, de ce qui allait demeurer. Ma femme, Janice Hadlow. Vraiment ma « *trina luce... 'n unica stella scintillando* ». Tu es par trois fois la lumière qui brille d'une seule étoile : ma muse, ma confidente, l'amour de ma vie.

Note de l'éditeur

Nos remerciements vont à Jean-François Chougnet pour la découverte de ce présent texte.

Pour vous tenir informé des prochaines publications
des Éditions Jacob-Duvernet,
contactez Louis de Mareuil :
louis.demareuil@editionsjd.com
01 42 22 63 65

ou rendez-vous sur le site
www.editionsjd.com

Cet ouvrage a été imprimé en France
par CPI Bussière
à Saint-Amand-Montrond (Cher)
en janvier 2011

ISBN : 978-2-84724-322-2
N° d'impression : 110329/1
Dépôt légal : janvier 2011